El poder de los mercados

Roberto Ruarte

El poder de los mercados

(entendiendo su mensaje)

TURMALINA

Ruarte, Roberto
El poder de los mercados : entendiendo su mensaje . - 1a ed. - Buenos Aires : Turmalina, 2010.
378 p. ; 20x13 cm.

ISBN 978-987-1587-17-9

1. Economía Financiera. I. Título
CDD 332

ISBN 978-987-1587-17-9
Editorial Turmalina

Hecho el depósito que previene la ley 11.723

Para sugerencias o comentarios acerca del contenido de esta obra, escríbanos a: info@editorialturmalina.com

www.editorialturmalina.com

www.ruartereports.com

ÍNDICE

AGRADECIMIENTOS 15

INTRODUCCIÓN 17

CAPÍTULO I.
LA ECONOMÍA Y LOS MERCADOS 25

I.1. LA ECONOMÍA LA HACE USTED 25

I.2. ACCIONES O BOLSA 30

I.3. ACTIVOS DE LOS MERCADOS DE CONFIANZA 36

I.4. ACTIVOS DE LOS MERCADOS DE DESCONFIANZA .. 37

I.5. MERCADOS RACIONALES, IRRACIONALES O EMOCIONALES 40

I.6. EN LOS MERCADOS EMOCIONALES, NO FUNCIONAN LAS REGLAS DE LA ECONOMÍA .. 47

I.7. REGLAS DE LOS MERCADOS FINANCIEROS 49

CAPÍTULO II.
LAS NOTICIAS. HUMOR DE LOS MERCADOS Y HUMOR SOCIAL 51

II.1. HUMOR DE LOS MERCADOS Y HUMOR SOCIAL 51

II.2. PASO DE LA DEPRESIÓN A LA EUFORIA. CASO ARGENTINA 53

II.3. PASO DE LA EUFORIA A LA DEPRESIÓN. CASO ARGENTINA 72

II.4. LOS MERCADOS, COMO LA NATURALEZA, TIENEN CICLOS ... 76

II.5. LOS TECHOS DE LOS CICLOS BURSÁTILES COINCIDEN CON EXCELENTES NOTICIAS. POR ESO SON IMPERCEPTIBLES, MIENTRAS QUE LOS PISOS COINCIDEN CON MUY MALAS NOTICIAS ... 81

II.5.A EJEMPLOS DE EE. UU. ... 81
II.5.B. EJEMPLO DE MÉXICO ... 89
II.5.C. EJEMPLOS DE BRASIL ... 92
II.5.D. EJEMPLOS DE RUSIA ... 97
II.5.E. EJEMPLO DE ARGENTINA ... 100
II.5.F. EJEMPLO APLICADO AL EURO CONTRA EL DÓLAR ... 102

CAPÍTULO III.
MERCADOS, ECONOMÍA Y SUS CICLOS ... 105

III.1. CICLICIDAD Y CICLOTIMIA ... 105

III.2. CICLOS DE LOS MERCADOS Y DE LA ECONOMÍA. 114

III.3. EJEMPLOS DE DESFASAJE ECONOMÍA Y MERCADOS. EE. UU., ARGENTINA, MÉXICO ... 120

III.4. LA BOLSA AMERICANA. PROSPERIDAD. SU RELACIÓN CON PROSPERIDAD, RECESIONES Y DEPRESIONES DESDE 1760 A 1998 ... 124

III.5. ¿POR QUÉ EL FMI NO PUEDE ANTICIPAR LAS CRISIS? ... 127

III.6. PROYECCIONES DEL FMI EN LA CRISIS DE EE. UU. EN EL 2008 ... 132

III.7. EJEMPLO DE CALIFICACIONES COINCIDENTES CON TECHO O PISOS DE MERCADO ... 136

III.8. UN INTENTO POR DEFINIR EL CICLO ... 138

III.8.A. SECUENCIA DE FIBONACCI ... 139
III.8.B. CICLOS MAYORES Y CICLOS MENORES ... 142
III.8.C. ELLIOTT Y SU CONTRIBUCIÓN ... 144

III.9. CICLO DE ARGENTINA ... 150

III.10. LA BOLSA ARGENTINA Y SUS FIBONACCI ... 154

IV.17. EN LAS TENDENCIAS BAJISTAS, ESPERE QUE PASEN MÁS COSAS MALAS QUE BUENAS. 210

IV.18. LOS CICLOS LUNARES PARA ANALIZAR LOS MERCADOS 211

CAPITULO V.
LOS MERCADOS Y SU RELACIÓN CON LAS GUERRAS 215

V.1. LOS MERCADOS Y LAS GUERRAS 215

V.2. EN LAS GUERRAS LOS MERCADOS EMPIEZAN A SUBIR O ESTÁN SUBIENDO 220

V.3. LA SEGUNDA GUERRA MUNDIAL COMO DISPARADOR 222

V.4. APOYO DE LA CIUDADANÍA A LA GUERRA 226

V.5. GUERRA DE LAS MALVINAS DE 1982 COMO DISPARADOR 228

V.6. EL RETIRO DE TROPAS, O LA PAZ, PUEDEN MARCAR UN TECHO 232

V.7. CONFLICTOS EN PAÍSES LATINOAMERICANOS ...233

CAPÍTULO VI.
MERCADOS Y MANIFESTACIONES SOCIALES Y CULTURALES 237

VI.1. LAS SUBAS DE LOS MERCADOS GENERAN INCLUSIÓN; LAS BAJAS, EXCLUSIÓN ...237

VI.2. LA POLLERA DE LAS MUJERES Y LA CORBATA DE LOS HOMBRES 245

VI.3. CORRIENTES FEMINISTAS O MACHISTAS 248

VI.4. LAS MUJERES Y EL IDEAL DE HOMBRE 251

VI.5. LA DELINCUENCIA, LA PROSTITUCIÓN, LAS DROGAS Y LA RELIGIÓN EN LOS MERCADOS BAJISTAS 252

VI.6. EL CINE Y LOS MERCADOS 257

VI.7. LA MÚSICA Y LOS MERCADOS 262

VI.8. MÚSICA Y MERCADOS EN LATINOAMERICA 269

CAPÍTULO IV.
ENTENDIENDO LOS MERCADOS Y SU MENSAJE 157

IV.1. EL MERCADO SANCIONA CONSENSOS 157

IV.2. ¿POR QUÉ LOS MERCADOS HACEN TECHO EN MEDIO DE BUENAS NOTICIAS? 160

IV.3. EL SER HUMANO VE LA HISTORIA COMO OBVIA ... 164

IV.4. El SER HUMANO DEBE EXPERIMENTAR LA HISTORIA: NO SE LA DEBEN CONTAR 167

IV.5. LOS MERCADOS NO SON LINEALES 171

IV.6. LOS MERCADOS NO SON ESTÁTICOS 175

IV.7. LOS MERCADOS TIENEN UN EFECTO ELÁSTICO 179

IV.8. LOS ÁRBOLES NO CRECEN HASTA EL CIELO... 182

IV.9. LUEGO DE UNA GRAN OSCURIDAD, VIENE LA LUZ DE LA OPORTUNIDAD 183

IV.10. EL DINERO ASTUTO ACUMULA EN LOS PISOS, PORQUE NO ESTÁ APALANCADO 186

IV.11. EL DINERO MENOS INFORMADO COMPRA CERCA DE LOS TECHOS Y APALANCADO 189

IV.12. EL MERCADO DESCUENTA TODO 192

IV.13. EL HUMOR DE LOS MERCADOS HACE SU CLÍMAX NEGATIVO CON EVENTOS MUY NEGATIVOS Y SU CLÍMAX POSITIVO CON MUY BUENAS NOTICIAS 197

IV.13 A. EJEMPLO DE TECHOS CON EVENTOS MUY POSITIVOS 199

IV.13.B. EJEMPLO DE PISOS CON EVENTOS MUY NEGATIVOS 201

IV.14. EN LAS TENDENCIAS ALCISTAS, EL HUMOR DE LOS MERCADOS TOMA LO BUENO Y DESECHA LO MALO. 203

IV.15. EN LAS TENDENCIAS ALCISTAS, ESPERE QUE PASEN MÁS COSAS BUENAS QUE MALAS 205

IV.16. EN LAS TENDENCIAS BAJISTAS, EL HUMOR DE LOS MERCADOS TOMA LO MALO Y DESECHA LO BUENO 208

VI.9. EL DEPORTE Y LOS MERCADOS 273

CAPÍTULO VII.
LA POLÍTICA Y LOS MERCADOS 281

VII.1 CASO AMERICANO 282

VII.2. CASO MÉXICO 299

VII.3. CASO BRASIL 308

VII.4. CASO PERÚ 323

VII.5. CASO COLOMBIANO 331

VII.6. CASO ARGENTINA 339

CAPÍTULO VIII.
RENDIMIENTOS DE LAS BOLSAS
LATINOAMERICANAS Y EE. UU. COMO INVERSIÓN ...363

VIII.I. LA BOLSA COMO INVERSIÓN EN MOMENTOS DE CONFIANZA 363

VIII.2. RENDIMIENTO DE LAS BOLSAS COMO INVERSIÓN EN LOS ÚLTIMOS 22 AÑOS 366

VIII.2.A. COMPARATIVOS EE. UU., BRASIL, MÉXICO, PERÚ, ARGENTINA, DESDE 1988 367

VIII.2.B COMPARATIVOS EE. UU., BRASIL, MÉXICO, PERÚ, COLOMBIA, ARGENTINA DESDE 1995. 368

VIII.2.C. COMPARATIVOS EE. UU. BRASIL, MÉXICO, PERÚ, COLOMBIA, ARGENTINA DESDE 2002 369

VIII.3. LAS BOLSAS FUERON UNA GRAN INVERSIÓN EN DOLARES. CONCLUSIÓN 371

RESEÑAS SOBRE EL PRESENTE LIBRO 375

A mi padre Roberto, a mi padrino Héctor y a mi tía Clarita...

AGRADECIMIENTOS

En primer lugar a Rubén Ullúa, director de *Ruarte´s Reports* para Latinoamérica, cuyo material que ha elaborado para la empresa para charlas y conferencias han servido y mucho para la confección de este libro.

A Elliott Wave International y a su presidente Robert Prechter, que ha permitido la inclusión de muchos gráficos de sus textos.

A Latcom Perú, Eduardo Maradiegue, por permitirnos usar la base de datos en dólares de los países latinoamericanos de Economática.

A los integrantes de *Ruarte´s Reports*, que ayudaron para que este sueño sea realidad, en especial a Romina Markman y a Eugenia Mazzei.

A mi querida hija María Eugenia que me ayudó en las correcciones y a mi querido hijo Roberto César que confeccionó los gráficos.

A nuestros clientes que han apoyado en estos 25 años a nivel personal, empresarial, que han creído y siguen creyendo en nuestra particular forma de ver los mercados.

A las universidades e instituciones que me han permitido expresar y transmitir mis opiniones con total libertad, y renuevan su confianza año a año.

Agradecimiento especial a los que gentilmente se ofrecieron a leer el libro y entregar conceptos sobre el mismo o sobre mi trayectoria, personas que además de apreciarlos por su calidad humana, engalanan este libro al ser ejecutivos de gran y exitosa carrera en sus instituciones. A José

Fernández, una persona de una gran calidad humana, con una vasta carrera de ejecutivo de primer nivel en varios bancos de renombre mundial; a uno de mis primeros alumnos, y gran seguidor de mis análisis, Pablo Tavelli a cargo de la casa de bolsa de un importante banco líder en Argentina; a Gerardo Adame, uno de las personas más brillantes intelectualmente que conocí en México, CEO de una importante compañía de Internet, los hermanos Vicente Gonzalez Beer y Alexandro Gonzalez Beer, traders de raza muy reconocidos en el mercado Mexicano, ambos a cargo de diferentes mesas de operaciones de Forex de importantes Bancos internacionales en México, que desde mi llegada a México 15 años atrás han sido fervientes seguidores de nuestro análisis.

A la editorial Turmalina por creer en este proyecto, en especial a Victoria y Octavio.

Al final, la base de todo, el sustento de cualquier sueño, el por, para y porqué de nuestras vidas, la familia: a mi esposa, mi madre, hijos, y todos los seres queridos que llevo en lo más profundo de mi corazón, gracias por su apoyo de siempre.

Roberto Ruarte
Marzo 2010

INTRODUCCIÓN

Plantar un árbol, tener un hijo, escribir un libro...

25 años de seguimiento de los mercados financieros, otros tantos años de docencia y capacitación en universidades y en instituciones financieras, 20 años en el negocio del asesoramiento o *advisor,* otros tantos años en presencia en medios de prensa en Argentina y en los últimos años en México, Perú y Colombia, pero nunca un libro; ésta era sin dudas la asignatura pendiente.

Algunos sabios dicen que hay un momento para todo en la vida, y que todo llega en el momento adecuado; no hace mucho tiempo, mientras compartíamos un café, un importante ejecutivo de un banco internacional, uno de los principales clientes de mi empresa Ruarte´s Reports, me ayudó a entender que había llegado el momento... Gracias Luis por tus consejos, tu apoyo, sin el cual esta bonita realidad no se hubiera concretado.

Tantos años de mercado han sido posibles por el apoyo de nuestros clientes; con gran orgullo veo cómo alumnos de 20 años atrás ocupan importantes cargos en destacadas instituciones financieras; y lo que más me conmueve es que muchos de ellos me hayan destacado que ya sea mis horas de charla, o de cursos, o los reportes de nuestra compañía, los han ayudado a tener un punto de vista distinto de los mercados financieros, y que algo de lo entregado con la pasión de los que creen en lo que hacen, como es mi caso, se haya canalizado y haya servido aunque sea en una pequeña medida para su éxito actual en sus destacados puestos dentro de distintas organizaciones financieras.

Siempre me he sentido cómodo en mis cursos, en las universidades o en instituciones financieras, así como en charlas o en conferencias; algunos sostienen que el secreto yace en una capacidad natural para trasladar los conocimientos y la experiencia, más un innato histrionismo en mis presentaciones; pero la clave es creer en una forma de ver y de entender los mercados, la clave es la pasión de sentirlos, de leerlos y de vivir con los mismos.

Alguna vez Phil Collins dijo: es increíble, hago lo que me gusta y encima me pagan (y muy bien) por ello. En momentos de superabundancia de información, donde la misma se consigue por Internet muchas veces gratis, mi reconocimiento es hacia nuestros clientes y a los ejecutivos que nos han llevado con ellos a las más diversas instituciones de América y ahora Europa; teniendo los mejores equipos de *research* siempre han creído en el valor agregado de nuestros cursos, de nuestras charlas, de nuestros reportes. Gracias a ellos y sólo a ellos se pueden cumplir 20 años en el negocio del asesoramiento.

¿Que tiene que ver ello con el libro? Mucho. Luego de todas estas charlas, esos cursos, creo que el momento ha llegado de plasmar por escrito las experiencias y fundamentalmente una forma distinta de concebir los mercados financieros.

Es como ponerse una lente especial, mirar los mercados y entender su poderoso mensaje. Los políticos dicen una y otra vez que el verdadero poder lo tiene la gente. En los mercados ello se ve a diario, cualquiera puede participar de los mismos, cualquiera puede comprar una acción, un bono, todos los mercados tienen índices que nuclean a las principales empresas del país. Los inversores, los *traders*, los participantes del mercado votan a diario positivamente comprando activos de confianza cuando creen en un futuro mejor, o vendiendo cuando creen en un futuro peor;

lo hacen con total libertad y con la mejor información disponible que puedan tener, y todos lidian con la incertidumbre del futuro. Puede que algunos tengan mejor información que otros, pero todos en los mercados tienen el derecho irrenunciable de comprar cuando quieren o lo creen conveniente y también de vender en el momento que lo consideren.

Estos 25 años me han hecho comprender muchas cuestiones, y seguramente me seguirán enseñando: los mercados siempre dan mensajes poderosos, y el gran desafío de este libro es dejarlos planteados, proponer una forma distinta de mirarlos y lograr entender el mensaje que están aportando.

También es clave que este mensaje sea comprendido por un número mayor de personas; muchos piensan que los mercados financieros están reservados para unos pocos, pero si este libro logra que mayor cantidad de personas puedan leer y entender los mismos, el esfuerzo habrá valido la pena.

Fundamentalmente la gente considera que los mercados financieros no afectan su vida cotidiana, cuando en realidad sí lo hacen, y por cierto se pueden usar los mercados en nuestro beneficio, si tomamos decisiones correctas en diferentes momentos. Eso no implica necesariamente participar de ellos, pero sí leerlos y actuar en consecuencia, tanto en las empresas como en la economía personal.

Los mercados anticipan cosas buenas y también cosas malas, mucho antes de que sean evidentes en los medios de prensa y en la comunidad. En mi opinión, los mercados financieros son el mejor barómetro para medir el humor de los participantes, y ese humor anticipará los cambios en el humor social.

Los invito a que vean las relaciones que puede tener el mercado con la moda, con el cine, con el deporte, con la política, con la sociedad, con la música. Los invito a ver cómo se ve la realidad bajo el lente o el prisma de los mercados que utilizo desde hace 25 años.

***

En el capítulo 1, el lector podrá ver cómo todos nosotros somos agentes económicos, y cómo tomamos decisiones basadas en nuestra percepción del futuro; con confianza tomamos ciertas decisiones y con desconfianza tomamos otras muy distintas; se verá cómo los agentes de los mercados financieros también usan su percepción del futuro, y se podrá observar a través de ejemplos cómo la emoción domina a la razón y cómo las reglas de los mercados son distintas de lo que nos enseñan las cátedras de Economía en la teoría del equilibrio.

En el capítulo 2, presento la definición del humor o psicología de los mercados y el humor social, así como el rol de los medios de prensa. Planteo cómo el humor de los mercados pasa de la euforia a la depresión, y luego de la depresión a la euforia, como ocurrió en Argentina cuando se pasó de la depresión de 2002 a la euforia del año 2007. Los techos de los mercados se dan con excelentes noticias y los pisos o suelos con muy malas novedades; es por ello que son imperceptibles para la mayoría de los analistas. Veremos ejemplos de EEUU, Brasil, Rusia, Argentina y también casos relacionados con el Euro.

En el capítulo 3, veremos que tanto los mercados como la economía son cíclicos y ciclotímicos, esto es que tienen momentos buenos y momentos malos, de expansión y de contracción, y la ciclotimia hace que en el techo de las cotizaciones un activo sea altamente promocionado o tenga gran marketing y luego de un tiempo en los suelos ese mismo activo sea defenestrado, odiado y olvidado; esto pasa una y otro vez y es recurrente, sólo es cuestión de tiempo. Allí estudiaremos de cerca la relación entre los mercados financieros y la economía.

En el capítulo 4, ofrezco muchos apartados para entender el mensaje de los mercados, cómo el mercado sanciona consensos, cómo el ser humano entiende la historia como obvia, cómo cerca de los techos en los mercados y con grandes noticias y fruto de la codicia mucha gente se acerca a los mercados promocionados, justo cuando está por terminar la parte positiva del ciclo, cómo al revés, en la parte baja del ciclo, el temor y los medios hacen que se sobrevendan los activos, alcanzando niveles muy subvaluados, cómo el dinero astuto acumula (comprando) cerca de los pisos y distribuye (vendiendo) cerca de los techos, cómo los mercados con humor positivo anticipan que vendrán cosas buenas en la economía y cómo uno puede aprovecharlo; finalmente, cómo los mercados con humor negativo anticipan cosas malas en la economía y cómo deberíamos estar atentos para tomar recaudos.

En el capítulo 5, veremos cómo la peor manifestación de humor negativo en los mercados lleva a la sociedad a un estado de crispación social, que en severas caídas ha llevado a grandes conflictos, veremos el caso de las guerras históricas en los últimos dos siglos, las escaramuzas entre hermanos latinoamericanos en los últimos años, y estudiaremos el caso de la guerra de Malvinas, mostrando cómo la sociedad apoya lamentablemente en humores tan negativos la solución por la fuerza y la violencia. Caídas muy severas de los mercados anticipan que pueden ocurrir conflictos bélicos.

En el capítulo 6, abordaremos la relación de los mercados con la cultura y la sociedad, analizando los fenómenos de inclusión en donde razas, religiones, y países se unen y se amigan, algo muy propio de los mercados con humor positivo; así como los fenómenos de exclusión por razas, religiones y políticas en los mercados con tendencia bajista o humor negativo; veremos qué música y qué moda predomina con mercados bajistas o negativos, y cuáles en los positivos; veremos las películas que van variando su temática y su éxito, y cómo podemos esperar ciertos tipos de películas en mercados bajistas o negativos; por último, veremos cómo la sociedad festeja deportes más rudos en los mercados bajistas o de humor negativo, y tiene sus propios ídolos. Estudiaremos los fenómenos de Gardel en el tango, Michael Jackson en el pop, Los Beatles en el happy rock, Elvis Presley en el rock and roll, y Soda Stereo en Latinoamérica.

En el capítulo 7, estableceremos la relación entre la política y los mercados; los mercados han premiado o sancionado gobiernos. Primero haremos un repaso de todos los mercados americanos, empezando por EEUU, cómo el mercado califica y premia a ciertos presidentes como Reagan y Clinton, y cómo sanciona a otros como Nixon y Bush. Este fenómeno algo inédito lo hacemos para México, analizando 20 años de gobiernos y mercados, con Salinas amado y luego repudiado, mientras que otros presidentes como Fox fueron festejados; Brasil, con los presidentes de los últimos 15 años hasta la euforia de los mercados y su amor con Lula de Silva; Colombia, con su presidente Uribe que marcó dos gobiernos con una histórica suba de los mercados y con gran aceptación. Perú en el esplendor, luego apogeo y caída de Fujimori, con un Toledo que el mercado festejó y un Alan García que regresa en 2006 con un estilo bien distinto del de 20 años atrás. Para el caso de Argentina, recorremos los mercados y los gobiernos y cómo los mismos han sido premiados y castigados; la Junta Militar se tiene que ir luego de la gran caída de 1980-1982; Alfonsín entrega antes su mandato en 1989; los mercados festejan a Menem pero luego le hacen pagar su costo; con De La Rúa el mercado siempre anticipó malas noticias hacia delante y luego del peor momento en 2002 los mercados anticipaban mejores cosas: así tuvimos a un presidente como Kirchner que subió con poco apoyo pero que luego edificó su poder y consenso en el 2007, gracias a ello logra la continuidad de su esposa como gobernante.

El capítulo 8 desarrolla un cuadro de rendimientos de las bolsas latinoamericanas y su comparación con EEUU. Independientemente de los vaivenes históricos de Latinoamérica y de las numerosas crisis que han vivido cada uno de los países (México en 1994, Perú a fines de los 70 y comienzos de los 80, Brasil a comienzos del 90 y luego al final de la década, Colombia con su guerra contra el narcotráfico, Argentina con sus idas y vueltas), la Bolsa representada por su índice y en dólares ha sido una excelente inversión en los últimos 20, 15, 10 y 8 años. Han sido mejor inversión que la de EEUU, aunque con una volatilidad y riesgo superior. Si establecemos una comparación entre los diferentes índices en dólares americanos, llegaremos a resultados que seguramente sorprenderán al lector, y a una conclusión cuya interpretación permanecerá abierta.

CAPÍTULO I.
LA ECONOMÍA Y LOS MERCADOS

I.1. LA ECONOMÍA LA HACE USTED

La mayoría de las personas consideran que la economía afecta a su vida diaria, pero les resulta difícil comprender las reglas de su funcionamiento. Consideran que la economía es materia para eruditos profesionales, que generalmente les hablan en términos difíciles e incomprensibles, ya sean microeconómicos, macroeconómicos, índices, indicadores, etc.

De formación profesional contador, siempre recuerdo a mi padrino, que desconocía de la economía. Cuando me preguntaba acerca de esto, yo trataba de explicarle algún tema o le mandaba un escrito que, sin darme cuenta, estaba cargado de tecnicismos. Su respuesta siempre era la misma: "M'hijo, debe estar bien lo que usted dice, para eso estudió en la universidad".

La gente sabe que, cuando la economía funciona, hay más oportunidades de trabajo, que puede elegir entre diferentes opciones y, si ya tiene su trabajo, se siente seguro de éste y confiado de que podrá mantenerlo. Al revés, cuando la economía no está funcionando bien, hay pocas o nulas oportunidades de trabajo y, si tiene su empleo, no se encuentra seguro de la estabilidad laboral por las condiciones imperantes.

Mi padrino, cuando sentía que las cosas iban bien, depositaba su dinero en el Banco, colocaba sus ahorros a plazo fijo, fruto de la confianza que él sentía; y usaba sus intereses para mejorar su casa, para cambiar su auto.

Cuando percibía que las cosas no andaban, inmediatamente retiraba el dinero en moneda local del Banco, compraba dólares y los metía en el forro de su colchón. Automáticamente restringía sus gastos, de los cuales tenía un listado, tomaba el lápiz y empezaba a tachar lo que no era estrictamente imprescindible.

Sus dos decisiones estaban basadas siempre en su percepción del futuro. Es decir, si percibía que los negocios y la economía estaban funcionando bien, tenía su dinero en el Banco, utilizaba parte de sus excedentes en la renovación de su automóvil, realizaba más consumo, más arreglos en su casa... Hasta podía darse el lujo de pensar en comprarse una nueva y, además, más electrodomésticos, más ropa... Cuando percibía que los negocios y la economía no andaban bien, enseguida sacaba el dinero del Banco y restringía sus gastos con una gran capacidad. Ese año no cambiaba el automóvil, no arreglaba su casa, los electrodomésticos se reparaban (no se cambiaban) y la lista de los gastos prescindibles se agrandaba.

Él, como muchas personas, como usted, hacía lo que hace cualquier padre de familia: se cubre en los momentos malos reduciendo gastos y toma precauciones por el mal estado de la economía. Le da un voto de desconfianza a su moneda y al sistema bancario, e inmoviliza sus ahorros en su colchón o en las cajas de seguridad.

Recuerdo cuando le explicaba a mi padrino: "Usted, cuando deposita en el Banco, está ayudando a la economía del país porque, en realidad, cuando deposita su dinero, el Banco hará una reserva como la ley le exige y prestará el restante o lo invertirá. Así se crea el dinero bancario y el factor multiplicador del dinero, que da un efecto expansivo a la economía".

Si, del dinero de mi padrino, el Banco pone en reserva el 10% (de acuerdo a lo que exija la ley y al momento en cada país) y el 90% lo presta a otras personas, éstas tendrán dinero para comprar una casa nueva, para refaccionar la actual, para comprar un auto. El dinero inicial se ha expandido y multiplicado en la economía, y ha generado una expansión positiva.

Él mismo, comprando electrodomésticos, vestuario, poniendo dinero en el Banco, estaba dando un voto positivo a la economía. Al comprar electrodomésticos, obviamente, el negocio que se lo había vendido lo había comprado a alguien que lo había fabricado y, detrás de esta fábrica, había empleados que lo producían. Lo mismo ocurre en el rubro indumentaria, en el automotor y también en el de la construcción.

Es decir, el ver el futuro con confianza genera un efecto multiplicador muy interesante. En general, la gente se contagia de la confianza y de la desconfianza en oleadas. Cuando mucha gente, como mi padrino, cambian su auto (ya sea con crédito o con dinero genuino), compran indumentaria o vestuario, arreglan o compran su casa, están alimentando la demanda sobre bienes, sube su venta, y esto hace que mucha gente trabaje. A su vez, este trabajo, que debe ser remunerado, genera una retroalimentación positiva y, por lo tanto, la economía funciona.

Al revés, cuando mi padrino veía que las cosas estaban poniéndose mal, o feas, iba al Banco, sacaba su dinero e inmediatamente compraba dólares porque desconfiaba de su moneda. El Banco debía devolverle su dinero, y él iba y compraba dólares. Yo le decía que esa actitud, si era emulada por muchos, generaría problemas en el Banco, problemas en la economía.

Sin embargo, su respuesta era siempre la misma: "Yo debo velar por los intereses de mi familia; cuando las cosas están mal, debo protegerlos. Me siento más seguro teniendo dólares debajo del colchón o en la caja de seguridad que

tomando riesgos cuando el futuro se presenta incierto".
Esta emulación hecha por muchos hace que se destruya mucho dinero bancario, que la moneda local se devalúe, que el dólar suba, que la desconfianza se multiplique y que la economía entre en un espiral de caída.

Su lista con el lápiz rojo para borrar gastos innecesarios multiplicados por miles con la misma percepción provoca que se vendan muchos menos autos, muchas menos casas, mucha menos indumentaria, es decir, genera el círculo vicioso de la economía o recesivo. Las empresas, por su lado, empiezan a juntar inventarios y a despedir gente; naturalmente, el desempleo aumenta.

Usted, con su percepción del futuro, que se contagia de su vecino, de sus parientes en las buenas y en las malas, es un agente económico. Ayuda a que el ciclo de la economía esté en expansión cuando ve el futuro con confianza y con optimismo, o genera el círculo vicioso de retracción cuando ve el futuro con desconfianza y con escepticismo, contagiándose y contagiando a muchos otros, sus vecinos, amigos y parientes.

Usted imagina a un empresario (al cual lo ve desde lejos) con mucho dinero y en su escritorio, decidiendo diferente. No es así: si bien cuenta con recursos para hacer una acabada evaluación de la economía, de los proyectos, etc., también lidia con la incertidumbre del futuro y con su percepción. De ésta usted podría decir que es más fundamentada que la suya, o al menos parecería que contara con más elementos que usted para hacer su evaluación.

Pero la esencia de su decisión es exactamente la misma. Si el empresario ve la economía bien, invertirá en un proyecto de inversión, tomará más empleados, producirá más productos, brindará más servicios. Él también personalmente hará su casa, comprará su coche, viajará, gastará más en vestuario e invertirá en su fábrica.

Podría decir que la casa del empresario es más fastuosa que la suya; el auto, más costoso; su vestuario, también.

Pero el voto de confianza con sus decisiones en su fábrica y a nivel personal generará un efecto multiplicador y expansivo en la economía, quizás más fuerte que el suyo, pero no varía el concepto y la dirección. Y, si suma que hay mucha más gente como usted que empresarios, ambos factores positivos son importantes para la expansión de la economía.

Las casas, por más fastuosas que sean, son hechas por empleados de la construcción; la ropa, por más fastuosa que sea, la hacen también empleados que tienen su sueldo. En el caso de las automotrices, tienen en general su línea económica, con la cual puede estar más identificado, pero también hacen modelos más de lujo para satisfacer todas las necesidades.

Ahora bien, cuando el empresario, luego de haber asimilado mucha información que no le garantiza certeza (siempre debe arriesgarse), si percibe que las cosas no van a ir bien, empieza a reestructurar, al igual que mi padrino con su lápiz rojo. Pero su lista es más grande: con computadoras y con profesionales de carrera, se debe decidir de qué gastos y de qué servicios se prescinde. Lo más doloroso es que se debe despedir a gente: primero, se empiezan a sacar horas extras; luego, vendrán las suspensiones y, finalmente, el despido.

Todo este proceso también tiene un gran efecto multiplicador, en este caso, negativo. Más desempleo es más gente con incertidumbre, a la que se le dará una indemnización. Estas personas la cuidarán, tratarán de no gastar, eliminarán muchos gastos, para tratar de subsistir mientras no encuentren un nuevo empleo. Cuando esto se masifica y el desempleo abunda, la economía está fuertemente en recesión.

El empresario también se cubre, invierte menos, ahorra más, hace cobertura más sofisticada que los dólares debajo del colchón, pero en la misma dirección. Podrá comprar oro, o también dólares, y sacará su dinero del país, dependiendo de la magnitud de la crisis que esté viendo.

¿Qué rol juega el Estado en todo esto? Aquí es donde usted comprenderá la famosa frase de política anticíclica. En buenas épocas, los estados recaudan muy bien y desarrollan en esferas de educación, salud, infraestructura, obras, pero deben ahorrar para las épocas difíciles. En la parte negativa del ciclo de la economía, cuando la mayoría de los empresarios desinvierte y el desempleo sube, habrá que implementar más políticas sociales y habrá que hacer más obras de infraestructura para darle empleo a la gente, y tratar de hacer menos profunda la caída de la economía que arrastra a todos los sectores.

¿Qué tiene que ver esto con los agentes del mercado financiero?, mucho: tienen el mismo componente. Es la percepción acerca del futuro lo que importa para los mercados financieros, y es el componente agregado lo que define las grandes bajas o subas en estos mercados. Se mezclan los agentes financieros con los agentes económicos, es decir que existe relación entre ambos. Todo agente económico en algún momento puede ser agente financiero (de hecho lo es cuando compra dólares). Todo agente financiero es agente económico cuando invierte sus ganancias en la economía real, comprándose una casa o un auto; los agentes financieros también van a los shoppings, a los negocios, a comprar ropa, tecnología etc.

Pero vayamos ahora a definir los activos financieros de los mercados más conocidos.

I.2. ACCIONES O BOLSA

Cuando me inicié en los mercados en 1984 (hace unos 25 años de esto), la Bolsa de Valores, el Dow Jones, el Merval, el Bovespa eran temas limitados a unos pocos. Mi padrino me preguntaba: "¿Qué es eso, m'hijo?". Mi padre siempre le decía a mi madre: "Yo no entiendo el trabajo de nuestro hijo; yo me levantaba a las 6 de la mañana para entrar a la fábrica. Nuestro hijo se levanta tarde, dice que el mercado empieza a las 10, a las 11 de la mañana, y termina más tarde".

Cuando regresaba a la tarde, me decía: "¿Cómo estuvo el dólar? ¿Qué pasó con la Bolsa?". Él veía mi trabajo como muy alejado de su economía personal, salvo que, por ser único hijo y él jubilado, yo pasaba a ser el sustento de la casa.

"¿Qué se dice en las altas esferas?", me preguntaba, más como tema de conversación que por su real interés en lo que hacía. Sólo con sus estudios primarios completos, no se creía capaz de entenderlo: eso lo dejaba reservado para graduados universitarios como su hijo...

No es necesario irse tan lejos: en mis tempranos artículos en medios de prensa de Argentina, como *Cronista Comercial* o *Ámbito Financiero*, temas como Wall Street, el IPC de México o el Bovespa eran limitados para unos pocos.

En EE. UU., el 65% de la población (directamente o indirectamente) participa de la Bolsa de Valores; en Latinoamérica (si bien estamos muy lejos de estos guarismos), ya la gente sabe en general qué es el Merval, el Bovespa. Los informativos hablan del Dow, del oro, el petróleo, el dólar, el euro. Al menos los noticieros ya hablan de los mercados financieros mundiales; antes esto no ocurría.

En mis inicios, un programa computarizado de seguimiento de la Bolsa era muy costoso. Para recolectar información del mercado argentino, había que hacerlo manualmente desde los boletines de la Bolsa. Para las del exterior, había que contar con programas caros y sofisticados; un Reuters era un bien de lujo destinado a unos poquísimos participantes que podían pagar altos costos mensuales.

Hoy, con Internet, los servicios de mercados financieros han tenido un desarrollo tal que recolectar información es relativamente barato. Se puede contar con toda la información en su computadora; basta entrar a Yahoo Finance, y tendrá toda la información requerida. Hay plataformas de mercados que ofrecen bases de datos que se actualizan cada minuto, cada hora, cada día y con mucha información del pasado, algo costoso y reservado para unos pocos hace 25 años. Hoy está al alcance de todos. A inicios de la década del noventa, en oportunidad de trabajar con un fuerte inversor, recuerdo que contábamos con un módem para bajar información del mercado americano, algo muy sofisticado para esas épocas. Los tiempos han cambiado. Sin embargo, antes y ahora, los mercados han estado más cerca de lo que usted piensa.

Volvamos al concepto del inversor o especulador (la primera es una palabra más aceptada; la segunda genera cierta aversión, aunque es más propicia para definir el verdadero concepto del inversor en Bolsa). Siempre recuerdo cuando a un ministro de economía de un país latinoamericano se le preguntó dónde tenía sus ahorros y en qué moneda, y respondió que en dólares y parte fuera del país por diversificación. Un ministro de economía debería tenerlo en la moneda de su país y dar el ejemplo; sin embargo, bajo la idea de diversificación y de cuidar los intereses familiares, en realidad escudaba su decisión en que debía tomar sus recaudos.

El inversor en Acciones en realidad es un especulador; el 99,9% de los participantes en la Bolsa de Valores invierte esperando que la Acción en la que invierte se valorice, es decir, suba de precio. Compra la Acción de una empresa, esperando que, en el futuro, el precio de ésta suba, y así pueda tomar una ventaja, un beneficio económico o monetario. Nadie invierte si piensa que esa Acción va a bajar o caer de precio. Es decir que los elementos que tiene una Acción, como la ilusión de ser parte o propietario de la empresa, se diluye en la millonaria cantidad de Acciones emitidas que existen. Por lo tanto, tener el control de la Compañía está reservado a gente como Bill Gates, Warren Bu⊠et, Carlos Slim (por nombrar algunos), grandes popes que tienen una porción del capital importante, que van guiando las políticas de la empresa. Un gran maestro que tuve me decía: "La Bolsa y las Acciones me dan a mí un único derecho, que es el que más valoro: comprar cuando quiero y vender cuando quiero". La mejor definición es ésta: lo que aporta el mercado es liquidez y transparencia, para poder entrar y salir cuando uno quiere.

Los dividendos que puede pagar una Acción, o la participación que podemos tener en la empresa en la toma de decisiones de políticas, son elementos marginales para un inversor. El elemento central es la ganancia de capital, la valorización que pueda experimentar esa Compañía en el futuro cercano (corto plazo), en un futuro de mediano plazo o en un largo plazo.

Las principales Acciones de un país, de acuerdo a diferentes criterios, ya sea de capitalización bursátil o teniendo en cuenta los volúmenes operados en un período de tiempo, se agrupan para conformar un índice bursátil o de las Bolsas de Valores. Así tenemos el Merval en Argentina, con sus variantes de Merval y Merval Argentino (que son los más seguidos); el Bovespa, el principal índice de San Pablo (el más conocido); el IPC (el más conocido de México); el IGBVL (el índice de valores de la Bolsa de Lima); y el IGBVC de Colombia.

Respecto de los mercados centrales, los índices más conocidos son los siguientes:

En Estados Unidos: el Dow Jones, que nuclea a las 30 empresas más importantes; luego el Sp500, que aglutina las 500 empresas más importantes de EE. UU.; y el Nasdaq 100, con las 100 tecnológicas más importantes.
En Inglaterra: el índice es el FTSE 100, conocido como "Footsie".
En España: tenemos el Ibex 35.
En Alemania: tenemos el Dax.

En Francia: tenemos el CAC. En la comunidad europea tenemos el índice Europeo Euro Stoxx50.
En Asia: tenemos el Hang Seng de Hong Kong, el Nikkei de Tokio, el de Shangai (el más conocido es el SSE Composite Index).

Mirar los gráficos de los índices bursátiles de cada país nos otorga un gran barómetro o termómetro de cómo irá la economía, la política, y tiene mucha relación con la cultura, la sociedad y la moda, de lo que nos ocuparemos más adelante en este libro.

Focalizando la atención en el agente financiero y económico, los dos toman decisiones sobre la base de la percepción de su futuro. El económico, cuando ve el futuro con problemas, saca la lista con el lápiz rojo para bajar gastos, y los empresarios reestructuran las Compañías. Cuando ven el futuro con optimismo, ponen el dinero en los Bancos, compran electrodomésticos, más vestuario, más autos, más casas, los Bancos pueden prestar más dinero a tasas más bajas, etc. El empresario realiza proyectos, toma más gente, fabrica más bienes, da más servicios y trabajo.

Es decir que, con la confianza en el futuro, de alguna manera el agente económico da su voto positivo, mientras que, con la desconfianza, también da su voto negativo. Esa conducta agregada de los agentes que se contagian produce efectos expansivos y explica la parte positiva de expansión o ciclo positivo de la economía y, a la inversa, produce efectos restrictivos en la economía, explicando la parte negativa de recesión o ciclo negativo.

En el caso de los agentes financieros de los mercados, su voto es simple: si cree que el futuro va a estar bien, compra Acciones, pensando en su valorización; en el caso de que vea el futuro con negativismo, venderá Acciones, pensando que caerán de valor.

Como en la Bolsa por cada uno que compra hay alguien que vende, la tendencia del índice refleja la fuerza mayoritaria, es decir, si el índice viene subiendo, la fuerza de los participantes con optimismo supera la fuerza de los que ven el futuro con negativismo.

Al revés, cuando el índice bursátil cae, los participantes que ven con negativismo el futuro tienen más fuerza que los que lo ven en forma positiva, y por eso los índices bajan.

Por lo tanto, lo que maneja las tendencias positivas y negativas de la Bolsa de Valores es el humor de los participantes; una tendencia positiva refleja un humor positivo para el futuro. Se espera mayoritariamente que las cosas mejoren. Y una negativa refleja un humor negativo; se espera que las cosas empeoren.

En la economía, la percepción positiva de los agentes o humor positivo genera la expansión de la economía, mientras que la percepción negativa de los agentes o humor negativo genera un espiral negativo o recesivo de la economía.

¿Qué diferencia uno de otro?

Esto es algo básico que usted tiene que comprender. La diferencia es la velocidad con la que se mueve un agente financiero o de mercados, y un agente económico. La velocidad es mucho más rápida en el agente financiero: refleja instantáneamente su voto de confianza comprando, o de desconfianza vendiendo. Toma el teléfono y lo hace a través de su broker: "Comprá" o "vendé". Y es instantáneo. Si no, de la misma computadora, a través de su cuenta en un broker, da un click comprando o vendiendo lo que desea.

Un agente económico que tiene que dar su voto de confianza demora más en decidir tomar un crédito para comprar su auto o una casa, y un empresario demora más en implementar un proyecto de inversión, construyendo una nueva fábrica y tomando más gente para producir más, del mismo modo que se demora más en la reestructuración reduciendo los costos, despidiendo gente.

Es por ello por lo que usted debe considerar que la tendencia de los mercados bursátiles sirve para proyectar lo que va a pasarle a la economía en general y a su economía personal. Mientras que las tendencias positivas de la Bolsa generarán, en un futuro, mayor bienestar en la economía y anticipan mayor bienestar en su economía personal, al revés sucede con las caídas de mercados importantes en la Bolsa: anticipan problemas en la economía general para el futuro y también para su economía personal. Por lo tanto, seguir los mercados puede permitirle a usted reaccionar con anticipación a los vaivenes y ciclos propios que puede tener la economía general y su economía personal.

I.3. ACTIVOS DE LOS MERCADOS DE CONFIANZA

Los activos que invierten los agentes de mercados financieros en momentos de confianza son dos; básicamente, Acciones y Bonos. Compran Acciones pensando en su valorización de capital, y Bonos que le pagan una rentabilidad, creyendo que el emisor (ya sea una Compañía, ya sea un Estado) terminará pagando periódicamente sus intereses y luego le devolverá, a su vencimiento, la totalidad de su capital.

Es decir, usted debe confiar en la economía y en la empresa que compra y, por lo tanto, cuando la compra, hace un voto de confianza; cuando la vende el agente, hace su voto de desconfianza. Lo mismo ocurre con los Bonos: cuando hay confianza de que el pago es seguro, la prima de riesgo baja, y el Bono sube de precio. Al revés, cuando hay desconfianza, la prima de riesgo sube, y los Bonos caen de precio dramáticamente.

Cuando uno va al componente material, tanto los Bonos como las Acciones no dejan de ser papeles impresos que estarán debidamente custodiados en comisiones de valores que le están garantizando a usted su titularidad. Pero, por más que sean papeles custodiados, el valor de éstos varía sobre la base del humor de los participantes;

estos papeles pueden valer una fortuna en momentos de euforia y pueden tener absolutamente nada de valor en momentos de depresión.

Basta recordar lo que valía Yahoo en su época dorada, cuando fue incorporado al Sp500 en EE. UU. La Acción llegó a superar los 400 dólares con la euforia de Internet en 1999-2000. 3 años después, esta Acción caía debajo de los 10 dólares. El papel o Acción seguía custodiado; la titularidad seguía siendo suya, pero algo que valía 400 dólares cada uno valía, tres años después, 10 dólares.

El valor de los Bonos rusos en la crisis de 1998 (efecto Vodka), por más que hayan estado custodiados, se destruyó por la crisis. Sin embargo, esos Bonos recuperaron su valor para valer una fortuna sólo 6 años después con la recuperación de Rusia. También pasó con México, con Argentina y con muchos otros países latinoamericanos.

¿Se acuerda del riesgo país en el año 2001 en Argentina? Era tema de muchos programas de televisión... Hasta que se terminó con el default argentino; 8 años después volvió la euforia por los Bonos.

Es decir que, básicamente, los activos que invierten los agentes en momentos de confianza cuando perciben confianza hacia el futuro son dos: Bonos y Acciones.

I.4. ACTIVOS DE LOS MERCADOS DE DESCONFIANZA

Cuando existe desconfianza, la moneda local es víctima de un gran castigo. En Latinoamérica y en el mundo, esto está definido por el flujo de fondos. Si un país empieza a perder la confianza, los inversores externos querrán retirar sus inversiones o cubrirlas; los mismos agentes económicos y financieros del país buscarán coberturas. ¿Qué harán? Saldrán a vender la moneda local y a comprar dólares. Cuando esto se realiza masivamente, el dólar (o la moneda fuerte de moda, que puede ser el euro) sube su valor, y la moneda local se devalúa. Por lo tanto, la moneda extranjera pasa a ser un activo de resguardo de los agentes económicos y financieros.

El valor del dólar o de la moneda extranjera sube en momentos malos de la economía porque mucha gente de afuera que tenía inversiones, y la gente local, venden su moneda para comprar la moneda extranjera, saca el dinero de los Bancos y dolariza. Lo saca del circuito de la economía y generalmente es por ello por lo que, en las crisis económicas, el valor del dólar sube, y los activos en términos de dólares caen mucho de precio.

El otro activo de cobertura ante la desconfianza suele ser el oro. Esto es más desarrollado, aunque en los últimos tiempos usted habrá escuchado mucho acerca del oro. Básicamente, es refugio ante miedos inflacionarios y también ante crisis importantes.

Este metal, precioso, y perdurable en el tiempo (todo lo contrario al papel) puede sobrevivir bajo custodia cientos y cientos de años, y pasa a ser un bien preciado para cubrirse de la crisis o de la inflación. El oro tuvo su euforia desde 1976 a 1980; luego tuvo 21 años de ostracismo hasta el 2001. Desde allí ha subido muchísimo su valor, y es una cobertura tanto para los miedos inflacionarios como para fuertes caídas bursátiles. En el 2008, cuando todos los mercados cayeron, el oro fue la inversión para sobrevivir y, en el 2009, fue la estrella de los mercados, por el miedo inflacionario.

ACTIVOS DE CONFIANZA EN EL MUNDO

BONOS
CONFIANZA EN QUE EL EMISOR PAGARÁ LOS INTERESES Y DEVOLVERÁ EL CAPITAL.

ACCIONES
CONFIANZA QUE LA COMPAÑÍA TENDRÁ BENEFICIOS Y QUE SE VALORIZARÁN SUS VALORES EN EL MERCADO DE CAPITALES.

MONEDA LOCAL
LA MONEDA LOCAL SE VALORIZA CONTRA LAS MONEDAS FUERTES MUNDIALES POR FLUJO POSITIVO. ENTRA MÁS DINERO DEL QUE SALE, Y POR LO TANTO TENDREMOS REVALUACIÓN DE LA MONEDA Y CONFIANZA EN EL PAÍS.

ACTIVOS DE DESCONFIANZA EN EL MUNDO

ORO
CUANDO EXISTEN PROBLEMAS, MUCHOS BUSCAN REFUGIO EN EL ORO PARA RESGUARDARSE DE DEVALUACIÓN DE SU MONEDA O DE FUERTES CRISIS.

ACTIVOS DE DESCONFIANZA EN LATINOAMERICA

DÓLAR O EURO:
EL FLUJO SE VUELVE NEGATIVO. LAS INVERSIONES SE RETIRAN Y PRODUCEN UNA CORRIDA Y UNA DEVALUACIÓN DE LA MONEDA LOCAL. INCLUSIVE MUCHAS PERSONAS LOCALES COMPRAN MONEDAS FUERTES PARA RESGUARDAR SUS ACTIVOS.

PROPIEDADES

SIGUE EL COMPORTAMIENTO DE LOS ACTIVOS DE CONFIANZA Y TIENEN REZAGOS EN SU COMPORTAMIENTO.

SUFREN LOS VAIVENES DE SU VALORACIÓN EN TÉRMINOS DE MONEDAS FUERTES. EN MOMENTOS DE CONFIANZA, ALTA VALORIZACIÓN DE PROPIEDADES EN TÉRMINOS DE MONEDA FUERTE., EN MOMENTOS DE DESCONFIANZA, BAJA LA VALORIZACION DE PROPIEDADES EN TERMINO DE MONEDAS FUERTES.

I.5. MERCADOS RACIONALES, IRRACIONALES O EMOCIONALES

Los mercados financieros se manejan por emociones, no por razones. Ya un gran financista como George Soros dijo muchas veces que los mercados son irracionales: "Los mercados son irracionales, no racionales. El dinero está hecho para descartar lo obvio y apostarle a lo inesperado". Lo dicho por Soros es una gran verdad, que he podido corroborar en mis más de 25 años de mercados. Existen anécdotas que cuentan que un gran financista como Rockefeller (que invertía en Wall Street) tenía una señal inequívoca para vender sus Acciones. Se comenta que él decía que, cuando su zapatero, que le lustraba sus zapatos, le preguntaba qué Acción comprar en la Bolsa de Valores, el decía que era momento de vender, porque era muy obvio que hasta su zapatero sabía de las buenas ganancias que redituaba invertir en el mercado. El mercado había generado una cascada de información que había llegado a personas que poco o nada tenían que ver con la Bolsa de Valores.

En la primera parte de mi carrera, cuando se desató una gran euforia en la Bolsa de Valores de Argentina y las Acciones subían meteóricamente, el mozo que servía cafés, veía atónito cómo, en la mesa de operación, mucha gente (teóricamente) ganaba dinero fácil. Pasaron muchos días de gran suba de Acciones hasta que un día expresó:

"Muchachos, no me dejen afuera, ¿en qué puedo invertir yo para aprovechar la bonanza y espectacular suba de la Bolsa?". Ello ocurrió cerca del techo de las cotizaciones.

Dos anécdotas más. Una vez, en un vuelo, se me sentó una actriz de teatro de revistas. Me consultó acerca de mi profesión y, cuando le dije que era consultor financiero, enseguida disparó la pregunta de rigor: "¿En qué puedo invertir mis ahorros?". Y agregó: "Mi novio me dijo que él había escuchado que había que invertir en oro o en metales preciosos. Yo estoy comprando oro y plata física con mis ahorros". En dicho momento le pregunté si, en las crisis de Argentina del 2002, había comprado dólares. Me contestó: "¿Sabés que sí? Compré dólares a 4 pesos allá por mayo del 2002". Ésos fueron los niveles máximos que tocó el dólar contra el peso argentino en años. En ese momento me bajé del avión y me dije: "Es momento de vender oro y plata, siguiendo los preceptos de Rockefeller y Soros". La inversión en metales estaba siendo obvia hasta para gente que nunca había hecho inversiones en metales. Nuevamente fue en oportunidad de un techo muy significativo tanto para la oro como para la plata.

La última anécdota me sucedió en oportunidad de la gran suba del euro, cuando la empleada que en dicho momento tenía (era del exterior y se había venido al país para ganar ahorros para su familia) me dijo: "Señor, ya no creo que sea hora de tener mis ahorros en dólares; escuché del euro. Por favor, ¿usted me podría comprar euros por mis dólares?". Era el momento del techo del euro en 1,60.

Para que no suene peyorativa ninguna profesión (tanto la del lustrador de zapatos, del camarero o de la empleada doméstica), la reconocida Giselle Bündchen, una de las modelos más reconocidas en el mundo, decía en el 2008, justo en el techo del euro, que no aceptaría para su cachet ninguna otra moneda que el euro. No quería más el dólar devaluado, justo en niveles de 1,6000. Cuando muchos negocios también en la quinta avenida de Nueva York sólo aceptaban euros, era símbolo de que lo obvio era la fortaleza del euro y la debilidad del dólar. Allí lo inesperado era que se produjera una fortaleza del dólar. Pues así ocurrió: allí se produjo el cambio de tendencia de caída del euro y la suba del dólar.

El otro gran financista, Warren Bu⊠et, muy de moda en los últimos tiempos, comenta que él aplica opinión en contrario, y se refiere claramente al comportamiento emocional de los participantes. Dice: "Cuando la mayoría se vuelve codiciosa, yo me vuelvo temeroso, cuando la mayoría se vuelve temerosa, yo me vuelvo codicioso".

Habla de los sentimientos que he comprobado en mis clientes, en inversores, en traders, en mí mismo, es decir, en todos los agentes financieros, y que no están exentos del hombre común como usted.

Cuando uno está comprado en una Acción, un Bono, y el mercado le da la razón y el mercado sube, la codicia empieza a invadirnos. Recuerdo un trader reconocido cuando estaba comprado en una Acción, que estaba subiendo fuertemente. Me comentaba: "El mercado tiene demasiados feriados, no deberían estar cerrados los fines de semana". En su comentario se reflejaba la codicia: ganaba dinero, quería más y lo quería lo más rápidamente posible. Los feriados y los fines de semana eran un obstáculo para ello. También la codicia se apodera de sectores menos informados cerca de los techos; mucha gente lee en los medios de prensa cómo está subiendo la Bolsa, generalmente en sus fases terminales (luego trataremos este tema). Las tasas de interés están muy asequibles, muy bajas; entonces la codicia hace que algunas personas hipotequen su casa, tomen un préstamo y la apliquen al Mercado de Valores.

Su análisis, como el de muchos, es simplista; con tasas de interés tan bajas, con un préstamo barato invierto en la Bolsa, que sube a tasas muy superiores a la tasa de mi préstamo, y rápidamente puedo generar dinero fácil y rápido a tasas de rendimientos muy interesantes.

La codicia se contagia en los participantes, y la codicia siempre refleja confianza, y la confianza luego se transforma en euforia. Cabe recordar las emisiones de IPO (Initial Public Offering) de tecnología en los finales de la década del noventa y comienzos de este siglo. Justo en el gran techo de las tecnológicas, era un gran negocio comprar la suscripción de cualquier Compañía que saliera a cotizar y luego, cuando cotizaba el mercado, subía meteóricamente. Así se producían ganancias muy importantes y rápidas. Ello ocurrió cerca del techo del mercado tecnológico de marzo del 2000 en Wall Street. Veremos en muchas partes de este libro cómo la confianza se transforma en euforia, y la euforia y la codicia producen los techos de los mercados.

También lo inverso es aplicable: cuando el mercado bursátil cae, el temor empieza a esparcirse, el escepticismo gana a los inversores y a los participantes, y los precios van cayéndose. El temor produce el efecto contrario en los traders... Los traders, cuando el mercado está en su contra, ya no quieren que les abra el mercado al día siguiente. La espiral del temor y de los miedos genera un humor negativo tal que se exacerba hasta el pánico para allí producir los pisos de los mercados financieros.

Codicia en las subas mezcladas con confianza en su máxima expresión (euforia) producen los techos de los mercados. Temor en las bajas con desconfianza en su máxima expresión (pánico) producen los pisos de los mercados financieros.

Pero los mercados financieros se manejan de un extremo de codicia a un extremo de pánico, y generan el paso de la euforia a la depresión, que es la parte negativa de un ciclo en un mercado financiero. Luego, el paso de la depresión a la euforia genera una parte positiva del ciclo del mercado financiero. Sobre estos conceptos centrales del libro volveremos una y otra vez con ejemplos para su mejor comprensión.

Sigamos con con la explicación del concepto (el sentido de este libro es tratar de ver los mercados desde un ángulo distinto, de pensar distinto y de entender el mensaje de los mercados y cómo afectan, y siempre afectarán, su vida cotidiana). No es la idea que usted, estudiante universitario (no necesariamente de finanzas o de economía), considere que los mercados sean un nicho para unos pocos. Debe entender los mercados y saber que no sólo los menos informados se equivocan, sino que euforia y codicia puede invadir a seres poderosos y racionales. Déjeme darle dos ejemplos más de ello.

Siempre en mis clases cuento como anécdota que el padre del racionalismo, Issac Newton, creador de la Teoría de la Gravedad, fue víctima de la emoción (en realidad fue victima de la codicia). Luego de perder todo su dinero, dijo: "Yo puedo calcular el movimiento de las estrellas, pero no la locura de los hombres".

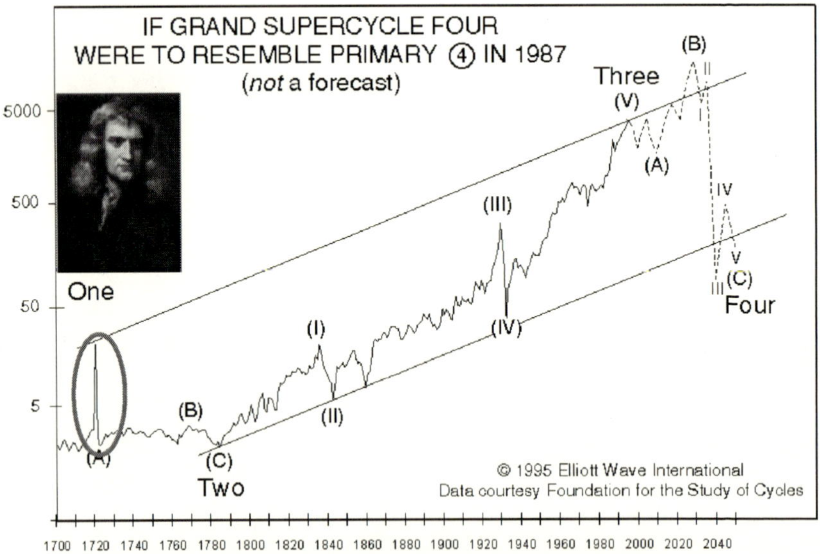

GRÁFICO NÚMERO 1. FUENTE: RUARTE'S REPORTS Y ELLIOTT WAVE INTERNATIONAL.

Dice la historia que Isaac Newton fue accionista en sus comienzos de la Compañía de Indias del Sur, una sociedad creada para realizar las expediciones a Oriente. Esta Compañía desató un verdadero boom entre los años 1710-1720. Newton, uno de los primeros inversores, vio cómo su inversión rápidamente se tornaba rentable con tasas de crecimiento del 100-200%. Racionalmente sostuvo que su rendimiento había sido mucho y que, por lo tanto, sería bueno tomar ganancias y poner en caja las ganancias de la gran valorización de la Acción.

Sin embargo, con cada expedición que salía hacia Oriente, las maravillas que se contaban de lo que había en Oriente (primero té, luego metales preciosos) hacía que los precios subieran meteóricamente y que la euforia y la codicia se masificaran en los inversores ingleses. Así la Bolsa subía con su Acción estrella a tasas de tres dígitos.

Newton contaba la historia, anonadado por haber vendido temprano sus Acciones. Cayó en la tentación fruto de la euforia e invirtió la mayoría de su patrimonio nuevamente. Cuando lo hizo, el mercado hizo su techo, y se produjo un colapso en la Bolsa de Valores. Como muestra el gráfico 1, la Bolsa cayó, en 3 años, un 97%, y Newton perdió todo su dinero.

Un ser racional que había detectado que se estaba armando una burbuja y que originalmente se retiró en forma temprana fue seducido por la euforia y por la codicia contagiosas, y volvió a invertir en el mercado cerca de sus techos. Luego, con la fuerte caída, perdió la mayoría de sus ahorros. La Compañía de Indias del Sur tuvo desconfianza en su inicio, confianza paulatina posterior, confianza mayor, la confianza que se transforma en euforia. Luego la euforia se aplaca, empieza a bajar la confianza, pasa a desconfianza; luego, a escepticismo y luego se transforma en pánico.

Otro ejemplo que marca que usted puede equivocarse es el ejemplo de la euforia por las punto com. Esta euforia de comienzos del Nuevo Milenio llevó a uno de los hombres más poderosos de España y del planeta a entrar en la euforia de las.com. El señor Emilio Botín decidió comprar un portal financiero, sumido en las euforias de las IPO de las punto com. Su Banco, el Banco Santander, compró la empresa argentina Patagon.com y pagó 575 millones de dólares. Llegó a invertir en esta Compañía un total de 1000 millones de dólares.

Este portal financiero luego terminó desapareciendo por no poder desarrollar su modelo de negocios. En el techo del sector tecnológico, el hombre poderoso también comete un error y se deja llevar por la euforia del momento y de la moda.

El BSCH compra Patagon.com, prim portal financiero de Latinoamérica

El banco, que ha pagado 90.000 millones, elegirá un socio para su p

RAMON MUÑOZ

MADRID — El BSCH ha comenzado a cumplir su *amenaza* de pelear por el liderazgo del negocio de Internet frente a su gran rival, el BBVA. El banco anunció ayer la adquisición del 75% de Patagon.com el primer portal financiero de América Latina y uno de los más importantes en habla hispana de Estados Unidos.

La entidad que copresiden Emilio Botín y José María Amusategui ha desembolsado en efectivo 529 millones de dólares, alrededor de 90.000 millones de pesetas, en un acuerdo negociado en Miami por el vicepresidente y consejero delegado Angel Corcóstegui.

Patagon.com nació en 1997 en Argentina de la mano de Wenceslao Casares que, a sus 26 años, ha conseguido en tan sólo tres años montar un portal con más de 15 millones de páginas vistas al mes y ser uno de los personajes favoritos de la revista *Forbes*, cada vez más especializada en los nuevos triunfadores de Internet.

El banco, que compró en diciembre pasado un 2% de Patagon.com, ha adquirido ahora la participación que tenían inversores financieros como Goldman Sachs, JP Morgan, Chase Capital, George Soros (Quantum) o Fenway Partners, entre otros.

El grupo de profesionales fundadores, encabezados por Wences Casares, Daniel Canel, Gabriel Pelitzer y Guillermo Kirchner, mantendrán el 25% restante, y continuarán en sus cargos directivos gestionando el portal financiero.

Patagon.com, que trasladó su sede a Miami, tiene presencia en doce países latinoamericanos, ofrece productos financieros de varias entidades, información sobre mercados, compraventa de valores, asesoría financiera y un servicio de *chat* para sus 40.000 usuarios.

Precisamente la semana pasada presentó su portal en España (www.patagon.com/es) que, según las previsiones de su vicepresidente, Day Jiménez, espera alcanzar entre 4 y 5 millones del total de 50 millones de páginas visitadas con que esperan contar a final de año. Para ello ya ha firmado acuerdos con empresas españolas como la agencia Europa Press.

Este es el primer paso del BSCH dentro de su estrategia glo-

Angel Corcóstegui (a la derecha) y Wenceslao Casares, ayer, en Miami, tras la firma del acue

«Guerra» de fichajes

Como le sucede a los clubes de fútbol, el principal activo de las empresas de Internet son sus empleados y, especialmente, sus directivos. Por eso, nadie respeta los colores y se desatan verdaderas *guerras de fichajes*. Eso le ha sucedido al BSCH que ha fichado a siete técnicos procedentes del área de Internet del BBVA.

Todos ellos pertenecían al equipo de Joseph Montero, ex responsable del desarrollo de E-Business en el BBVA que, al verse relegado del proyecto de Uno-e, no dudó en aceptar la oferta que le hizo hace un mes el BSCH. La fuga de directivos y técnicos de Internet no es nueva en España. Jazztel Internet Factory se nutrió en sus orígenes del fichaje en masa de más de 30 responsables de Teleline de Telefónica.

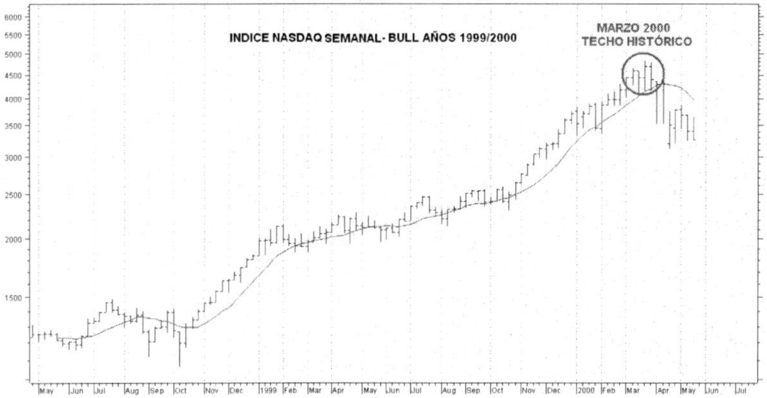

GRÁFICO NÚMERO 2. FUENTE: RUARTE´S REPORTS. MEDIO DE PRENSA: *EL MUNDO*.

I.6. EN LOS MERCADOS EMOCIONALES, NO FUNCIONAN LAS REGLAS DE LA ECONOMÍA

Cuando cursé mi carrera universitaria y estudiaba Introducción a la Economía I y II, me fascinaba la teoría del equilibrio, una teoría netamente racional. Esta teoría nos dice que, cuanto más sube el precio de un activo, la demanda se retrae y la oferta, tentada por mejores precios, empieza a producir más dicho producto. Esto genera un equilibrio y, entonces, a niveles más altos, la oferta sube y se produce la fuerza necesaria para producir la caída de los precios.

De la misma forma la Teoría del Equilibrio nos enseña que, cuando los precios de un activo caen mucho de precio, es la oferta la que se retrae. No es negocio producir dicho producto, no existe incentivo, por lo tanto, baja la producción que equipara a la demanda y, luego, la falta de incentivo hace que la oferta sea menor que la demanda que hace que los precios nuevamente suban. Es decir, las fuerzas de la teoría del equilibrio actúan generando incentivos a la oferta cuando suben los precios para que se produzca más, la oferta iguale a la demanda y luego la exceda para bajar los precios. Y los precios, cuando bajan muy fuerte, desincentivan la oferta hasta que iguala a la demanda, y luego la demanda excederá la oferta y producirá el efecto exactamente inverso.

Esta teoría racional no funciona en los mercados financieros que están muy contaminados con las emociones de codicia, de temor, de confianza y de desconfianza, de positivismo y de negativismo.

En los mercados financieros, cuanto más sube la Bolsa de Valores, más se publicita, más se habla de ello en medios de prensa, y se genera un contagio y una suba por el apetito por el riesgo. La gente confía, la confianza se contagia, los precios siguen subiendo.

¿Por qué pasa ello?, por ser los mercados anticipadores de la economía y de los otros sistemas políticos, económicos. Las noticias son positivas; esto retroalimenta a los inversores, sube el apetito por el riesgo y los precios suben.

Cuanto más suben los precios, más apetito de compra existe; la confianza siempre se transforma en euforia, y la codicia lleva a la locura, y los precios se van a las nubes.

Al revés, cuanto más baja la Bolsa de Valores, las noticias negativas empiezan a generarse, luego a abundar, y la desconfianza es la que se contagia entre los inversores. El apetito por el riesgo desaparece, y la gente huye de la Bolsa. La desconfianza y los temores se exacerban hasta convertirse en pánico, y todos salen a vender sus Acciones a precios irrisorios. Es decir, el pánico genera que, con más caída, se contagien todos y aumente la oferta; todos quieren vender, y desaparecen los compradores.

Como indica la placa que se acompaña, cuanto más sube el mercado, existe más apetito de compra, y aumenta la demanda. Al revés, cuanto más baja, hay más apetito de venta y aumenta la oferta y desaparece la demanda.

Este comportamiento emocional y no racional hace que las reglas de la economía no funcionen en los mercados, y el hecho de que los mercados sean anticipadores de la economía hace que generalmente los techos o picos de las Bolsas sean imperceptibles para la comunidad académica, que mira datos de rezago, y que los pisos sean también imperceptibles para ellos, los cuales analizan con información de rezago lo que está sucediendo en los mercados. Es siempre una constante que el techo de los precios de una Acción, o de un mercado bursátil, coincide con excelentes noticias para el país, la Compañía o el mercado en cuestión, mientras que el piso de los precios de una Acción o de un mercado bursátil coincide con muchísimas malas noticias para el país, la Compañía o el mercado en cuestión.

Es decir, los techos se dan con manifestaciones de euforia y se reflejan en noticias muy positivas, y los grandes pisos se dan con manifestaciones de pánico y se reflejan con noticias muy negativas.

I.7. REGLAS DE LOS MERCADOS FINANCIEROS

CUANTO MÁS SUBE UN PRODUCTO, MÁS RENDIMIENTO NOS PROVEE, MÁS LO PUBLICITAN LOS MEDIOS, AUMENTA EL APETITO DE COMPRA, AUMENTA LA CODICIA, EXISTE OPTIMISMO, HASTA LLEGAR A LA EUFORIA, Y LOS PRECIOS SE VAN A LAS NUBES. CODICIA Y EUFORIA GOBIERNAN LA METEÓRICA SUBA DE PRECIOS.

GRÁFICO NÚMERO 3. EXPRESIONES DE EUFORIA EN LA BOLSA DE VALORES.

CUANTO MÁS BAJA UN PRODUCTO, MÁS PSICOLOGÍA NEGATIVA EXISTE, AUMENTA EL TEMOR, QUE LUEGO SE CONVIERTE EN PÁNICO. LOS PRECIOS ESTÁN POR LOS PISOS. MIEDO, TEMOR Y PASION GOBIERNAN LA DEBACLE DE LOS PRECIOS.

GRÁFICO NÚMERO 4. EXPRESIONES DE DESAZÓN POR LAS CAÍDAS.

EXISTE UN EFECTO MANADA O CONTAGIO ENTRE LOS PARTICIPANTES QUE HACE QUE LAS GRANDES SUBAS CONTAGIEN A LOS PARTICIPANTES A SEGUIR COMPRANDO, PENSANDO CON MUCHO OPTIMISMO EL FUTURO, Y CON GRAN CODICIA POR LO QUE GANAN. A LA INVERSA, SE CONTAGIA LA PSICOLOGÍA NEGATIVA, EL HUMOR NEGATIVO, TEMORES, PÁNICOS, DESCONFIANZA. TODA CLASE DE VERSIONES ALIMENTAN LOS TEMORES Y EL ESCEPTICISMO.

CAPÍTULO II.
LAS NOTICIAS. HUMOR DE LOS MERCADOS Y HUMOR SOCIAL

II.1. HUMOR DE LOS MERCADOS Y HUMOR SOCIAL

Lo primero que debemos hacer es distinguir los dos tipos de humores existentes: el humor que tienen los mercados y el humor social y la economía. Trataremos de probar que el que primero gira o cambia es el humor de los mercados, y mucho después el humor social, las noticias, y los datos de la economía. Esto es cierto tanto en los pasos de la depresión a la euforia como a la inversa, es decir, de un humor muy malo a muy bueno, como de un humor muy bueno a muy malo.

En el humor de los mercados, tomaremos como barómetro (que es el mejor) el índice bursátil más popular. Si este índice hace techos más altos y pisos más altos, está en tendencia alcista o positiva, y esto supone que el humor está yendo de la depresión a la euforia, es decir, de humor muy negativo de pánico a humor muy positivo de euforia. A la inversa, si el gráfico bursátil hace pisos menores y techos menores, está en tendencia bajista, y el humor de los mercados está yendo de la euforia a la depresión de un humor muy bueno a uno muy malo. Tenga en mente cómo trabaja un péndulo. Así trabaja el mercado, yendo con un ritmo de un extremo muy bueno a un extremo muy malo, y luego de uno muy malo regresa a uno muy bueno.

(Esto lo explicaremos cuando hablemos de los ciclos de los mercados y del humor).

El humor social, en realidad, abarca mucho más que el humor de los mercados: abarca el humor en promedio de la sociedad, de la gente. Un medio que refleja muy bien el humor de la sociedad, en general, son los medios de prensa; muchos consideran que los medios de prensa pueden ser manipulados. Sin embargo, los medios no pueden disociarse mucho de la realidad: deben mostrarla, y en la realidad se encuentra el humor social de la sociedad en ese momento. En este sentido aceptaremos que los medios de prensa reflejarán el humor social; también reflejan lo que está pasando con la economía, reproduciendo indicadores económicos. Es una buena foto de cómo está yendo la economía y la política. Si el humor social es negativo, seguramente es porque la economía está andando mal, y lo más probable es que el Gobierno tenga baja popularidad o esté en problemas. Al revés, si el humor social es positivo, seguramente la economía está funcionando bien, y lo más probable es que el Gobierno tenga una buena popularidad.

Si bien existen casos aislados de divorcio entre la economía y el humor social, en general, si la economía anda bien, el humor social está bien, y los gobernantes tienen buena popularidad, mientras que lo inverso es mucho más común. Si la economía está mal, el humor social es muy malo, y los gobernantes tienen serios problemas.

Vincularemos el humor social a la tapa de los diarios, ya que reflejan como una foto lo que está pasando con la economía del país en cuestión.

Tomamos por un lado el gráfico del índice bursátil y, por el otro, los medios de prensa, para que el lector pueda apreciar el efecto rezago entre el humor social y el humor de los mercados, que es un indicador líder o de anticipo.

II.2. PASO DE LA DEPRESIÓN A LA EUFORIA. CASO ARGENTINA

El techo del mercado bursátil argentino más importante, luego de los observados en 1992, fue en 1997, como en muchos mercados latinoamericanos. Desde allí el indicador Merval se colocó en una tendencia bajista muy persistente. Cuando asumió el presidente De La Rúa en Argentina en 1999, luego de una efímera suba inicial, la Bolsa retomó su tendencia bajista y lo hizo muy dramáticamente.

En el 2001 la Bolsa argentina se desplomó un 75% desde que había asumido De La Rúa, y las noticias negativas abundaban. Se hablaba continuamente del riesgo país y empezó el tema del llamado "corralito" de los Bancos.

"Un dólar, un peso" era el lema a defender. La gente que tenía subvencionado el dólar por esta ley empezó a sacar su dinero de los bancos para comprar dólares y el Gobierno debió imponer el "corralito", es decir, debió limitar el retiro de los depósitos de los ahorristas.

Mostraremos los titulares de los medios de prensa, que son los que mejor recogen el humor social. Sin embargo, como se demostrará en este libro, el humor de los mercados anticipa los cambios en el humor social. Los mercados, con sus tendencias positivas, adelantan que el humor social de la sociedad cambiará de negativo a positivo y que la economía mejorará. Al revés, con su caída anticipa que el humor social de la sociedad muy positivo irá cambiando a negativo hasta volverse muy negativo.

Vamos a introducir placas del mercado y, a un costado, titulares de los medios de prensa. Nos basaremos en la última gran crisis de Latinoamérica, la crisis argentina.

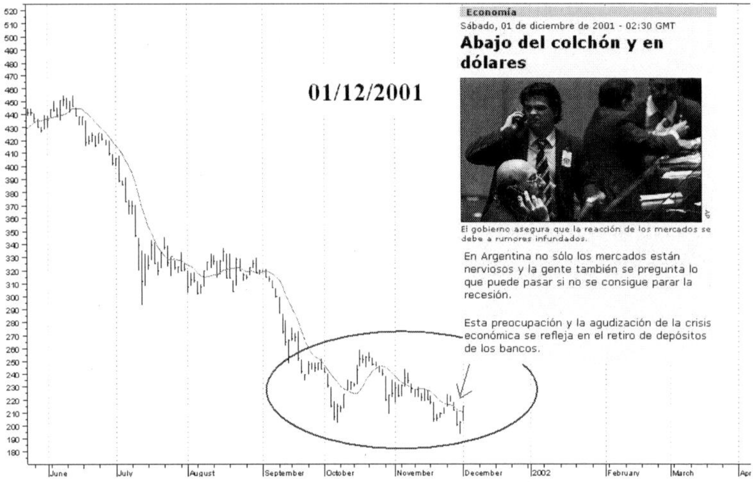

GRÁFICO NÚMERO 5. FUENTE: RUARTE´S REPORTS. MEDIO DE PRENSA: *BBC EN ESPAÑOL.*

En el gráfico número 5, vemos que el índice Merval, principal índice de la Bolsa argentina, cotizaba en niveles de 210 puntos a fines de noviembre del 2001. Ahora observe la tendencia bajista que venía trayendo el índice Merval: en junio del mismo año cotizaba 450 puntos; había perdido más del 50% de su valor. Fíjese en los titulares de los medios de prensa del sábado 1 de diciembre. Aquí el humor del mercado estaba muy negativo, reflejado por el mercado, con una caída en los últimos 5 meses de más de un 50%. El humor social reflejado por los medios de prensa también es muy negativo. El titular de prensa: "Abajo del colchón y en dólares" señala cómo los argentinos retiraban sus depósitos del Banco (exactamente el comportamiento que explicaba de mi padrino en momentos malos: sacar el dinero del Banco, comprar dólares y ponerlos en el colchón).

Aquí el humor de los mercados y el humor social están ambos negativos, son coincidentes.

GRÁFICO NÚMERO 6. FUENTE: RUARTE´S REPORTS. FUENTE: DIARIO *LA NACIÓN*.

Ahora observe el gráfico número 6. Acá ya se comienza a mostrar una disociación entre el humor de los mercados y el humor social, reflejados por los medios de prensa. Observe en el gráfico cómo el índice Merval el 20 de diciembre del 2001 subía fuertemente y registraba niveles de 320 puntos, esto es, un incremento nominal de 110 puntos, un 50% más del gráfico anterior de 20 días atrás. Sin embargo, el humor social estaba muy negativo; los titulares del 20 de diciembre del 2001 titulaban: “Desesperación y muerte en el día más trágico de la última década”. Un titular muy negativo. Fíjese en cómo se compara con junio de 1955 (Revolución Libertadora) con marzo de 1976 (el derrocamiento de Isabel de Perón).

La Bolsa mejoró su humor con respecto al mes de noviembre, pero el humor social seguía muy negativo, y esto produjo una eclosión social muy significativa.

GRÁFICO NÚMERO 7. FUENTE: RUARTE´S REPORTS. *BBC EN ESPAÑOL.*

En el gráfico anterior vemos cómo el humor social negativo hacía eclosión social y, en el gráfico número 7, se aprecia cómo el humor social muy negativo produce una eclosión política. La que es, sin dudas, la más significativa es la renuncia del presidente. El índice Merval, con la renuncia del presidente, no bajó: siguió recuperándose. Es decir, el humor de los mercados estaba anticipando que lo peor ya había pasado y que vendrían cosas mejores para más adelante, pero el humor social estaba crispado y se reflejaba primero con una eclosión social con violencia, saqueos, y ahora con la renuncia del entonces presidente Fernando de la Rúa.

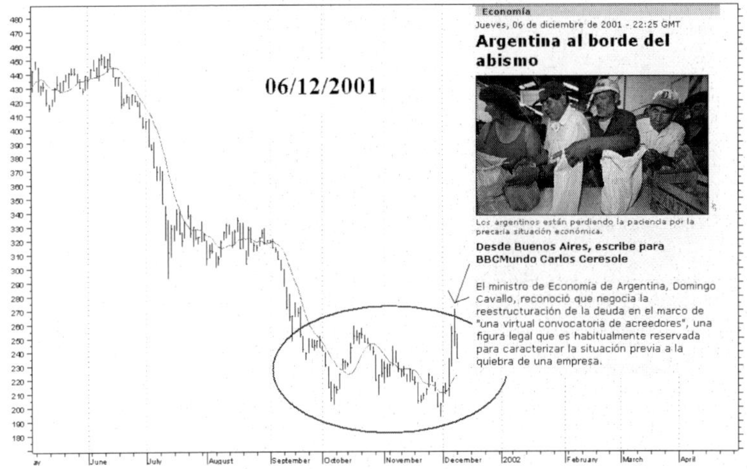

GRÁFICO NÚMERO 8. FUENTE: RUARTE´S REPORTS. MEDIO DE PRENSA: *BBC MUNDO*.

En el gráfico número 8, pueden apreciarse titulares de un medio de prensa internacional como *BBC Mundo*, que remarcaban que Argentina estaba al borde del abismo. Típico titular de una exacerbación del humor social ya exasperado y muy negativo, y reflejo del estado de crispación social. Sin embargo observe cómo el índice Merval ya había comenzado a escalar posiciones en sus cotizaciones.

Desde fines de diciembre del 2001 hasta fines de enero del 2002, tuvimos cinco presidentes en Argentina como efecto de la continuación de la eclosión política. Un dato no menor fue que el presidente Rodríguez Saá (uno de los cinco presidentes en dos meses), en una sesión muy aplaudida en el Congreso, declaró el no pago de la deuda externa. El humor social crispado y muy negativo seguía tomándose víctimas, la eclosión política continuaba; sin embargo, el índice Merval de la Bolsa Argentina seguía creciendo en sus cotizaciones. En enero de 2002, el Merval arañó los 350 puntos y mantuvo una nueva tendencia positiva. Es decir, el humor de los mercados siguió mejorando, y anticipaba así que más hacia delante el humor social mejoraría, y lo hacía con mucha anticipación. La Bolsa subió, en enero del 2002, 140 puntos, desde los niveles de 210 puntos, casi un 70% en medio de noticias muy negativas y con un humor social muy negativo.

GRÁFICO NÚMERO 9. FUENTE: RUARTE´S REPORTS.

Ahora observemos el gráfico número 9. Es aquí donde tenemos el fin de la convertibilidad: el humor social muy negativo produce la eclosión económica. Cabe fijarse cómo el Merval se mantenía en tendencia positiva, es decir, el humor de los mercados seguía disociado del humor social.

En dicho momento nuestra empresa, que se dedica al análisis de los mercados, se encontraba muy positiva para el mercado argentino, aplicando opinión en contraria y observando la regla de cómo anticipan los mercados y el humor de los mercados al humor social. Siempre comento a mis alumnos que, en 1991, en Atlanta (Georgia), yendo a la conferencia de Elliott Wave International, conocí a muchos analistas que en ese momento ya eran de alto renombre. Uno de ellos me dijo de Argentina, "¿Convertibilidad?

Ahora que ustedes pusieron la convertibilidad en 1991 y se convierten en un país serio, voy a vender todas las Acciones de Argentina que compré en 1982 con la Guerra de las Malvinas". Esta reflexión me ayudó mucho a pensar distinto con los mercados y a prestarle mucho atención al humor de los mercados, a la psicología de los inversores y la disociación del humor de los mercados con el humor social. Este analista había comprado Bolsa argentina con la guerra de las Malvinas. La manifestación más negativa del humor social negativo, sin dudas, es la guerra, y estaba vendiendo sus Acciones cuando Argentina era titular en medios mundiales y felicitado por el lanzamiento del Plan de Convertibilidad en marzo del 1991.

Leyendo en opinión en contrario y recordando a este maestro que me había dicho esto 10 años atrás, llegué a la conclusión que, del mismo modo que había que comprar Bolsa Argentina en 1982 y vender en 1991 con el nacimiento del Plan de Convertibilidad, fines del año 2001 y comienzos del 2002 eran oportunidades históricas de compra de Bolsa Argentina. Justo en momentos en que moría el Plan de Convertibilidad, cuando se decidió que no se iba a pagar la deuda externa, cuando tuvimos 5 presidentes en sólo dos meses. Como veremos, este análisis no falló. Estábamos en un índice Merval de 210-350 puntos entre noviembre, diciembre del 2001 y comienzos de enero del 2002.

GRÁFICO NÚMERO 10. FUENTE: RUARTE´S REPORTS. MEDIO DE PRENSA: *BBC EN ESPAÑOL.*

Fíjese en el gráfico número 10 cómo, en junio del 2002, el dólar alcanza su techo histórico de 4 pesos por dólar el 16 de junio de dicho año. En ese momento se publicaban los datos del PBI (Producto Bruto Interno), la peor caída del PBI en 10 años, 20 de cada 100 argentinos con desempleo en Argentina, una economía en recesión desde hacía más de 2 años. El humor social seguía muy negativo, y la gente común seguía buscando al dólar, activo típico de desconfianza y resguardo como su salvación ante la profunda crisis del país.

El negativismo continuaba, y el humor social estaba muy negativo. La gente se iba de Argentina a Europa, México, EE. UU. Tanto es así que, en el 2002, por la gran afluencia de los argentinos, EE. UU. impuso nuevamente el visado para el ingreso de los argentinos a este país.

GRÁFICO NÚMERO 11. FUENTE: RUARTE´S REPORTS. MEDIO DE PRENSA: *CRONISTA COMERCIAL* (ARGENTINA).

En el gráfico número 11, nuevamente volvemos al Merval. Como verán, el Merval a fines de enero del 2002, casi alcanzó los 500 puntos y volvió a caerse a niveles de 260 puntos hacia junio del 2002. Los titulares destacan que los empresarios ven mayor conflicto social, mayor violencia. El humor social seguía alterado con los ahorristas reclamando que no querían Bonos, sino ahorros. La gente estaba enfurecida en las calles. Pero la Bolsa no perforó mínimos y empezó desde 250-260, lo que sería una meteórica recuperación.

GRÁFICO NÚMERO 12. FUENTE: RUARTE´S REPORTS MEDIO DE PRENSA: *BBC EN ESPAÑOL.*

En el gráfico número 12, podemos observar los titulares de asunción del presidente Néstor Kirchner. Si usted observa el mercado bursátil reflejado por su índice Merval, ya se encontraba cerca de los 650 puntos; había subido más de un 250% de los mínimos de noviembre del 2001 y había subido un 160% de Junio del 2002. Pero tome nota del titular del segundo medio de prensa del mismo gráfico número 12: "Kirchner llega a la presidencia con el menor respaldo electoral en la historia de Argentina".

El humor de los mercados estaba claramente positivo; seguía apostando a través de la Bolsa. La tendencia alcista o positiva (el paso de la depresión a la euforia) había sido anticipada por el mercado en noviembre del 2001 y luego en junio del 2002; por lo tanto presagiaba que lo mejor estaba por venir, una verdadera anticipación de lo que ocurriría con la economía y con el mismo presidente Néstor Kirchner.

GRÁFICO NÚMERO 13. FUENTE: RUARTE´S REPORTS. MEDIO DE PRENSA: *LA NACION ON LINE.*

En el gráfico número 13, vemos cómo el humor social empezaba a cambiar en diciembre del 2003: "La comunidad de los economistas tienen consenso de que Argentina crecerá más de lo esperado". Lo que anticiparon los mercados empezaba a ser trasladado al humor social, en los titulares de prensa, en los números de la economía, pero fíjese en cuánto valía el Merval cuando aparecieron estos titulares: ¡1000 puntos! El mercado estaba 474% arriba de su peor valor y, si lo medimos contra el dólar, estaba 250% arriba de su peor momento.

El humor social empezaba a detectar el cambio; la confianza empezaba a fluir en el humor social, bien distinto de lo que pasaba uno y dos años atrás. El humor del mercado lo había anticipado, y el humor social estaba cambiando de negativo a positivo recién en diciembre del 2003.

GRÁFICO NÚMERO 14. FUENTE RUARTE´S REPORTS, NOSIS. MEDIO DE PRENSA: *BBC MUNDO*.

En el gráfico número 14, vemos cómo, en enero del 2004, los titulares reflejaban que los economistas veían un importante crecimiento para ese año para Argentina. Veían el futuro con confianza y cómo la economía, en el último trimestre del 2003, había tenido un crecimiento récord. Había logrado 11 meses consecutivos de suba desde enero del 2003 y era una de las economías en el mundo que más crecía en ese momento. Observe la imagen del presidente que incrementaba su popularidad, la economía ayudaba, el humor social mejoraba y estaba tornándose positivo. Mientras, la Bolsa estaba en 1200 puntos, esto es, un 589% mejor que su peor momento como índice y, relacionado con el dólar, un 363% de su peor momento en dólares, que fue en junio del 2002.

GRÁFICO NÚMERO 15. FUENTE: RUARTE´S REPORTS. MEDIO DE PRENSA: *BBC MUNDO*.

Ahora tome nota del titular del diario *BBC MUNDO* de marzo del 2005 (ver gráfico número 15). Kirchner anunciaba el fin del default (observe el índice Merval), el humor de los mercados seguía muy positivo, el índice ya valía 1630 puntos. Esto es, un 830% arriba de sus mínimos del 2001, y un 543%, en término de dólares, de lo que valía en el 2002. En sólo 3 años aquellos que hubieran apostado por la Bolsa ganaban 543% en dólares. En ese momento el humor social y el humor de los mercados estaban positivos. Sin embargo, el humor de los mercados ya venía con cierta dosis de euforia por lo mucho que había subido ya.

En ese momento pensé nuevamente en la opinión en contrario: "Si cuando Rodríguez Saá oficializaba el default fue compra de la Bolsa argentina, cuando el presidente anuncie el fin, ¿será venta? Una ganancia de más de un 500% en dólares no está mal para poner en caja. Pero el humor de los mercados se pondrá seguramente eufórico y el humor social también".

También fíjense, en este gráfico, cómo el presidente argentino Néstor Kirchner denostaba a los economistas y gurúes que erraron sus pronósticos. Pero ellos no tenían la culpa ya que utilizaban señales de retraso para medir el cambio de humor de los mercados, teniendo el mejor barómetro delante de sus ojos: "el propio mercado", que ya había dado su veredicto positivo desde noviembre del 2001 y junio del 2002.

GRÁFICO NÚMERO 16. FUENTE: RUARTE´S REPORTS. MEDIO DE PRENSA: *BBC MUNDO.*

El titular del 24 de octubre del 2005 de *BBC MUNDO* era: "Kirchner suma triunfos". El Merval estaba en niveles de 1740 puntos, pero cabe notar cómo la tasa de crecimiento del mercado había bajado significativamente. El índice Merval había subido en seis meses 100 puntos; es decir, el humor de los mercados, si bien estaba positivo y seguía creciendo, lo hacía a una tasa menor. Ya el mercado empezaba a tener síntomas de agotamiento o pérdida de momento. Pero, en el humor social, empezaba a dispararse la confianza, y se premiaba así al responsable de lo sucedido con la mejora de la economía. En el gráfico número 12, leíamos que, cuando Kirchner había asumido en mayo del 2003, era el presidente que había asumido con el menor apoyo popular de votos de la historia. En el 2005, la prensa destacaba que Kirchner había logrado apoyo importante de la ciudadanía y que se había transformado en líder indiscutido del peronismo.

GRÁFICO NÚMERO 17. FUENTE: RUARTE´S REPORTS. MEDIO DE PRENSA: INFOBAE ARGENTINA.

En el gráfico número 17, se puede observar cómo la importante calificadora Sp500 tomaba nota de que el crecimiento de Argentina era impresionante. Reconocía algo que era obvio, y el mercado ya lo había demostrado con el índice Merval en niveles de 1950 puntos. Pero fíjese en cómo estas manifestaciones de humor social positivo, de noticias positivas, no producía grandes subas en el índice Merval. Tome nota de la tasa de crecimiento. Esto es una de la máximas que usted deberá llevarse de este libro: cuando el humor de los mercados y el humor social están disociados, la tasa de crecimiento es impresionante.

Dijimos que, en dos años (2002 y 2003), con humor social negativo, el Merval había crecido un 800% y, en dólares, más del 500%, casi un 250% por año en dólares y un 400% en moneda local. En esta etapa teníamos disociación entre el humor positivo y de gran suba del Merval, humor positivo en los mercados, y un humor negativo, que todavía seguía en los medios de prensa y en la sociedad. Desde marzo del 2005, el humor social estuvo positivo, igual que el humor de los mercados. Hasta marzo del 2006, el mercado creció un 18%, 10 veces menos que en los años de disociación de humores. Sin embargo aquí es donde empieza el gran crecimiento del humor social, que de la confianza pasa a la euforia. Pero note cómo el humor de los mercados, reflejado en el índice Merval, ya estaba creciendo a tasas cada vez más pequeñas como agotándose, diciéndonos que la tendencia positiva empezaba a mostrar síntomas de madurez.

GRÁFICO NÚMERO 18. FUENTE: RUARTE´S REPORTS. MEDIO DE PRENSA: INFOBAE.

En el gráfico número 18, otro titular refleja el humor social positivo. En este caso, los Bancos son los protagonistas de los titulares en marzo del 2007. El medio nos indica que el "2006 fue el mejor año de la década para los Bancos". Cómo mutó la psicología desde los tristes momentos del 2001-2002 al 2006-2007. En el 2001-2002, los Bancos estaban blindados y protegidos por las manifestaciones de los ahorristas; y sus directores, agobiados por la ola de juicios causados por el Corralito. Esto parece haber quedado muy lejos en el pasado. En el 2007 los Bancos están muy bien y venían de tener, en el 2006, el mejor año de la década. Si miramos el humor de los mercados, el Merval seguía positivo en niveles de 2250 puntos; otra vez había crecido, pero un 15%. Note cómo el crecimiento estaba perdiendo momento. Desde marzo del 2005 a marzo del 2006 había crecido un 18%. De marzo del 2006 a marzo del 2007, un 15% seguía positivo, pero su tasa de crecimiento seguía bajando. En dos años el mercado creció un 36% desde marzo del 2005 a marzo del 2007, mientras que, en 3 años, el mercado había crecido 15 ó 20 veces ese tamaño, y la tasa anual de crecimiento era 15 veces mayor.

Como suele suceder en los techos de los mercados financieros, es el humor de los mercados el primero que empieza a perder momento, esto es, crece a tasas cada vez menores, y el humor social lo hace cada vez con tasas mayores, y genera más y más optimismo, más y más euforia.

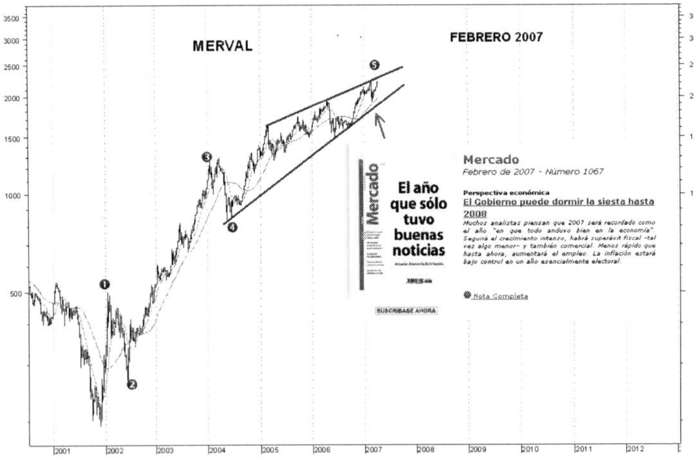

GRÁFICO NÚMERO 19. FUENTE: RUARTE´S REPORTS. MEDIO DE PRENSA: *REVISTA MERCADO.*

En los titulares de febrero 2007 de la revista *Mercado,* leemos: "El año que sólo tuvo buenas noticias", "El Gobierno argentino puede dormir la siesta hasta el año 2008, el año 2007 será recordado como el año en que todo anduvo bien". El humor social está reflejado en medios de prensa y, en la economía, estaban de parabienes. Note la diferencia con el 2001 y el 2002. En aquel momento el humor social estaba muy mal, y el humor de los mercados fue el que primero empezó a cambiar, el humor de mercados lucía positivo en el 2007, pero con claros signos de agotamiento. Si uno mira las tasas de crecimiento del índice Merval, éstas cada vez son menores, sube a tasas mensuales y anuales decrecientes. Hay que seleccionar qué Acciones pueden subir porque ya es obvio para la mayoría que las cosas están bien o mejor, a la inversa de lo que ocurría cuando estábamos con un humor social muy negativo. En efecto, con humor social muy positivo, estamos cerca del techo del humor positivo de los mercados. Es inminente en consecuencia un cambio de humor en los mercados, que anticipará un cambio en el humor social.

GRÁFICO NÚMERO 20. FUENTE: RUARTE´S REPORTS. MEDIO DE PRENSA: *BBC MUNDO*.

En el gráfico número 20, tenemos una típica tapa de techo del humor de mercados, y es con gran crecimiento del humor social, con exceso de confianza y de euforia. Observe el titular en diciembre del año 2007: "¡Latinoamérica es la región más optimista del mundo!". "También es la más positiva con respecto a su economía en el año 2008". El Merval, en diciembre del 2007, terminó cerca de los 2400 puntos. El Merval, desde el cambio del humor social, que podemos situar en marzo del 2005, creció un 45%. Es así como, en dos años y medio, creció desde 1650 puntos hasta los 2400 puntos, esto es, un alza de un 45% a una tasa promedio de 15% anual, una tasa que mes a mes fue perdiendo momento desde mediados del 2005 hasta fines del 2007. Ahora, ¿qué pasó desde junio del 2002 hasta marzo del 2005? el Merval pasó de 250 a niveles de 1650 puntos y, en términos de dólares, de 74 dólares a niveles de 500 dólares. La tasa de crecimiento anual promedio en ese tiempo fue del 190% en pesos, y de niveles de 155% en dólares. Es decir que, en los años de disociación del humor de mercados y el humor social, la tasa de crecimiento fue de 12 a 13 veces superior de cuando el humor social ya había registrado la mejoría.

Y, cuando esta mejoría se transformó en confianza y en euforia, la tasa de crecimiento cayó cada vez más. Como decía Soros, el mercado es irracional, el dinero descarta lo obvio y apuesta por lo inesperado. Con lo que sucedió en el período 2002-2007, vaya si queda demostrado este precepto. En el 2002-2005, los que apostaron por lo inesperado (suba de la Bolsa) tuvieron rendimientos anuales del 155% en dólares. Los que apostaron en el período 2005-2007, con el humor social ya positivo, tuvieron rendimientos anuales de 15% en términos de dólares. En el 2007, el humor de los mercados siguió perdiendo momento; estaba cerca del techo y lucía maduro y con claros signos de agotamiento. Mientras el humor social crecía a tasas muy superiores con más y más agentes, analistas, inversores, observadores positivos, con confianza y con euforia.

II.3. PASO DE LA EUFORIA A LA DEPRESIÓN. CASO ARGENTINA

GRÁFICO NÚMERO 21. FUENTE: RUARTE´S REPORTS. MEDIO DE PRENSA: *BBC MUNDO*.

Fíjese en el gráfico número 21 cómo el mercado giró precisamente con la excesiva confianza del 2007. En los primeros 6 meses del 2008, el mercado argentino cayó desde niveles de 2350 hasta niveles de 1950 puntos. En ese contexto tenemos la primera gran noticia negativa para el Gobierno: la renuncia ministerial del jefe de gabinete del Gobierno de Cristina Fernández de Kirchner. Esto ocurrió luego del voto no positivo del vicepresidente argentino Cobos y del rechazo a la Ley de Retenciones propuesta por el Gobierno. El humor social estaba cambiando, y el humor de los mercados ya lo había hecho previamente en el 2007, cuando registró su techo.

GRÁFICO NÚMERO 22. FUENTE: RUARTE´S REPORTS. MEDIO DE PRENSA: *BBC MUNDO.*

Si observamos el gráfico número 22, vemos que nuevamente aparecen noticias negativas en los medios de prensa: el mercado se cae. En septiembre del 2008, estábamos en niveles de 1750 puntos del Merval. En apenas 9 meses, el mercado borró las ganancias de 2 años y medio de cuando el humor social se había puesto positivo. Es decir, el humor de los mercados ya estaba en niveles similares a los registrados en marzo del 2005. Esto demuestra que el humor de los mercados crece muy rápido cuando el humor social está mal; luego, cuando empieza a estar bien, crece a tasas cada vez más lentas y, cuando está el humor social en su euforia, ya no crece. Finalmente cambia el humor de mercados y rápidamente, en un tiempo menor, borra las ganancias verificadas con el humor social positivo. Esto seguramente está anticipando que el humor social volverá a cambiar para ponerse negativo.

GRÁFICO NÚMERO 23. FUENTE: RUARTE´S REPORTS. MEDIO DE PRENSA: *BBC MUNDO*.

Podemos observar los titulares del diario *BBC Mundo* de octubre de 2008: “Día nefasto para Latinoamérica”. Y Argentina era uno de los países más afectados. En sólo 10 meses, el índice Merval pasó de niveles de 2300 puntos en que se encontraba a niveles de 820 puntos, con los coletazos de la crisis americana, más (según el diario *BBC Mundo*) una polémica medida del Gobierno.

En 10 meses el humor de los mercados cambió dramáticamente, y la Bolsa perdió 60% de su valor. Qué lejos parecen los titulares de gráficos atrás de diciembre del 2007, cuando el Merval estaba en los 2300 puntos y se decía que los latinoamericanos eran los más optimistas. Cuando el humor social estaba en su apogeo, en su máxima confianza, fueron claros los síntomas de techo en los mercados, esto es, del pico del humor positivo en la Bolsa de Valores y de su techo en los precios. En 9 meses la Bolsa perdió la ganancia de prácticamente 4 años, el humor de los mercados cambió dramáticamente y el humor social también. Si nos hubiésemos guiado por el tardío cambio de humor social y luego por la euforia del humor social, para invertir en la Bolsa de Valores, hubiésemos sufrido cuantiosas pérdidas. Sin embargo, con la caída de los mercados a comienzos del 2008 y utilizándolos como señales líderes de lo que puede pasar con el humor social, se podría haber anticipado que éste iba a cambiar de muy positivo a negativo. Esto es lo que efectivamente ocurrió luego con el conflicto con el campo y con otras medidas tomadas por el Gobierno, que fueron muy cuestionadas, o al menos muy discutidas por la sociedad argentina. El humor social cambió, giró en el 2008 y parte del 2009, guiado por la caída de los mercados. Éste pasa de un escenario de gran confianza social a un negativismo extremo.

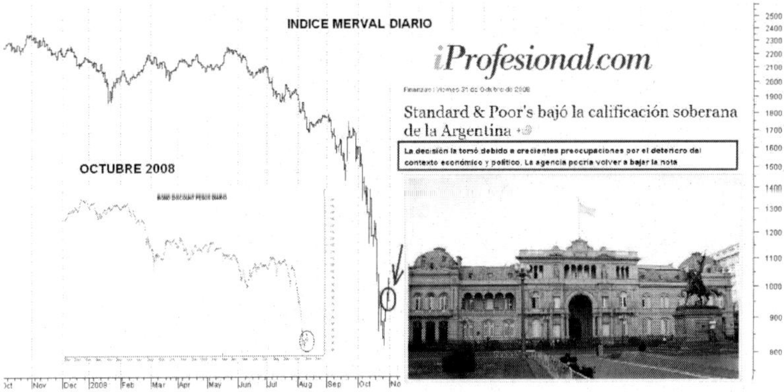

GRÁFICO NÚMERO 24. FUENTE: RUARTE'S REPORTS. MEDIO DE PRENSA: INFOBAE PROFESIONAL.

Finalmente, a fines de octubre del 2008, el humor de los mercados hizo su piso en 818 puntos de Merval. Este nivel fue el piso más importante del Merval de cinco años y se generó, desde los 818 puntos, una gran recuperación nuevamente a los niveles de 2200 puntos del Merval al momento de escribir este libro. Sin embargo, nótese, en el gráfico número 24, cómo días después del piso registrado y con un Merval que empezó una gran recuperación más cerca de los 1000 puntos, el humor de los mercados ya empezaba a mejorar. Pero el humor de las noticias y de la economía nuevamente está disociado. Aquí Standard and Poors, una de las principales calificadoras, bajó la calificación de la deuda soberana argentina, debido al continuo deterioro económico y político del país y aclaró que la agencia podría volver a bajar la nota. La historia se repite: el humor de los mercados ya estaba anticipando una mejoría, y el humor de las noticias, el humor social, la economía, todavía reflejan el negativismo propio de un sistema que actúa claramente en rezago del humor de los mercados.

II.4. LOS MERCADOS, COMO LA NATURALEZA, TIENEN CICLOS

Usted, estimado lector, encontrará, en la naturaleza, numerosas expresiones de ciclicidad. El sol que nos ilumina tiene un perfecto ciclo. Todos sabemos que sale en el Este y se esconde por el Oeste; luego viene la noche. El ciclo de un día en el calendario solar dura 24 horas. Las estaciones tienen sus ciclos, existen cuatro estaciones, dependiendo de si está arriba o debajo del ecuador. Tendrá verano, otoño, invierno y primavera, una y otra vez. La luna tiene su ciclo de 29 días, pasando de una luna llena a cuarto decreciente, a luna nueva y luego a cuarto creciente, para terminar en luna llena al final del ciclo. Las flores, las hojas tienen su ciclicidad; toda la naturaleza está llena de ejemplos.

Los mercados financieros, fruto de decisiones de muchos participantes que confluyen día a día en el recinto de operaciones, o en escenarios virtuales, no son la excepción y también tienen su ciclo.

En la parte negativa del ciclo, los precios del activo están en niveles bajos. Nadie quiere dicho activo, existe negativismo, noticias muy malas para aquél. Por lo tanto, su valor está artificialmente bajo porque está en pocas manos; la mayoría tiene una percepción negativa de dicho activo. Luego empiezan a subir los precios, y las noticias que favorecen a dicho activo por arte de magia mejoran. Nuevos adeptos se inclinan a comprar dicho activo, y los precios empiezan su escalada. Más y más noticias positivas empiezan a salir, y el activo empieza a captar mayor interés y continúa con su tendencia alcista. Luego llega la etapa de la excesiva confianza y de la euforia, que coincide con valuaciones muy altas del activo, el cual pasa a ser muy promocionado, muy preferido, y la mayoría de los participantes tiene una opinión positiva.

El ciclo tiene dos partes: una tendencia grande positiva de valuación de niveles muy bajos a niveles muy altos. Esta suba no es lineal, sino como es en los mercados: en serruchos. Es decir, nuevos máximos continuos son seguidos por ajustes parciales que hacen tomar fuerza y continúan con la tendencia positiva o alcista.

En términos de humor, la tendencia alcista pasa de un humor de mercados muy negativo para el activo en cuestión hasta un humor de mercados muy positivo para el activo en cuestión. Al comienzo de la suba, la demanda del activo está deprimida, hasta llegar al final de la parte positiva del ciclo, donde la demanda se vuelve eufórica.

Pero el ciclo tiene sus dos partes. Luego de alcanzar el pico de euforia, empieza la tendencia negativa o bajista del ciclo. Ésta tampoco es lineal, es en serrucho. El activo baja en su valuación haciendo mínimos y recupera parte de la caída una y otra vez, pero, cada vez que cae, hace nuevos mínimos.

Con la caída el humor, nuevamente varía de la euforia en el techo de su valuación. Esa euforia pasa a una lenta desconfianza; luego la desconfianza es mayor, hasta que la desconfianza se exacerba, y la demanda se deprime.

Por lo tanto, definimos el ciclo, desde el punto de vista de los humores, como el paso de la depresión a la euforia en la parte positiva del ciclo, y el paso de la euforia a la depresión en la parte negativa del ciclo.

¿Cómo es el movimiento en serrucho? La mejor forma que tengo para que ustedes imaginen esta dinámica es como la de un péndulo. Si tomamos que algo empieza en un valor 10 y llega a un valor 100 como extremo del ciclo positivo y luego desde 100 vuelve a valor de 10, estamos imaginando un ciclo perfecto. El péndulo trabajaría de esta forma, relacionándolo con la opinión negativa hacia al activo. O mejor podemos tomarlo como opinión positiva al activo. En el valor 10, sólo el 5% de los agentes financieros tiene una opinión positiva del activo, y el que la tiene es porque apuesta al valor, no a la noticias. Tiene el activo porque considera que está en valores muy bajos, y que las noticias malas que existen en ese momento están todas descontadas en los precios (visión correcta). Luego el mercado se mueve de 10 a 20, y los positivos suben del 5% al 25%. Cuando el precio llega a 20, viene el clásico movimiento en serrucho ya que la suba o subida no es lineal. El valor del activo ajusta a 15, y nuevamente los positivos bajan pero, en este caso, al 10% de positivos, 90% negativos.

Nuevamente, como estamos en tendencia alcista y a pesar de que el humor social sigue negativo (recuerde que, como intentamos demostrar en este libro, el humor social tiene un efecto rezago con el humor de los mercados y, en la primera etapa, existe una disociación entre ambos), el activo sube de 15 a 30. Allí la opinión positiva del activo sube al 30% y los negativos bajan al 70%. Siguiendo el comportamiento de avances y retrocesos, nuevamente el precio del activo ajusta de 30 a 20 y la opinión positiva baja al 15% y la negativa se incrementa al 85%. Luego nuevamente un nuevo avance del activo nos lleva a 50 esta vez, y allí la opinión positiva sube a 40%. Como es natural, vuelve a ajustar de 50 a 25 y otra vez la opinión positiva cae al 20% esta vez. Luego tenemos un nuevo avance fuerte a 70; esta vez la opinión positiva se pone al 50%, viene el ajuste esta vez a 55 y la opinión positiva desciende al 35%. El nuevo avance nos lleva a 80, y la opinión positiva sube al 60%; viene el ajuste a 70, y la opinión positiva desciende al 50%. Luego el activo sube a 85, y la opinión positiva sube al 70%; viene el ajuste del activo a 75 y la opinión positiva desciende al 60%. El activo nuevamente sube a 90, y la opinión positiva crece al 85% positivo; viene el ajuste a 80, y la visión positiva se reduce sólo al 75%. El activo sube a 95, y la opinión positiva crece al 90% positivo; luego viene el ajuste a 85 y la opinión positiva baja al 70%. Luego el avance se da a 100, y allí la opinión positiva sube al 95% y sólo un 5% de negativos.

Allí es el techo del ciclo. Está el 95% de la gente comprada en el activo y con opinión positiva. El 5% que está negativo muchas veces es el mismo que compró en 10, que hace bastante salió del mercado porque ya consideran que el valor está sobrevaluado y será difícil convencerlo de entrar.

Es decir, el péndulo, que mide el humor de los participantes, empieza en un valor muy bajo de positivismo del 5% y de negativismo extremo del 95% y, tal cual un péndulo, cada vez que sube el valor, mide más positivismo. Luego, cuando ajusta, ajusta el positivismo, hasta llegar a su extremo del 95% de positivismo y 5% de negativismo. Allí ha terminado el ascenso o la parte positiva del ciclo.

Esta visión es la que le explicará a usted por qué es tan difícil que la teoría económica o fundamental u organismos internacionales de prestigio anticipen el comienzo de una crisis o el final de ésta. Nunca ocurre porque, como todos son racionales y los techos se hacen con 95% de optimismo y de confianza, con todas noticias positivas, con humor social positivo y con datos de economía excelentes; al revés, los pisos de los ciclos de los activos se dan con 95%

de negativismo, con todas noticias negativas, con humor social negativos y con datos de economía muy malos.

Es por ello por lo que los techos y los pisos de los mercados son imperceptibles para la mayoría de los analistas, observadores, académicos, inversores, investigadores.

Todos buscan razones donde hay emociones; buscan buenas noticias donde hay sólo malas noticias (en los pisos) y buscan malas noticias donde sólo hay buenas noticias (en los techos).

Hay un viejo dicho que dice: "La confianza mata al hombre". Parece ser cierto porque allí se hacen los techos de los mercados. El viejo sabio Warren Bu&#65533;et lo define brillantemente: "Cuando la mayoría se pone codiciosa [compra el activo a altos precios], yo me pongo temeroso [vende el activo porque ya subió mucho], cuando la mayoría se pone temerosa [vende el activo cada vez a más bajos precios en pánico], yo me pongo codicioso [empieza a comprar el activo que está subvaluado]".

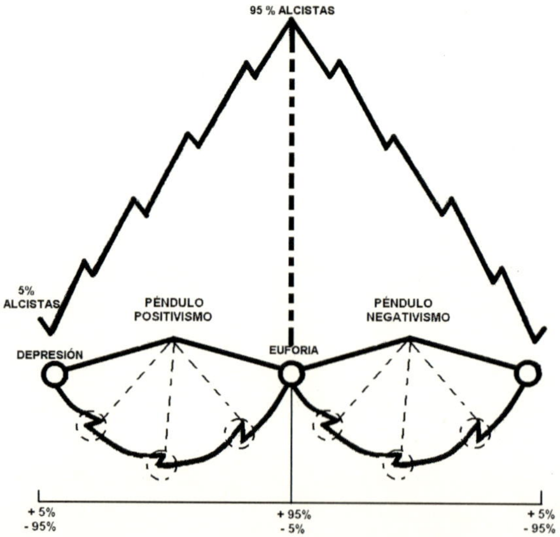

GRÁFICO NÚMERO 25. FUENTE: RUARTE'S REPORTS.

II.5. LOS TECHOS DE LOS CICLOS BURSÁTILES COINCIDEN CON EXCELENTES NOTICIAS. POR ESO SON IMPERCEPTIBLES, MIENTRAS QUE LOS PISOS COINCIDEN CON MUY MALAS NOTICIAS

Con los gráficos y ejemplos que brindo a continuación, intentaré probar lo difícil que es detectar los techos y pisos de los mercados, ya que el humor de los mercados es el que lidera el humor social, que va con rezago o retraso. El mercado hace su techo justo con un humor social muy positivo o eufórico y hace su piso con un humor social muy negativo. Más aún, el humor social negativo persiste cuando el mercado ya está subiendo, como ya probamos con Argentina. Mientras, el humor social positivo suele persistir después que la caída ha comenzado. Aunque usted debe tener en cuenta lo que algunos analistas sostienen y que he podido comprobar, los mercados financieros caen mucho más rápido de lo que suben (como afectados por una ley de gravedad). Entonces la disociación entre el humor de los mercados (el primero que se pone negativo) y el humor social (que sigue positivo) no es tan extenso en tiempos como ocurre en los pisos y en los comienzos de tendencias alcistas. Si bien no es extenso en tiempos, es muy gravoso en precios, es decir, el humor social recepta más rápido el cambio de humor de los mercados, pero hay diferencia de valor cuando el humor social toma efecto del cambio de positivo a negativo de los mercados. Los valores están mucho más deprimidos y bien lejos de los techos.

II.5.A. EJEMPLOS DE EE. UU.

Hablemos del mercado más grande del mundo: el mercado americano y Wall Street.

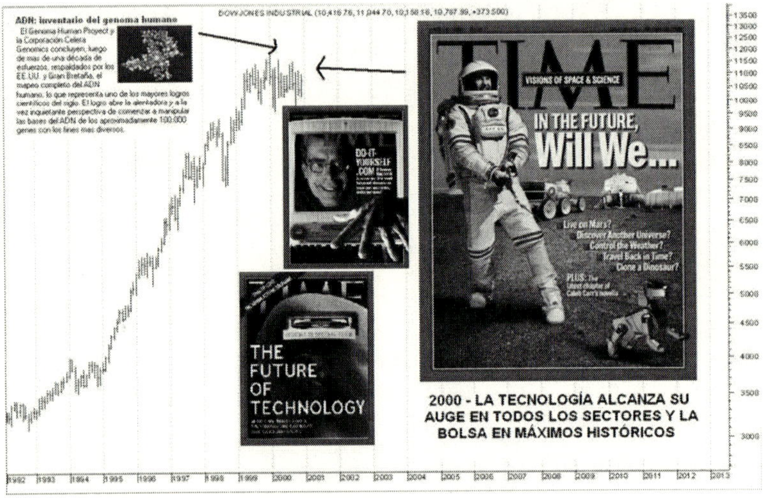

GRÁFICO NÚMERO 26. FUENTE: RUARTE'S REPORTS. MEDIO DE PRENSA: *TIME*.

En el gráfico 26, observen cómo estaba, a fines del milenio pasado y a comienzos del 2000 (que marcó el techo histórico de las tecnológicas en EE. UU.), el humor de la prensa. Aquí estamos tomando como referencia el Dow, pero los dos índices tecnológicos más importantes, el Nasdaq 100 y Nasdaq Composite, habían alcanzado niveles de 4800 y 5000 puntos. A comienzos del 2010, 10 años después, se encuentran a menos de la mitad de su valor. Ahora bien, ¿era evidente que allí sería el techo de las tecnológicas? Con este humor tan positivo, es imperceptible el techo para la gran mayoría. La revista *Time* muestra a un ser humano con un chip en la cabeza, habla de que en el futuro el hombre podría vivir en Marte, viajar por el futuro, controlar el clima, clonar un dinosaurio, descubrir un nuevo universo. Se descifra el ADN y se empieza a hablar de que se pueden clonar humanos. (Ver los titulares y el furor de las punto com [hagaloudmismo.com]).

Con ese humor social de euforia que captan los medios, se dio el techo histórico de las tecnológicas y el gran techo de la Bolsa americana.

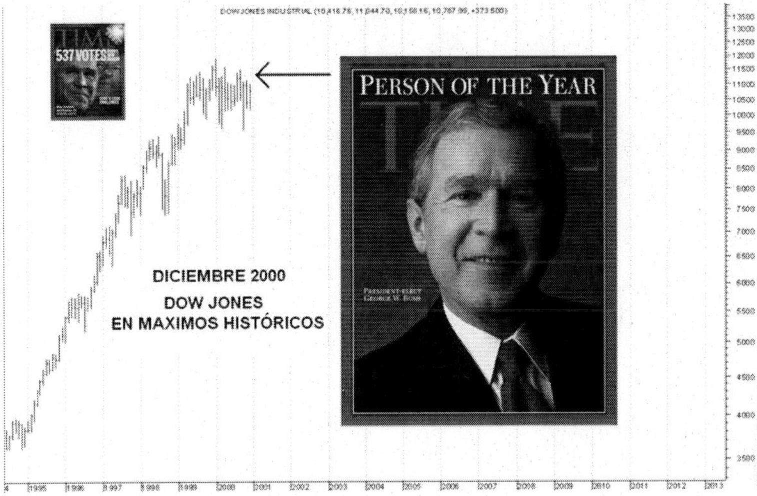

GRÁFICO NÚMERO 27. FUENTE: RUARTE'S REPORTS. MEDIO DE PRENSA: *TIME*.

En el gráfico 27, fíjese en algo que es recurrente: cuando la economía anda bien, los gobernantes gozan de alta popularidad y de excelente prensa. En diciembre del 2000, cerca del techo de la Bolsa americana, George Bush es tapa de la revista *Time* como personaje del año. Éste es otro elemento que hace imperceptibles los techos de los mercados, porque el humor social está muy positivo, eufórico, con plena confianza en el futuro. Allí empieza la caída de los mercados; el humor de los mercados hace techo positivo y empieza su tendencia negativa en medio del humor social positivo: siempre ocurre así.

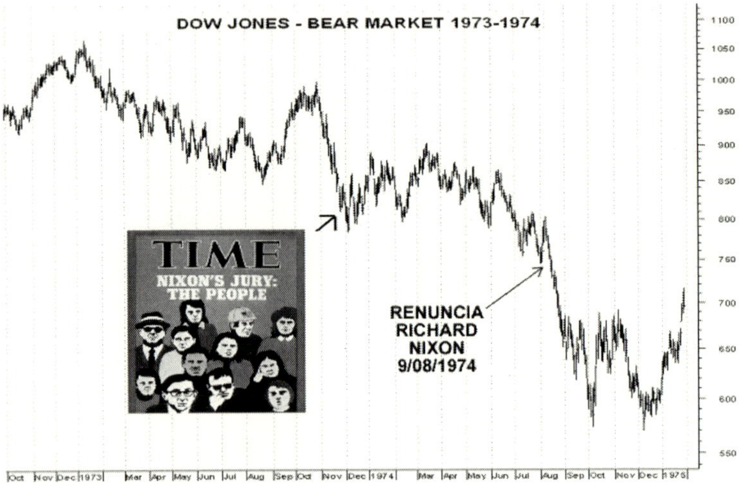

GRÁFICO NÚMERO 28. FUENTE: RUARTE'S REPORTS. MEDIO DE PRENSA: *TIME*

En el gráfico 28, fíjense en la oportunidad histórica de compra de la Bolsa americana. Ocurrió en 1974, cuando el Dow alcanzó los 574 puntos. Sin embargo, allí no sonaban las campanas avisando de dicha oportunidad, todo lo contrario: el humor social estaba supernegativo. Usted puede observar que, en agosto de 1974, renunció Richard Nixon por el escándalo Watergate. Con la renuncia del presidente, el mercado cayó un poco más hasta octubre de 1974, para hacer su piso de 574 y para empezar luego un gran mercado alcista que duraría 25 años en Wall Street, hasta el 2000.

TAPAS DE *TIME* DE NOVIEMBRE Y DICIEMBRE DE 1974

GRÁFICO NÚMERO 28. FUENTE: *TIME*.

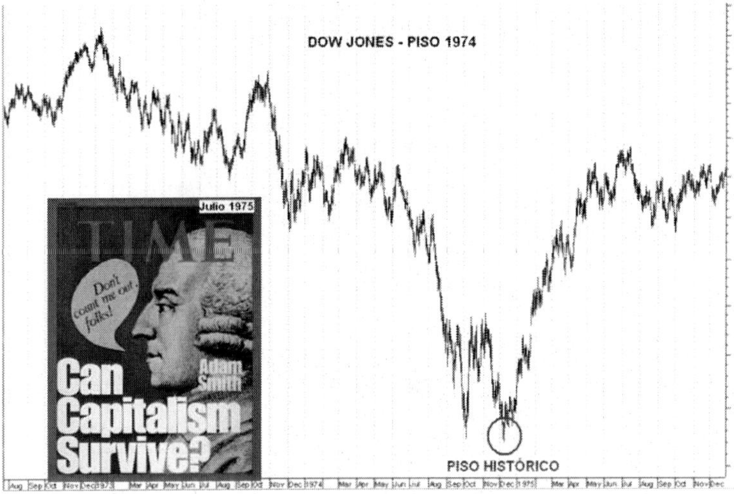

GRÁFICO NÚMERO 29. FUENTE: RUARTE'S REPORTS. MEDIO DE PRENSA: *TIME*.

Vea cómo estaba el humor social en noviembre y diciembre de 1974. Vea las tapas de la revista *Time*, emblemática en EE. UU. Ésta publicaba, en noviembre de ese año, el gran problema de la suba del desempleo en EE. UU. y, en diciembre, publicaba un Papá Noel delgado sin regalos por efecto de la profunda recesión. Entonces ya había empezado a cambiar el humor de los mercados: la Bolsa empezó a subir en octubre de 1974; sin embargo, el humor social estaba muy negativo. Esto se hace evidente en la tapa de la revista *Time* de julio de 1975 (cuando el Dow ya había escalado de 574 a 850 puntos), que todavía refleja un humor social negativo: "¿Puede sobrevivir el capitalismo de Adam Smith?". La Bolsa ya había subido en Wall Street casi un 45% y había cambiado el humor de los mercados de negativo a positivo, pero el humor social seguía siendo muy negativo.

Es por ello por lo que los pisos también son imperceptibles: el humor social permanece negativo bien después que el humor de los mercados ya cambió de negativo a positivo (es el que primero lo hace y es el que guiará al cambio del humor social).

GRÁFICO NÚMERO 30. FUENTE: RUARTE'S REPORTS. MEDIO DE PRENSA: *TIME*.

El Dow Jones alcanzó los 1000 puntos por primera vez en 1966, y dicha marca fue superada solo 17 años después con Ronald Reagan. Tome nota de cuándo el Dow superó marginalmente los 1000 puntos: fue en enero de 1973, como muestra el gráfico 30. En dicho momento, los titulares de los medios de prensa reflejaban el humor social: Kissinger y Richard Nixon eran los hombres del año de la revista *Time*. Los gobernantes gozaban de gran popularidad porque la economía estaba mejor; existía optimismo. El mismo gobernante que un año y medio después fue obligado a renunciar era tapa de revista por ser el personaje del año, justo en uno de los techos más importantes de Wall Street.

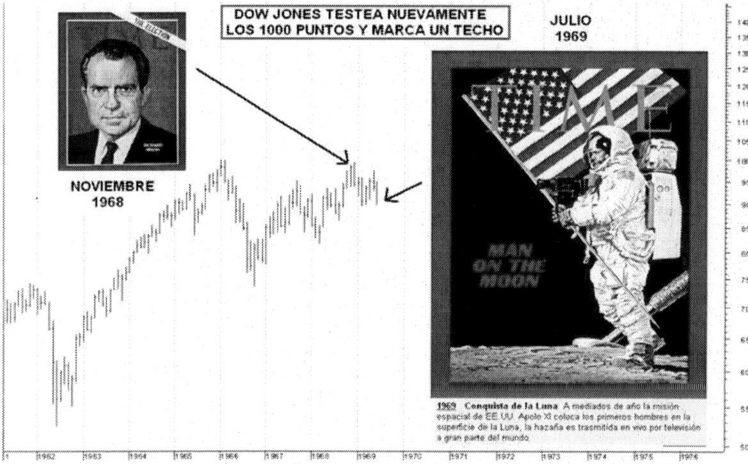

GRÁFICO NÚMERO 31. FUENTE: RUARTE'S REPORTS. MEDIO DE PRENSA: *TIME*.

En el gráfico 31, usted puede apreciar que Richard Nixon fue elegido como personaje del año en 1968 y que, en 1969, el hombre llegaba a la Luna. Estábamos en la conquista del espacio; en esta época se estrenaron películas como *Cosmos 1999*, en donde ya se proyectaba linealmente que el hombre estaría conquistando el espacio. La hazaña del hombre en la Luna fue transmitida en directo a todo el mundo. "Un pequeño paso para mí, un gran paso para la humanidad", ¿recuerda estas palabras? Si es de una generación mucho más joven, podrá ir a buscar los registros. La euforia fue total por dicho acontecimiento y se venía de un año 1968 positivo en la economía, y con el presidente Nixon con alta popularidad. De hecho, Nixon fue reelecto y, en 1973, nuevamente fue tapa de *Time* en el otro techo del Dow. Después de la caída del Mercado de Valores de un 40% y con el cambio del humor social, Nixon renunció cerca del piso de 1974 del Dow Jones.

GRÁFICO NÚMERO 32. FUENTE: RUARTE'S REPORTS. MEDIO DE PRENSA: *TIME*.

En el gráfico número 32, se refleja la euforia de la Edad de Oro americana, la década del sesenta. Estas tapas de medios de prensa ocurren en diciembre de 1965, muy cerca de comienzos de 1966, cuando el Dow tocó por primera vez los 1000 puntos. Vea los titulares de dos tapas de la revista *Time*: una está dedicada a Keynes, el padre de la teoría keynesiana, que guió a la gran recuperación americana, y La otra, a muchos millonarios menores de 40 años, generados por la bonanza de la economía americana. Justo en ese momento era el techo de la Bolsa americana de 1000 puntos. Al mercado le costó 17 años superar la marca de los 1000 puntos; el techo se vio con un humor social positivo eufórico para con la economía y para con los gobernantes, como siempre sucede.

II.5.B. EJEMPLO DE MÉXICO

GRÁFICO NÚMERO 33. FUENTE: RUARTE´S REPORTS Y ECONOMATICA.

Observe en el gráfico 33 el techo de febrero de 1994 de la Bolsa Mexicana de Valores. En el libro *México en la frontera del caos*, el premio Pulitzer y autor del libro, Andrés Oppenheimer, plantea el gran momento de México y de su entonces presidente Carlos Salinas de Gortari en la celebración de las Fiestas de fines de 1993. Salinas había logrado en 1993 que se aprobara el ingreso al NAFTA de México; la Bolsa había hecho un rally del 50%: estaba cerca de los 2895 puntos. En dichas Fiestas, Salinas sentía que todo estaba bien: en el 2004 terminaba su mandato, gozaba de altísima popularidad, era candidato para la Organización Mundial del Comercio como presidente y era considerado el mejor presidente de la centuria de México. En dicho momento,

Chávez estaba en su apogeo como boxeador, y la maratón de Nueva York la había ganado por primera vez un mexicano. En el arte, las obras de Frida Khalo y de Diego Rivera estaban de moda y cotizaban fortunas. De este modo, todo lucía extremadamente bien para Salinas y para México, precisamente lo que sucede en los techos bursátiles. El IPC de México hizo su techo en febrero de 1994 y después vimos, en septiembre de 1994, un techo secundario casi en los mismos niveles. En setiembre de 1994, *Wall Street Journal* publicó que Zedillo había sido ungido dentro de unas elecciones limpias y no sospechadas de fraude como las anteriores, que el único elemento que le hacía falta a México para ser una potencia era eso y que, por lo tanto, vislumbraba años dorados para México hacia delante. Sólo tres meses después, surgió El Tequila, o la devaluación mexicana. La Bolsa hizo techo con la elección de Zedillo y bajó un 35% a diciembre. Entonces se presentó la mala noticia que cambió dramáticamente el humor social para México. Pero ello ocurrió en diciembre, y el humor de los mercados ya había cambiado a partir de enero de 1994, primero en los techos de 2895 puntos, y de septiembre de 1994, en los techos de 2865 puntos. Cuando salió la noticia que cambió el humor social, el mercado bursátil medido por el IPC ya había caído un 35%, mientras que los Bonos mexicanos habían hecho su techo en enero de 1994 (y luego en septiembre de 1994, hicieron un techo mucho menor que el que había hecho la Bolsa), anticipando que el humor del mercado mexicano ya había cambiado. A continuación de diciembre de 1994, como todos sabemos, el humor social cambió dramáticamente.

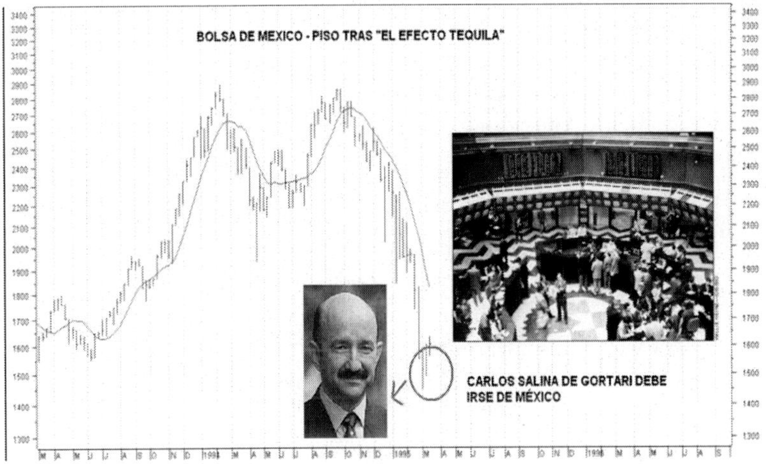

GRÁFICO NÚMERO 34. FUENTE: RUARTE´S REPORTS.

Desde septiembre de 1994 hasta marzo de 1995, se produjo el colapso de la Bolsa mexicana, que pasó de 2865 de septiembre de 1994 a los niveles de 1448 puntos en marzo de 1995. La relación peso-dólar se disparó a niveles de 8 pesos por dólar, y el índice en dólares alcanzó niveles de 225 dólares, que cayeron desde niveles de 925 dólares. En marzo de 1995, justo en el piso y con una crisis en el partido gobernante, el PRI, el otrora presidente poderoso de México (no hacía más de un año y medio lo era) hizo una huelga de hambre sin éxito y luego tuvo que salir de su país y exiliarse para nunca más volver. El héroe de comienzos de 1994 pasó a ser villano en el piso de 1995 y se tuvo que ir del país.

Los americanos que, según algunos cálculos estimativos, perdieron 75.000 millones de dólares, prometieron no invertir más en el mercado mexicano luego de la fenomenal pérdida que habían tenido en 1995.

La Bolsa mexicana hizo su piso en marzo de 1995; en octubre de 1995, el humor social seguía muy negativo y se hablaba de un posible Tequila 2, de hiperinflación para México. Sin embargo, el humor de los mercados cambió en marzo de 1995 mientras que el humor social de México siguió negativo todo ese año. Recién empezó a mejorar en 1996 y fue evidente su positivismo recién en 1997. Esto fue después que el IPC índice de México ya había hecho su piso y había subido más de 200% en dólares.

II.5.C. EJEMPLOS DE BRASIL

GRÁFICO 35. ÍNDICE BOVESPA (SAN PABLO, BRASIL), AJUSTADO EN DOLARES 1984-1997. FUENTE: ECONOMATICA.

En los últimos 30 años, el Bovespa dio varias oportunidades para aprovechar el gran boom que es Brasil al momento de escribir este libro. La primera que recuerdo en mi época de analista fue muy marcada y ocurrió entre diciembre de 1990 y setiembre de 1992 (fíjese, en el gráfico número 35, el piso histórico y salida de brasil desde 1991), en el final de la época de Sarney, y durante todo el Gobierno de Collor Mello. Eran turbulentos momentos de Brasil, que estaba en un importante proceso inflacionario. Recuerdo que el Banco Itaú llegó a cotizar a 1 año de *price earnings* (es decir, el Banco ganaba en el año lo que valía en Bolsa). Sin embargo, en medio del escándalo del Collorgate, debió renunciar el presidente Collor de Mello. Se hablaba de hiperinflación para Brasil, se bajaron sus calificaciones y asumió de urgencia Itamar Franco. En dicho momento nadie le tenía fe al vicepresidente que salvó a Brasil de un caos político y social. En 1992 y 1993, el humor social en Brasil siguió negativo y el Bovespa no paraba de ascender, marcando que el humor de los mercados era positivo; era cuestión de tiempo hasta que el humor social mejorara. Efectivamente, ello ocurrió en los próximos años 1994 y 1995, hasta el advenimiento de Felipe Cardozo (ver gráfico 35 en dólares).

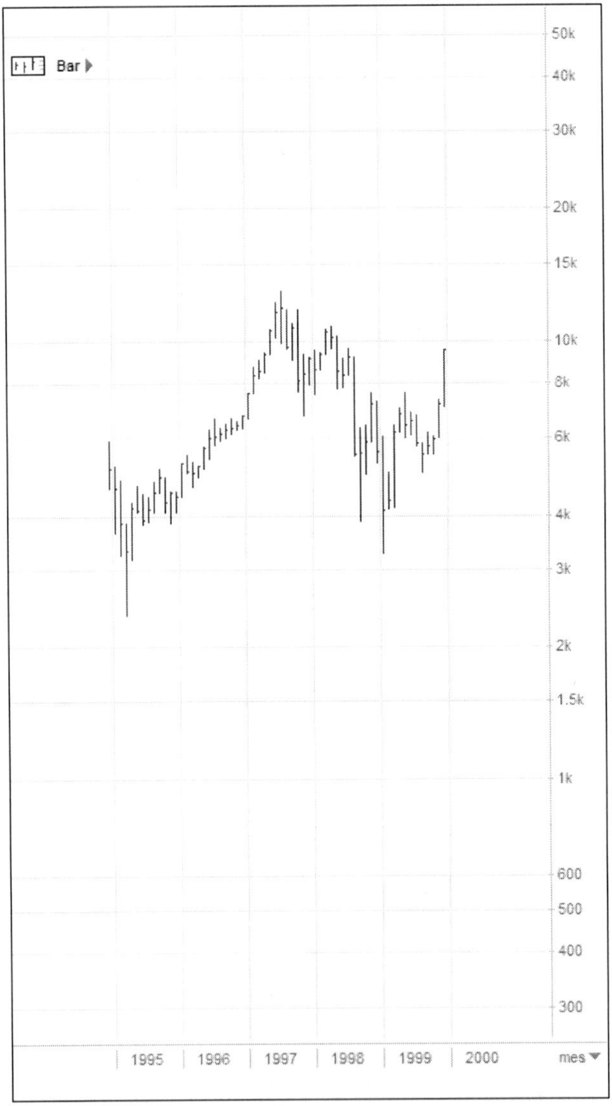

GRÁFICO 36. ÍNDICE BOVESPA (SAN PABLO-BRASIL) AJUSTADO EN DÓLARES 1995-2000. FUENTE: ECONOMATICA.

La otra gran oportunidad de compra fue el llamado "Efecto Caipirinha", que sucedió al efecto Vodka y al efecto Arroz. Así se conocieron las crisis de Brasil en 1999, la de Rusia en 1998 y la de los Tigres Asiáticos en 1997.

Brasil debió devaluar su moneda en enero de 1999 y, con esa eclosión económica muy fuerte, empezó una meteórica suba del Bovespa. Su Acción estrella, Telebras (que había alcanzado en su peor momento niveles de 50 dólares) trepó en el mismo año hasta niveles de 168 dólares, pero esa oportunidad ocurrió en medio de un humor social negativo y de una eclosión económica, como lo fue la devaluación. (Ver gráfico número 36).

GRÁFICO 37. FUENTE: RUARTE'S REPORTS. MEDIO DE PRENSA: *PERFIL*.

En el momento de escribir este libro (comienzos del 2010), Lula da Silva es el presidente que todos quieren tener. Cuando surgió del poder de extracción obrera, pocos se aventuraban a proyectar que sería uno de los presidentes más importantes de Brasil. El humor social cambió muy positivamente desde 1999 hasta el 2008, con reelección mediante (fíjese en los titulares de medios de prensa del gráfico 37), con un Bovespa en niveles de 73.000-75.000 en mayo del 2008. Brasil estaba de fiesta; las calificadores de riesgo le daban el investment grade a Brasil. Era el país seguro para invertir según las calificadoras pero, como usted ya habrá observado, esto es más un reconocimiento a lo que pasó, o lo que el mercado ya ha venido descontando, que el descubrimiento de algo nuevo. El humor de los mercados venía positivo desde muchos años atrás, y este reconocimiento es visto como una exacerbación de la confianza o euforia para con el país brasileño. Observe cómo, un mes después, el Bovespa hizo un techo y empezó una caída muy significativa, marcando el cambio del humor de los mercados de positivo a negativo. ¿Era evidente que el techo estaba cerca cuando prestigiosas calificadoras nos anunciaban con bombos y platillos que Brasil era un país seguro para invertir? Otro ejemplo de por qué los techos son imperceptibles para el promedio de los analistas.

No tenemos dudas de que las calificadoras de riesgos tienen excelentes profesionales analizando la economía, la política y diferentes variables para subir o bajar las calificaciones. Pero siempre lo hacen en forma tardía cuando la tendencia está madura y para cambiar. Las cuestiones tienen que estar muy bien para que le den investment grade. Precisamente, cuando están muy bien, la mayoría ya ha comprado Acciones en la Bolsa de Valores y, por lo tanto, ésta debe ajustar o caerse porque estamos cerca del techo del mercado y del techo del humor de los mercados.

II.5.D. EJEMPLOS DE RUSIA

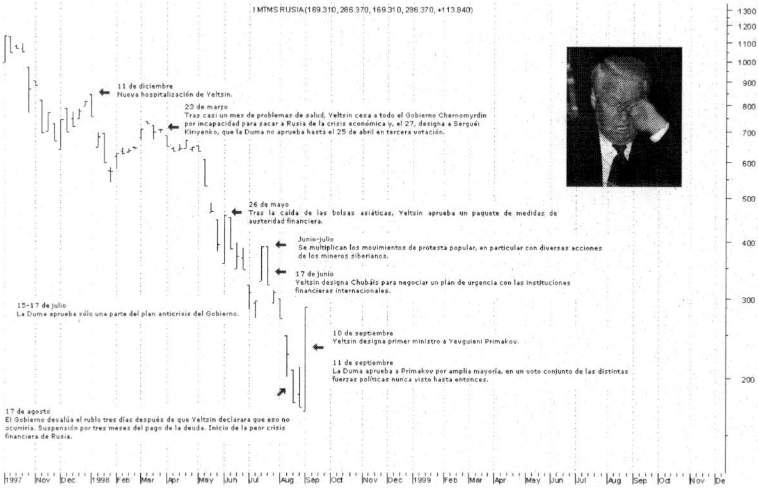

GRÁFICO NÚMERO 38. FUENTE: RUARTE'S REPORTS.

GRÁFICO NÚMERO 39. FUENTE: RUARTE'S REPORTS.

En Rusia tuvimos el efecto Vodka en 1998. Los Bonos PRIN de Rusia, Bonos emitidos por el Estado, cotizaban por el piso en 1998, con una caída en espiral y que llevó a una gran devaluación del rublo contra las monedas fuertes. A esto se le agregaban problemas de salud del presidente Boris Yeltsin y una masacre en un colegio en Rusia. En síntesis, un humor social muy negativo. En dicho contexto, el índice bursátil ruso estaba por los suelos o pisos, con una gran caída, con un humor social muy negativos (ver gráfico 38). Surgió la oportunidad histórica de compra de la Bolsa de Valores de Rusia, en medio del caos. Hubo compra del mercado ruso, venta de rublos, compra de Bolsa, para así apostar por la recuperación.

Desde 1998 empezó la recuperación de la Bolsa, y el humor de los mercados cambió. El humor social mejoró bien después de la suba de la bolsa, para cambiar aceleradamente con el advenimiento de Putin (ver gráfico 39).

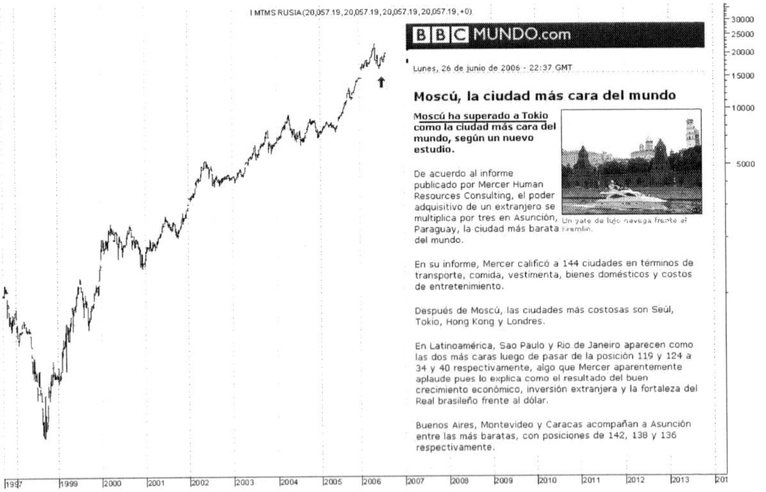

BBC MUNDO.com

Lunes, 26 de junio de 2006 - 22:37 GMT

Moscú, la ciudad más cara del mundo

Moscú ha superado a Tokio como la ciudad más cara del mundo, según un nuevo estudio.

De acuerdo al informe publicado por Mercer Human Resources Consulting, el poder adquisitivo de un extranjero se multiplica por tres en Asunción, Paraguay, la ciudad más barata del mundo.

Un yate de lujo navega frente al Kremlin.

En su informe, Mercer calificó a 144 ciudades en términos de transporte, comida, vestimenta, bienes domésticos y costos de entretenimiento.

Después de Moscú, las ciudades más costosas son Seúl, Tokio, Hong Kong y Londres.

En Latinoamérica, Sao Paulo y Rio de Janeiro aparecen como las dos más caras luego de pasar de la posición 119 y 124 a 34 y 40 respectivamente, algo que Mercer aparentemente aplaude pues lo explica como el resultado del buen crecimiento económico, inversión extranjera y la fortaleza del Real brasileño frente al dólar.

Buenos Aires, Montevideo y Caracas acompañan a Asunción entre las más baratas, con posiciones de 142, 138 y 136 respectivamente.

GRÁFICO NÚMERO 40. FUENTE: RUARTE'S REPORTS. MEDIO DE PRENSA: *BBC MUNDO*.

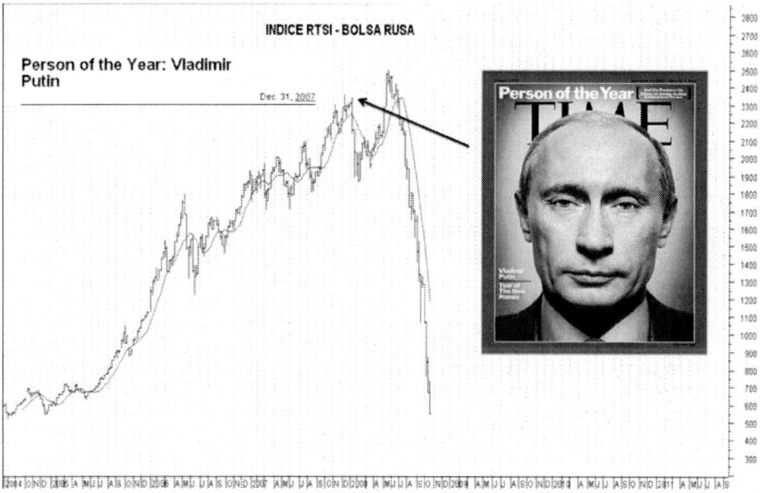

GRÁFICO NÚMERO 41. FUENTE: RUARTE'S REPORTS. MEDIO DE PRENSA: *TIME*.

Fíjese en el fenómeno Putin y la gran recuperación rusa (ver gráficos 39 y 40). Putin estuvo dos mandatos en el Gobierno ruso y fue el protagonista de la parte positiva del ciclo ruso. La Bolsa fue una de las más rentables en el período 1998-2007. Putin fue elegido el Personaje del Año 2007. Es un gran reconocimiento que una revista americana elija como personaje del año a un político ruso. Es símbolo de techo de Bolsas en general y, por supuesto, en particular para la Bolsa rusa, que alcanzó su techo unos meses después, para colapsar a continuación en el 2008. Es decir, ¿era previsible el techo con tantas manifestaciones de euforia del humor social para con Putin y Rusia? No desde el punto de vista racional (y es lo que mira el 95% de los analistas), pero sí desde el punto de vista emocional. Que un presidente ruso sea tapa de *Time* como personaje del año es un símbolo de reconocimiento, euforia y confianza en su máxima expresión, coincidente con el techo del humor de los mercados y con el cambio de tendencia de positivo a negativo.

II.5.E. EJEMPLO DE ARGENTINA

Ya nos hemos explayado lo suficiente sobre Argentina cuando vimos el paso de la depresión a la euforia. Sólo nos centraremos en dos o gráficos que reflejan el humor social en el piso y el humor social en el techo.

GRÁFICO NÚMERO 42. FUENTE: RUARTE'S REPORTS. MEDIO DE PRENSA: *BBC EN ESPAÑOL.*

El titular del gráfico número 42 lo dice por sí mismo y refleja el humor imperante en diciembre del 2001 en Argentina: "Argentina al borde del abismo". En ese mes de diciembre del 2001, renunció el presidente Fernando de la Rúa; en enero del 2002, Argentina tuvo cinco presidentes; se anunció el no pago de su deuda externa y devaluó saliendo de la convertibilidad uno a uno. Ésta fue la oportunidad histórica de apostar por la Bolsa argentina. En ese momento, y en junio del 2002, fueron oportunidades históricas y piso de las Bolsas. El humor de los mercados empezó a cambiar y, como demostramos anteriormente, el humor social se mantuvo negativo durante 2001-2002 y parte del 2003, para recién cambiar a positivo a fines del 2003.

GRÁFICO NÚMERO 43. FUENTE: RUARTE'S REPORTS. MEDIO DE PRENSA: *MERCADO*.

GRÁFICO NÚMERO 44. FUENTE: RUARTE'S REPORTS. MEDIO DE PRENSA: *BBC MUNDO*.

Los gráficos 44 y 45 demuestran cómo mutó el humor social de negativo del 2001-2002 a positivo en el 2007. Fíjese en los titulares: el Gobierno argentino podía dormir la siesta con tranquilidad y Latinoamérica era la zona más optimista del mundo; el 2008 sería un gran año para la economía y para los mercados. Sin embargo, el 2008 demostró todo lo contrario. En el techo del mercado, el humor social siempre está eufórico y con buenas noticias. Es en ese momento cuando el mercado bursátil hace imperceptiblemente su techo y empieza a cambiar de humor positivo a negativo. El humor social se acoplará después a valores mucho más deprimidos de mercado.

El mercado es un verdadero indicador líder del humor social, de lo que puede ocurrir más adelante. Anticipa bonanzas y crisis, con suficiente antelación como para mirarlas y para tenerlas en cuenta.

II.5.F. EJEMPLO APLICADO AL EURO CONTRA EL DÓLAR

GRÁFICO 46. FUENTE: RUARTE'S REPORTS. MEDIO DE PRENSA: *INFOBAE*.

En el gráfico 46, se pueden leer comentarios de destacados economistas que, luego de la caída del euro desde 1,3665 (que alcanzó en el 2004 a niveles de 1,18000) hablaban de la posible desaparición del euro. Es decir, la caída del euro, que comenzó a comienzos del 2005, produjo un terrible cambio del humor social. Destacados economistas pensaban que muchos países podrían querer salirse de la Unión Monetaria.

En dichos momentos se había puesto a referéndum, tanto en Francia como en Holanda, un proyecto de Constitución para la Comunidad Económica Europea. El referéndum sobre la aprobación de dicha Constitución fue rechazado por ambos países, y la psicología o humor se puso muy negativa. El humor social era muy negativo para el euro; la caída sólo se profundizó hacia niveles de 1,1640 en los próximos meses, fruto de los desmanes en Francia de los estudiantes, que quemaron colectivos y autos a modo de protesta. En ese momento se dio el piso del euro en 1,1640 y, desde entonces, comenzó una meteórica suba desde el 2005 hasta los máximos de 1,6040 alcanzados en el año 2008. En medio del humor social negativo, fue una oportunidad histórica de compra de euros; el humor de los mercados por el euro cambió a partir de la segunda parte del 2005, y el humor social cambió bien después de que el euro comenzó su gran suba o subida contra el dólar.

GRÁFICO NÚMERO 47. FUENTE: RUARTE'S REPORTS, SAXO BANK. MEDIO DE PRENSA: REUTERS.

En el gráfico número 47, usted puede apreciar claramente cómo, a partir de la segunda parte del 2005, comenzó una meteórica suba del euro el año 2008, cuando el euro cotizó

1,6040 dólares por euro. Éste es un récord hasta ahora mantenido, y creemos que se puede mantener mucho tiempo. Efectivamente, la oportunidad de compra fue cuando el humor social aún estaba muy negativo, es decir, mediados del 2005, con las noticias de la no aceptación de la Constitución Europea y también con los desmanes producidos en Francia. Desde ese momento empezó una espectacular suba del euro. En 2006 y 2007, se produjo un cambio de humor social de negativo al euro del 2005 a positivo, de comentarios de no aceptación y de que muchos países se saldrían de la Unión Monetaria, a hechos concretos de países que se unieron al euro, como Chipre y Grecia. La manifestación de psicología o humor más eufórica a favor del euro ocurrió en los techos del primer trimestre del 2008. En el gráfico 47, usted puede apreciar cómo en dicho momento, en Manhattan, corazón de EE. UU., la Gran Manzana, se ponía el cartel de "Acepto euros". Por primera vez se aceptaba la moneda extranjera y, por la debilidad del dólar, algunos comercios sólo aceptaban euros. La psicología o el humor proeuro había crecido a niveles tales de euforia que todos querían euros, hasta los negocios de la Quinta Avenida en Manhattan. Esta manifestación de humor tan eufórica o positiva coincidió con el techo histórico del euro, que aún hoy se mantiene. Desde ese momento el euro se desplomó a niveles de 1,2340 en el 2009 y, al momento de escribir este libro, se encuentra en niveles de 1,4300 dólares por euro.

En países latinoamericanos, la fiebre del euro ha sido muy importante. Inclusive mucha gente en Latinoamérica ahorra en euros. Es curioso, pero los billetes de 200 euros y de 500 euros son más conocidos en Latinoamérica que en Europa. De hecho, no son aceptados si no se tiene una cuenta bancaria para su cambio en Europa. Debido a su gran valor y apreciación, muchos latinoamericanos, en lugar de ahorrar en dólares, han elegido ahorrar en euros, y el billete de 500 euros, por su gran valor, fue muy requerido en Latinoamérica en 2008 y en 2009.

CAPÍTULO III.
MERCADOS, ECONOMÍA Y SUS CICLOS

III.1. CICLICIDAD Y CICLOTIMIA

Los mercados son cíclicos y ciclotímicos, dos conceptos íntimamente relacionados. La ciclotimia se vincula a la bipolaridad, al paso de la euforia a la depresión. Este paso hace que un activo que es despreciado en un momento pase a ser muy valorado en otro. Esto es lo que pasa en los mercados bursátiles. Cuando la Bolsa está en su techo, los gobernantes son héroes. Luego, cuando el mismo mercado se desploma y está cerca del piso, produce que los gobernantes se transformen en villanos. El humor social con sus cambios y su bipolaridad en los extremos produce una gran aceptación en los techos y un gran rechazo en los pisos del ciclo.

Esto se sucede una y otra vez. Podrán cambiar los protagonistas en el caso de gobernantes o personalidades. En el caso de los activos financieros, este comportamiento es recurrente; en los mercados, la ciclicidad y la ciclotimia hacen que uno deba dejar de lado las palabras: "Nunca más, ya aprendí, no va a volver a suceder". Cuando el ciclo está en la parte positiva, creemos que no iremos a la parte negativa, que ya aprendimos. Pero es una ley natural: el ciclo puede ser más amplio, puede demorar más de ir del piso al techo y demorar más la parte negativa, pero la parte negativa vendrá, queramos o no.

El hombre, con su accionar, puede afectar el ciclo, y hacer la parte positiva más extensa y el crecimiento mayor. Es decir, una Bolsa de Valores puede subir más que otra, dependiendo de la calidad de los gobernantes en la parte positiva, y puede durar más la parte positiva del ciclo. Pero ello no quitará que la parte negativa del ciclo sobrevenga.

Al revés, en la parte negativa del ciclo, si tenemos gobernantes astutos, el ciclo negativo puede durar menos en tiempo, y el daño en la caída puede ser algo menor, pero el daño se producirá del mismo modo. Si el gobernante no sabe manejar la situación, la caída (en tiempos y en precios) será más profunda, pero el ciclo se presentará del mismo modo.

Con respecto a la conducta bipolar en los extremos de los ciclos (tanto en la parte positiva como en la negativa), podemos dar numerosos ejemplos de personalidades y de activos. Lo más interesante lo analizaremos cuando interrelacionemos los mercados con la política, los mercados con la sociedad, los mercados con la economía, los mercados con el arte, los mercados con la música, los mercados con las películas.

Sin embargo, daremos ejemplos de ciclotimia y de bipolaridad en los extremos.

En términos políticos, tenemos el ejemplo de Salinas de Gortari. En el techo bursátil de febrero de 1994, el IPC valía 925 dólares y 2895 puntos. El humor social era muy positivo: Salinas era considerado un héroe, el presidente más importante de la centuria en México. El mercado se desplomó, y el humor social pasó de euforia a depresión; en los pisos de marzo de 1995 de la Bolsa de Valores con niveles de 1447 puntos y 240 dólares, con un humor social muy negativo, el otrora presidente poderoso hizo una huelga de hambre sin mayor eco, y se tuvo que ir exiliado de México, con un rechazo muy alto de la sociedad. En enero de 1994, Salinas era héroe; en marzo de 1995, era villano.

El presidente George W. Bush subió al Gobierno con buena popularidad. Ésta se incrementó luego de decidir atacar Afganistán, y se fue del Gobierno como el presidente más impopular de todos los tiempos. Asumió con un Dow en niveles de 11.750 puntos, se fue con un Dow Jones en niveles de 7000 puntos. En el caso de las Acciones tecnológicas, el guarismo negativo fue mucho más marcado.

El gran mercado alcista de Argentina de 1991 catapultó a Menem y a Cavallo como la dupla de mayor poder en Argentina de la década de los noventa. Diez años después, Cavallo, en el ciclo negativo de la Bolsa, pasó de héroe a villano por el famoso Corralito Bancario. El economista más respetado en el primer lustro de los noventa, a comienzos del nuevo milenio, fue víctima de la implacabilidad de la parte negativa del ciclo de los mercados, y del cambio de humor social.

Ya vimos cómo, en 1968, el presidente Nixon, en EE. UU., con un Dow en 1000 puntos era personaje del año, cómo en 1973 era, junto con Kissinger, personaje del año y cómo, cuando se desplomó el Dow 45% y el humor social cambió, pasó a ser villano. Entonces tuvo que renunciar a su presidencia en agosto de 1974.

En Perú tenemos el ejemplo de Fujimori: tuvo masiva aceptación popular. También fue considerado en su momento como uno de los presidentes más importantes que había logrado controlar a Sendero Luminoso. Luego, el humor social cambió y lo sancionó, y fue extraditado y juzgado por diferentes temas en la justicia en los últimos años. Fue condenado en el 2009 a 25 años de prisión. ¿Qué quedó del otrora poderoso presidente peruano? Pasó de héroe a villano.

Un ejemplo bastante peculiar es el del actual presidente de Perú, Alan García. En efecto, Alan García —que pasó como un presidente de izquierda altamente popular en sus comienzos de mandato en la década del ochenta— luego se fue con baja popularidad y con rechazo del humor social. Más de 20 años después, volvió al Gobierno mucho más a la derecha, alineado con los gobernantes de Colombia, México, Chile, en una línea contestataria con el de Venezuela, Ecuador y Bolivia. El humor social cambia, pero también los políticos lo hacen para adaptarse al humor social reinante, y es el secreto de su éxito no ir en contra de la tendencia del humor social.

La sociedad argentina, con su humor bipolar o ciclotímico, pasó de aceptar a los militares en la década del setenta a aborrecerlos diez o veinte años después. Pasó de tener relaciones carnales con EE. UU., con Inglaterra, a considerarlos Gobiernos imperialistas y, viceversa, nuevamente a tener relaciones carnales con estos países. Esta ciclotimia va cambiando de acuerdo al humor social y es muy manifiesto en los extremos de humor social, cuando alguien que es héroe se transforma en villano y viceversa.

Personajes públicos como cantantes han pasado también por el clamor popular, la gran aceptación, la idolatría, y luego por cuestionamientos. El fallecido Michael Jackson pasó por todo ello. La ciclicidad y la ciclotimia también se observan con los personajes públicos vinculados a la televisión, la música y el deporte.

Note cómo cambió la imagen de Tiger Woods: la imagen y aceptación del deportista más famoso y popular de EE. UU. cayó en desgracia en el 2009. Todos los personajes públicos son sujetos a ser idolatrados, venerados, y luego olvidados, odiados o sumergidos en el ostracismo.

Pero esta regla natural, estimado lector, tenga en cuenta que el ciclo también está en su vida, no sólo en los mercados, en los personajes públicos, en los políticos, en la economía, en el humor social, sino también en su persona. ¿No nota usted momentos en que todo sale mal, que el mundo parece girar en su contra, que nada sale bien? Ésta es la parte negativa de su ciclo. Al revés, hay momentos en que, con perseverancia, se revierte, y vienen años buenos en su vida, tanto en la parte económica como familiar.

Los ciclos son parte de la naturaleza y, como tales, son parte de los mercados, de los políticos de los personajes, de la economía de la sociedad y de usted mismo.

Usted debe mirar los mercados, al ser los primeros que producen los cambios. Debe mirarlos e interpretarlos porque esto le servirá para ver qué va a pasar en la economía, en la política, en la sociedad y, en valor más micro, con su empresa y con su economía familiar.

Pero no sólo hay que tener una actitud pasiva ante la tendencia positiva o negativa del ciclo. Usted puede hacer que la parte positiva de su ciclo sea más grande, más extensa, que dure más tiempo y que tenga mayores frutos. En la parte negativa de su ciclo, también con inteligencia, puede tomar el menor riesgo posible para minimizar sus pérdidas y para poner toda la perseverancia para que sea lo más corto posible.

Eso es en cuanto al ciclo personal, pero los ciclos de los mercados y de la economía los puede usar en su favor, tanto en la parte positiva como en la parte negativa. ¿Cómo es esto? Si estamos en la parte positiva del ciclo de la economía que los mercados anticipan, seguramente muchos negocios que van con la expansión de la economía funcionarán bien. Si tiene una concesionaria de autos, ésta funcionará bien; si tiene una constructora, le irá bien; si tiene un local de ropa, le irá bien; si trabaja para esos negocios, tendrá trabajo y seguramente mejores sueldos. Puede también apostar por el alza de los mercados y le irá bien; puede tener Compañías de servicios, y la gente consumirá más servicios.

Ahora, ¿qué pasa si viene la parte negativa del ciclo? Si bien allí las posibilidades se reducen, negocios como el juego, la seguridad (o menos elásticos como negocios de alimentos, o de fabricantes de segundas marcas o más económicas), no sufrirán tanto como el rubro Servicios, que es lo primero que la gente desecha. No es que en la parte negativa del ciclo nada funcione: el mundo sigue girando y existen oportunidades que hay que mirar más con lupa, pero oportunidades al fin. Puede usar el ciclo de los mercados en su favor también; puede intentar apostar a la baja a los mercados y ganar con éstos o cubrirse de éstos.

Ciclicidad y ciclotimia para los mercados en sí

Si usted está vinculado al sector o es productor agropecuario en Argentina desde hace muchos años, comprende el concepto del ciclo seguramente como ninguno.

¿Cuántos años tuvo que esperar en la década del ochenta y del noventa? Prácticamente no era negocio tener campo; cuando la rentabilidad era baja, el valor de su campo era bajo: cualquiera podía comprar campos y la oferta excedía a la demanda. Fíjese en cómo cambió esto a partir del 2002 en Argentina. El campo se valorizó, los precios de hectáreas en algunos casos se multiplicaron por 20-50-100 veces su valor. Se fue de una depresión a una euforia por la tierra, y se elevó la rentabilidad.

En los mercados existen numerosos ejemplos de lo mismo. Empecemos por el oro, el hoy tan promocionado metal precioso que llegó en el 2009 a cotizar arriba de 1200 dólares la onza (en los últimos dos años habrá escuchado o leído de esta inversión). De hecho, muchas personas, sabiendo mi profesión de consultor financiero, me han preguntado cómo poder comprar oro, cuál es la forma más barata y segura de comprar oro. Sin embargo hoy el humor social hacia el oro es muy positivo; el humor de los mercados también. Pero, ocho años atrás, recién empezó la tendencia positiva del oro en su ciclo. El oro bajó desde niveles de 900 dólares la onza y alcanzó, en 1980, a niveles de 230 dólares la onza en el 2001. Estuvo 21 años de tendencia bajista, una parte negativa del ciclo muy pero muy grande. Diez años atrás, la gente decía que el oro carecía de valor, porque no tenía valor industrial, sólo precioso, y que, en realidad, no servía para nada. El humor social era muy negativo para el oro ocho o diez años atrás. Como siempre sucede en los pisos históricos, el humor es muy negativo, y se mantiene así hasta bien después de que la tendencia es evidente. La gente comenzó a hablar del oro cuando superó los 600 dólares la onza, no antes y, en los últimos dos años, ha sido uno de los activos más promocionados, del que más lectura encontrará el lector. Es claro que el humor está positivo y se ha puesto eufórico.

En la década del setenta, el oro tuvo su época dorada; pasó en 5 años a subir hasta los 900 dólares la onza. Tuvieron que pasar 30 años para que se repitiera la euforia. Éste es el concepto de ciclo. El ciclo tiene una tendencia positiva (como fue la del oro desde 1973 a 1980), luego una gran tendencia negativa (parte negativa del ciclo que duró 21 años en el oro y pasó de 900 dólares la onza a niveles de 230 dólares), para iniciar desde el 2001 una tendencia positiva que hoy ha llevado al humor a confianza y euforia, a la moda por tener el metal dentro de su cartera de inversión a muchos agentes financieros (ver gráfico número 48).

GRÁFICO NÚMERO 48. FUENTE: RUARTE'S REPORTS.

El otro ejemplo de ciclo que también podemos dar es el del petróleo. Uno puede decir que el petróleo es un recurso que se agotará en algún momento y, por lo tanto, tendrá siempre un comportamiento positivo o alcista o tendencia alcista.

Tuve la oportunidad de seguir de cerca el ciclo del llamado "oro negro". Se puede apreciar en los gráficos históricos la gran escalada que tuvo el petróleo, como todos los commodities en la década del setenta. Se puso de moda y pasó de 3,5 dólares, a comienzos de la década, a niveles de 40 dólares el barril en 1980 (ver gráfico 49). En 1980 empezó su ciclo negativo y cayó a niveles de 10 dólares a mediados de la década del ochenta. Desde entonces se vio una recuperación con la Guerra del Golfo a comienzos de la década del noventa. Pero, luego de esa transitoria suba, siguió su parte negativa del ciclo, para terminar recién en 1998 nuevamente en los niveles de 10 dólares. En 1998, en el piso del petróleo, radicaba en México y fui testigo directo del humor social hacia el petróleo. México, el quinto país productor del petróleo del mundo, y uno de los pocos que, con su empresa estatal Pemex, tiene el monopolio total del mercado, depende mucho, en su presupuesto y en sus arcas gubernamentales, del petróleo. En 1998 había una fuerte preocupación en México y una de sus principales revistas, *Expansión*, titulaba en 1998 con una tapa negra: "El fin del oro negro, el comienzo de una nueva era". Manifestaba la preocupación que debía sentir el Gobierno mexicano porque sus arcas se iban a resentir sobre la base de los bajos precios del petróleo, que podrían durar muchísimo tiempo (según pronósticos de expertos).

En una ronda de entrevistas radiales y televisivas que pude compartir con destacados economistas mexicanos, el pensamiento era unánime. Por su parte, los precios iban a entrar en una meseta de varios años, y México debía hacer esfuerzos para no ser petróleo-dependiente en sus finanzas públicas. Estaban preocupados por definir nuevas estrategias.

Los ingresos más importantes de México son los ingresos por la exportación del petróleo, el ingreso por remesas de dinero de muchos mexicanos que viven fuera de las fronteras de México y, sin dudas, el turismo por los hermosos lugares que tiene el país Azteca. Si uno de los pilares de los ingresos públicos se resentía, ello podría producir una crisis importante en las finanzas nacionales.

Con el humor social negativo y exacerbado hacia el petróleo típico de los pisos, con los titulares de "Fin del oro negro", se dio el piso del petróleo en 1998. Desde ese momento empezó un avance que llevó a los techos de 147 dólares logrados 10 años después en el 2008, en la primera parte del año. Como mutó la psicología desde 1998 al 2007 y 2008, todos hablaban del petróleo, volvió a ser el oro negro. Mucha gente hablaba de 200 y de 300 dólares para el 2008 y 2009, hasta que vino el desplome de los mercados, y el petróleo pasó, en sólo 6 meses, de 147 dólares a 30 dólares, con un cambio dramático de tendencia, tanto de humor de mercados como de humor social.

A fines del 2008 y a comienzos del 2009, todos hablaban de recesión y de depresión y de que el petróleo podía volver a los 10 dólares del año 1998. Luego, en 2009, con la recuperación de la economía, nuevamente el petróleo se recuperó a niveles de 82 dólares a enero del 2010.

Con una gran volatilidad, el oro negro ha mostrado ciclicidad y ciclotimia con una rapidez asombrosa en 2007 y primer semestre del 2008, gran humor positivo y euforia; en el segundo semestre de 2008 y primer trimestre de 2009, gran humor negativo y depresión hacia el petróleo.

Éste es el mejor ejemplo de cómo trabajan los mercados cíclica y ciclotímicamente, y cómo el humor va variando de los agentes financieros hacia el activo en cuestión.

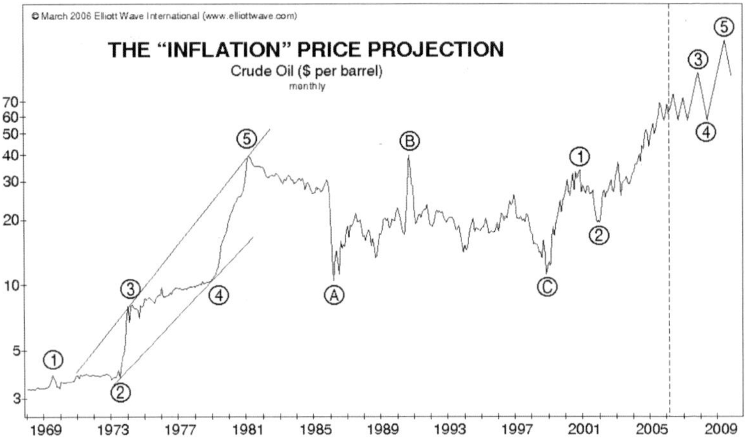

GRÁFICO 49. FUENTE: RUARTE'S REPORTS, ELLIOTT WAVE INTERNATIONAL.

III.2.CICLOS DE LOS MERCADOS Y DE LA ECONOMÍA

A nivel mundial, existen dos grandes activos de confianza: las Acciones y los Bonos.

Cuando hablamos de índices bursátiles como Dow, Nasdaq, Merval (Argentina), Bovespa (Brasil), IPC (México), IGBVC (Colombia), IGBVL (Perú), estamos hablando de índices de Acciones.

Las Acciones, como explicamos, son títulos al portador que están en custodia de las comisiones de valores y que acredita al que compró su titularidad. Las Acciones suelen pagar dividendos en efectivo; otras veces, dividendos en Acciones. Suelen hacer splits (es decir, cuando el precio ha crecido mucho, entregan más cantidades de Acciones canjeando y el precio de referencia baja, pero uno tiene el mismo dinero. O a veces puede ocurrir, cuando una Acción baja mucho, que se retiren títulos nominales para que el valor que es menor de un dólar pueda cotizar sin problemas). Generalmente, y con diferentes criterios, los índices bursátiles nuclean con participaciones por capitalización o volumen, según los mercados, las principales empresas del país que representan. Dow son las 30 más importantes; Sp500, las 500 más importantes; Nasdaq 100, las 100 tecnológicas más importantes todas de EE. UU. En Latinoamérica, los índices son el IPC en México, IGBC en Colombia, IPSA en Chile, el IGBVL de la Bolsa de Lima, el Bovespa de la Bolsa de San Pablo Brasil y el Merval de Argentina. Cuando hablemos de mercados de Acciones, nos referiremos a estos índices que aglutinan las más importantes Acciones cotizantes.

Cuando hablamos de Bonos, éstos generalmente tienen un emisor que puede ser un Estado Nacional, un Estado provincial, una Compañía. Se emiten en un momento con un vencimiento, y la mayoría de éstos pagan intereses periódicamente a una tasa prefijada de emisión del Bono sobre el valor a la par. Luego de la emisión, el bono puede estar en la par, arriba de la par o debajo de la par, ya que pasan a cotizar en los mercados (algunos en mercados primarios, otros en los secundarios). Estos Bonos pueden valer más que el valor de emisión arriba de la par, debido a dos factores que se pueden combinar o mezclar: que el riesgo del emisor haya bajado (por lo tanto el componente riesgo es menor) o que las expectativas de inflación hayan bajado (por lo tanto, ante una tasa fija y ante una expectativa menor de inflación, la tasa real pasa a ser más atractiva y la gente puede estar inducida a comprar ese Bono y pagarlo sobre la par). Al revés, cuando el riesgo del emisor sube, o las expectativas de inflación suben (o ambos), o un factor es más importante que otro, el mercado le pedirá una tasa mayor de rendimiento al Bono, y esto lo castiga en el precio. Por eso empieza a cotizar debajo de la par.

Luego de esta breve introducción, veremos cómo trabaja el ciclo de la economía y el ciclo de los mercados. Si uno acepta que la economía se mueve cíclicamente —es decir, tiene períodos de expansión económica y de contracción económica— igual que los mercados, el comportamiento de Bonos y Acciones y los pisos y los techos de la economía con crecimiento y decrecimiento se verían como el gráfico que se acompaña.

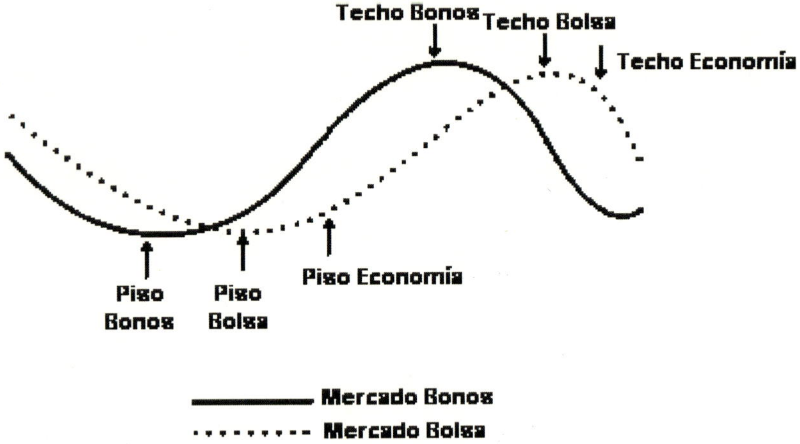

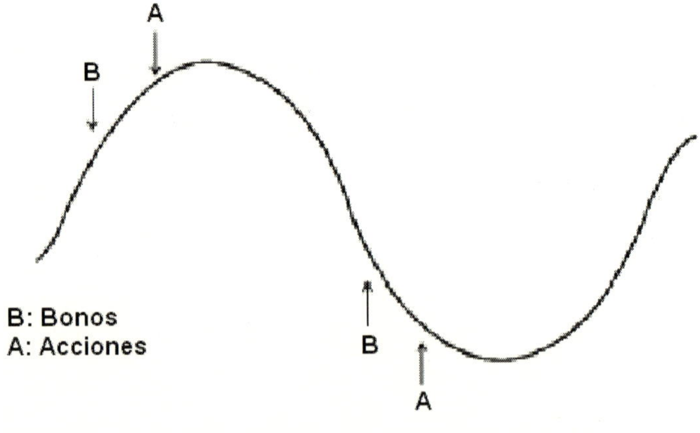

GRÁFICO NÚMERO 50. EXPANSIÓN Y CONTRACCIÓN ECONÓMICA CON PISOS Y TECHOS DE BONOS Y ACCIONES QUE ANTICIPAN. FUENTE: RUARTE'S REPORTS.

Como se puede apreciar en el gráfico número 50, el primer mercado que hace su techo en una expansión económica es el mercado de Bonos. Si bien el factor de la tasa de riesgo es bajísimo porque existe amplia confianza en el país y en la economía, la expansión económica naturalmente tiende a tirar la inflación hacia arriba, y los mismos Bancos centrales se ocupan de subir sus tipos de interés. (Aunque no es motivo de este libro, se puede comprobar que es el mercado con sus movimientos en los Bonos el que guía al Banco central, siempre lo anticipa. Es así como los Bonos de 10 años americanos han anticipado los movimientos de la FED en EE. UU.). Esta suba en los tipos de interés tiene el objeto de enfriar un poco una economía que empieza a recalentarse dentro de la parte más dinámica del proceso expansivo y, por lo tanto, los precios tienden a ir hacia arriba. Esto es así ya que la creciente demanda encuentra una oferta limitada por su capacidad instalada, y los precios terminan subiendo de los bienes y servicios de la economía.

Esta inflación les pega mucho a los Bonos, ya que pagan una tasa fija. Por lo tanto, al haber más inflación, la tasa real de interés es menor. Entonces, el inversor castiga al bono, lo vende y le exige mayor rentabilidad. El primero que hace techo en una expansión económica sería entonces el Mercado de Bonos.

El Mercado de Acciones no acusa tanto el impacto inflacionario; más concentrado en la bonanza de la economía, en que las empresas están reportando buenas ganancias, y que el humor social se encuentra positivo, continúa subiendo más tiempo que los Bonos. Hace techo, como ya lo indicamos en muchos momentos en este libro, con manifestaciones de euforia en el humor de los agentes de los mercados y con noticias que reflejan un excelente humor social. En ese marco de euforia, por saturación o por exageración, el mercado coloca su techo y empieza su descenso.

Por lo que explicábamos en los comienzos de este libro, los mercados tienen un efecto *leading* o de anticipación con el humor social; la economía también va detrás del mercado. Es decir, el pico de la expansión económica se produce después que el mercado hizo su techo. Siempre el techo de la economía ocurre con el mercado ya en tendencia bajista, esto es, en la parte bajista del ciclo de los mercados, y anticipa con ello que el humor social cambiará.

Es por ello por lo que, como se observa en el gráfico, primero vemos el techo de los Bonos; luego el de los índices bursátiles y luego el de la economía.

Existen muchísimos ejemplos de ello. La Bolsa argentina empezó a caer en 1997. En 1999 algunos declararon la recesión económica, que duró 2000-2001 y mediados del 2002 (ver gráfico 51).

El argumento más convincente de ello sin embargo lo tuvimos en EE. UU. Estando en Colombia dando un curso, veíamos con los alumnos cómo EE. UU. se declaraba oficialmente en recesión en noviembre del 2008, aunque situaba el comienzo de ésta trece meses atrás. Los mercados hicieron techo en octubre del 2007 en 14.190 puntos, esto es, precisamente trece meses atrás del reconocimiento oficial de la recesión. Lo dijeron cuando ya estaban en recesión. Trece meses atrás, era el techo del Dow, del Sp500. Quiere decir que el techo del mercado y la posterior caída anticipó la desmejora económica y luego la recesión.

Cuando se declaró la recesión en EE. UU., el mercado ya estaba en los 8400 puntos, esto es, un 40 % debajo de su tope de octubre del 2007 (ver gráfico 52).

GRÁFICO NÚMERO 51. FUENTE: ECONOMATICA.

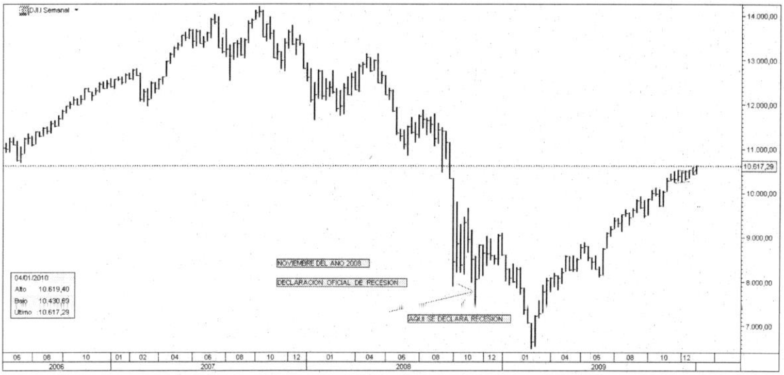

GRÁFICO NÚMERO 52. FUENTE: RUARTE'S REPORTS, PLATAFORMA SAXOTRADER (SAXO BANK).

Lo inverso es válido para los pisos, es decir, el que primero hace piso es el mercado de Bonos. Generalmente, cuando la economía va en declive, las expectativas de inflación caen dramáticamente, aunque el factor de riesgo de no pago del emisor suele también subir. En algún momento, luego de fuertes caídas de Bonos por el factor riesgo, la gente mira que la tasa de rendimiento es atractiva y que, ante la deflación o bajas expectativas de inflación, la tasa real del Bono es altísima, y compra Bonos con precios muy debajo de la par (castigados). Esto hace que el piso del mercado de Bonos sea el primero; que el humor social sea muy negativo; y que el humor de mercados sea negativo. Los balances perdidosos de empresas, la caída de la economía y en recesión hace que la Bolsa de Valores siga para abajo un tiempo adicional hasta que también consigue su clímax en medios de noticias muy negativas, y hace el cambio de tendencia de negativa a positiva.

Luego de que los precios empiezan a subir, el humor social sigue negativo. Aun así, la Bolsa sigue subiendo y, recién mucho después, cambia el humor social y mejora la economía. Es decir, en los pisos, el que primero hace piso es el mercado de Bonos; segundo, el de Acciones, que es un verdadero leading indicador; y, tercero, la economía.

Usted dirá: "Entonces, ¿por qué no nos centramos en el mercado de Bonos?". Esto puede ser válido para el mercado americano, pero no para mercados latinoamericanos, en donde la percepción del riesgo es tan o más importante que la inflación. Se desdibuja su carácter anticipatorio; es por ello por lo que el barómetro bursátil (es decir los Mercados de Valores) son más confiables para medir con anticipación el cambio de humor social. Desde mi punto de vista, es mejor que el de Bonos, y es aplicable tanto a los mercados centrales como a los mercados en desarrollo.

III.3. EJEMPLOS DE DESFASAJE ECONOMÍA Y MERCADOS. EE. UU., ARGENTINA, MÉXICO

Con respecto al desfasaje entre la recuperación de la economía y de los mercados en los pisos, también tenemos numerosos ejemplos.

GRÁFICO 53. FUENTE: RUARTE'S REPORTS. MEDIO DE PRENSA: *LA NACIÓN.*

GRÁFICO NÚMERO 54. FUENTE: RUARTE'S REPORTS. MEDIO DE PRENSA: *BBC MUNDO, NOSIS.*

Fíjese, en el gráfico número 53, el titular "La Bolsa está de fiesta" y observe cómo el Merval estaba en los

1000 puntos. El comentario trata de buscar la explicación a tamaña suba en el último párrafo. Paralelamente, los indicadores económicos comenzaron a mostrar indicios de recuperación (comenzaban a mostrar en el Merval de 1000, no en 200 puntos). En la otra placa, con bombos y platillos se declaraba que la economía argentina era la economía que más crecía. El último trimestre del 2003 fue el mejor y llevaba 11 meses consecutivos de crecimiento.

En el último trimestre del 2003 y a comienzos del 2004 en Argentina, los medios de prensa y estudios económicos analizaban el mejoramiento de la economía y afirmaban que esto iba a continuar en el 2004 (gráfico 54). El índice Merval estaba cerca de los 1000 puntos, y había subido un 500% en pesos la Bolsa y un 260% en dólares. El mercado, con el Merval, ya había anticipado el comienzo de la recuperación de la economía. El efecto rezago de la economía (si tomamos el reconocimiento de que el piso del mercado fue de un año y medio con el índice Merval en dólares y dos años en término de pesos), si nuevamente nos hacemos eco de noticias anteriores como la de EE. UU. y retrotraemos la expansión a 11 meses atrás (recién nos lo dicen en enero del 2004), lo ubicamos en febrero del 2003. Esto fue así aun 8 meses después del piso en dólares del Merval (junio del 2002) y 15 meses después del piso en pesos de noviembre del año 2001 (en ambos casos mostraron un efecto rezago importante).

México

El ejemplo de la crisis del Tequila en México es otro de que los mercados hacen piso antes que la economía. El piso del IPC de la Bolsa de Valores de México en dólares y en pesos fue la primera semana de marzo de 1995, y el anuncio de que la economía se estaba recuperando no ocurrió hasta el segundo semestre del año 1996, con un rezago también importante de más de un año desde el piso de los mercados. Nuevamente fue primero el piso de los mercados y luego fue el piso de la economía mexicana. Una recuperación en la economía real que sigue a una crisis profunda como la del Tequila se produjo recién 15 meses después del piso y recuperación de la Bolsa. Cuando los medios tomaron nota de la recuperación, el mercado ya había recuperado, en término de dólares, más del 100 % de su valor.

GRÁFICO NÚMERO 55. FUENTE: RUARTE'S REPORTS.

Sin ir más lejos, en el último trimestre del 2009, también estudios económicos estaban anticipando el fin de la recesión y el comienzo de la recuperación económica, para EE. UU. y para Europa. Algunos índices hicieron piso en marzo del 2009; otros, en noviembre del 2008, y han subido entre un 60 y 70%.

El mercado lo ha anticipado también: primero hizo piso el mercado, luego hace piso la economía.

En la placa que se muestra a continuación (ver gráfico 56), podemos ver el anuncio del Fondo Monetario Internacional del fin de la recesión, con un Dow Jones en 10.400 puntos, esto es un 60% arriba de los niveles deprimidos de 6470 que alcanzó en marzo del 2009.

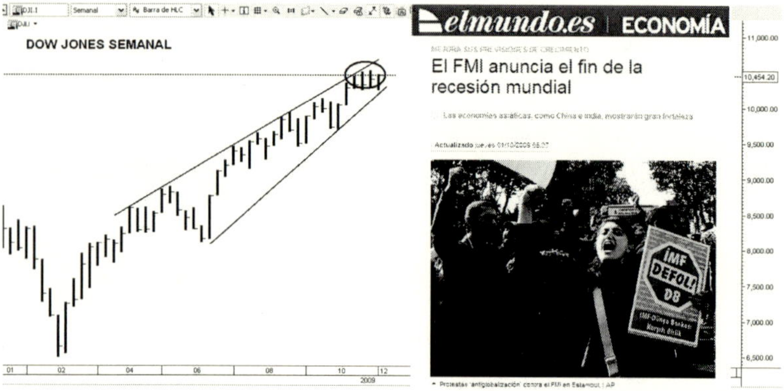

GRÁFICO NÚMERO 56. FUENTE: RUARTE'S REPORTS, SAXO-TRADER (SAXO BANK). MEDIO DE PRENSA: *EL MUNDO*.

III.4. LA BOLSA AMERICANA. PROSPERIDAD. SU RELACIÓN CON PROSPERIDAD, RECESIONES Y DEPRESIONES DESDE 1760 A 1998

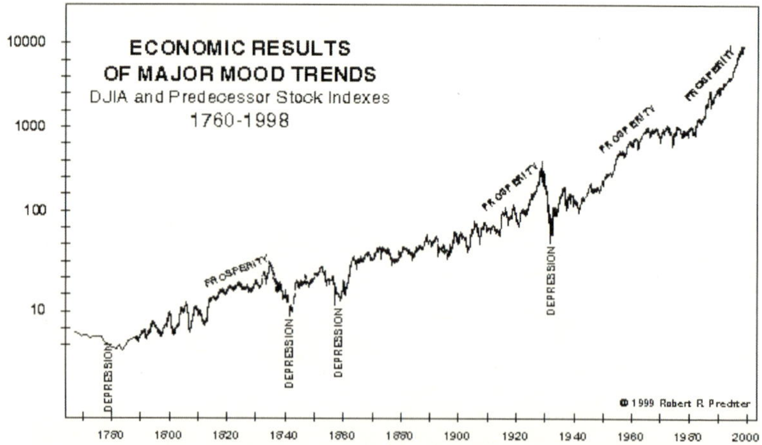

GRÁFICO NÚMERO 57. FUENTE: ELLIOTT WAVE INTERNATIONAL.

En el gráfico número 57, se pueden ver 240 años de historia bursátil, y se puede observar cómo las fuertes subas han generado prosperidad en la economía de EE. UU. La prosperidad puede verse básicamente en las últimas etapas de la suba bursátil, mientras que todas las grandes caídas bursátiles de la historia (es decir, las 4 más grandes) han anticipado o generado depresiones en la economía.

En efecto, la caída desde 1720 a 1790 (1772 a 1790 en EE. UU.), 98% de caída en la Bolsa, generó la Gran Depresión desde 1790 a 1794. La caída desde 1838 a 1843, con una caída superior al 60%, generó la depresión de 1840-1843; la caída desde 1855 a 1861, con una caída superior al 65%, generó la depresión de 1857-1858; y la gran caída de 1929, cuando el Dow perdió el 95 % de su valor, generó la depresión de los años treinta.

Ahora miremos el impacto de las caídas y de las recesiones. Ya no hablamos de depresiones; las caídas superiores al 50% han generado depresiones económicas; las caídas menores al 50% han generado contracciones o recesiones.

Salvo la recesión de 1945, todas las otras fueron precedidas por caídas bursátiles de un 15% y de hasta un 45% en el mercado.

Se pueden apreciar en el gráfico que se acompaña:

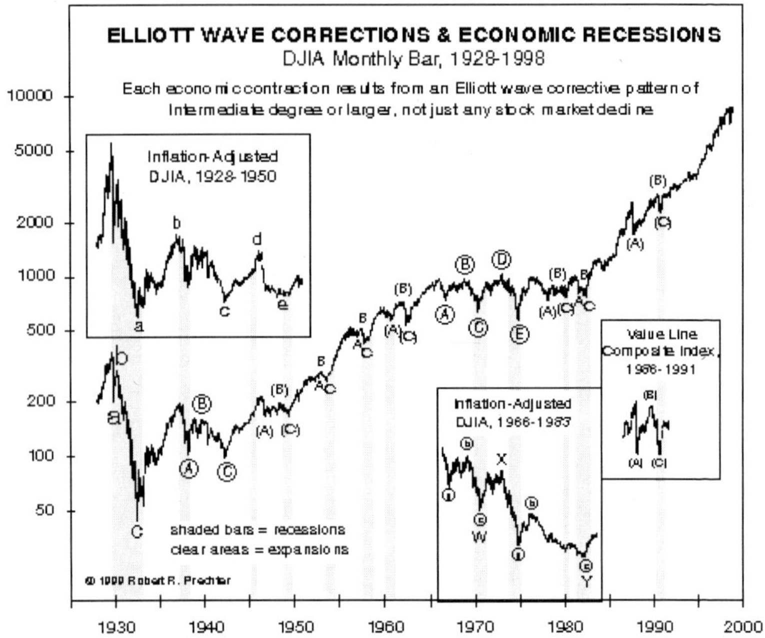

GRÁFICO NÚMERO 58. FUENTE: ELLIOTT WAVE INTERNATIONAL.

Esto es lo que define el desfase entre la economía y los mercados. Los mercados anticipan el ciclo recesivo y depresivo de la economía; también anticipan los ciclos de prosperidad.

Salvo en un caso en 1945, de 14 recesiones de EE. UU, 13 recesiones fueron anticipadas por caídas bursátiles superiores al 15% y hasta al 45%.

En 230 años de historia, caídas superiores al 50% fueron la de 1720 a 1790, con un 98%; la de 1838 a 1844, con un 65%; la de 1856 a 1850, con un 65%; la de 1929 a 1932, con un 95%. Todas éstas anticiparon grandes depresiones de la economía americana.

Un excelente indicador líder de lo que iba a pasar en la economía americana es el comportamiento del índice Dow Jones Industrials.

El mercado anticipa, y recesiones y depresiones han seguido (salvo una: la recesión de 1945) a fuertes caídas bursátiles. Mientras más fuerte es, más grande es la recesión y, si es superior al 50%, anticipará depresiones en la economía. La historia lo avala, de acuerdo a lo que podemos ver en los gráficos.

La fuerte caída del mercado en el 2007 y en el 2008 anticipó la recesión del año 2008 en la mayoría de los mercados. El techo de la Bolsa fue visto en 14.190 de Dow en octubre del año 2007 y, como ya lo vimos, el reconocimiento de la recesión oficial ocurrió en noviembre del 2008, cuando el mercado ya había caído un 40% de su valor.

Esta última recesión no fue la excepción, y también el mercado pudo anticiparla.

III.5. ¿POR QUÉ EL FMI NO PUEDE ANTICIPAR LAS CRISIS?

Usted seguramente se preguntó cómo una institución tan importante, con los mejores académicos, como es el Fondo Monetario Internacional, no pudo anticipar la crisis de 1995 de México, la de 1997 de los Tigres Asiáticos, ni la de Rusia de 1998. Hizo una tibia advertencia sobre Brasil para el Caipirinha, que duró muy poco, y creo que todos aquellos argentinos recordarán las relaciones carnales con el FMI.

Argentina era el país modelo que seguía las recetas del Fondo Monetario Internacional y, por lo tanto, no se dudaba de que la convertibilidad tendría larga vida. El mercado bursátil indicaba lo contrario con la gran caída desde 1997 a 1999: mostraba que venían serios problemas.

El otrora niño mimado del fondo se podía convertir del mejor ejemplo al peor.

Argentina pasó de ser el seguidor implacable de las recetas del FMI, desde 1995 al año 2000, a romper relaciones con el Fondo durante la crisis del 2001-2002, con el no pago de deuda externa y el no cumplimiento de los compromisos internacionales. En cualquier caso, el FMI ha demostrado una gran incapacidad para pronosticar crisis.

La explicación bajo la hipótesis que manejamos en este libro es clara: el FMI con sus académicos hace un exhaustivo análisis de indicadores económicos, financieros y políticos, sin incorporar el mensaje de los mercados (que son el verdadero líder o anticipador de tendencia).

Creo que el golpe más fuerte para la comunidad académica (y una prueba de que estar del lado correcto del mercado no se estudia en Finanzas en Harvard, ni en ninguna universidad de prestigio), es cuando el célebre fondo de Bonos, manejado por cerebros premiados de una prestigiosa universidad americana, quebró y dejó pérdidas siderales a los inversores.

El más celebre econometrista, economista, que haga un análisis exhaustivo económico, político y social concluirá que, cuando el horizonte está despejado, todo está bien; dirá que el país es seguro para invertir. Los que miramos los mercados, cuando el cielo está despejado y vino de una gran tormenta, sabemos que paulatinamente se volverá a cubrir de nubes, asumiendo la ciclicidad. Es decir, el cielo completamente despejado es sinónimo de techo de los mercados. Lo que pasa a ser obvio para todos (que el mercado está bien) nos delata que el techo está muy cercano. Al revés, en el peor momento, el cielo está cubierto con tormentas de todo tipo, hay depresión, el humor social está negativo y los precios están muy deprimidos. Es entonces cuando se da la oportunidad de invertir, en momentos que la comunidad académica estará mirando todos los factores de riesgos que son evidentes, los económicos con recesión manifiesta, con baja popularidad de los políticos y con una marcada crispación social por el desempleo y por la incertidumbre.

Es por ello por lo que los académicos de estas instituciones, como también la de las calificadoras de riesgo, cuando ven todo bien, el mercado está cerca de su techo y, cuando ven todo mal, seguramente el mercado está cerca de su piso.

¿No ha notado cómo, mientras el mercado mexicano desde marzo de 1995 se recuperaba con vigorosidad, seguían cayendo bajas de notas de calificadores y advertencias de un nuevo round de problemas para México?, ¿o, en Argentina, cómo todo el año 2002, 2003, también instituciones mundiales todavía seguían bajando las calificaciones a nuestro país y proyectaban escenarios negativos, cuando los mercados ya estaban anticipando la nueva tendencia positiva?

Los académicos del FMI y de importantes calificadores son excelentes profesionales que hacen bien lo que tienen que hacer: escrudiñar toda la batería de datos económicos, econométricos, políticos, para determinar el estatus de cada uno de los países y, sobre la base de ello, hacen sus proyecciones.

Pero, estudiando los datos económicos, de construcción y venta de autos, inflación, inversión, ganancias de las empresas, etc., están estudiando datos que son *lagging* o de rezago con respecto a los mercados, que son los verdaderos líderes y anticipadores.

Siempre doy de ejemplo a mis alumnos que centrar las decisiones de mercado mirando todo esos datos es ir manejando el auto mirando exclusivamente el espejo retrovisor. En un camino recto, no tendremos problemas pero, cuando empiecen a sobrevenir las curvas, nos avisarán de éstas una vez que estemos estrellados.

¿O no ha leído múltiples calificaciones negativas sobre Argentina en el año 2001 y 2002 y comienzos del 2003, que nos avisaban que Argentina no era confiable para invertir, cuando la Bolsa se había desplomado un 70% y ya el país había declarado el default? No nos estaban diciendo nada nuevo; si usted era inversor, ya lo había sufrido.

Lo realmente curioso es que, aun cuando empieza la recuperación, las calificadoras de riesgo, y el mismo FMI, son escépticos en un comienzo de la recuperación y recién la reconocen cuando el mercado ha mostrado ratios muy importantes de ganancias y obviamente anticipó la recuperación, que luego terminan reconociendo los organismos e instituciones.

Pasó también en la Crisis del Tequila en 1995, cuando bajaron la calificación en 1995 después del piso de mercado de la deuda soberana mexicana, o cuando advirtieron luego de que los Bonos de deuda PRIN rusos se habían destruido advirtiendo del riesgo de invertir en Rusia, el mercado ya se había desplomado. Ver los datos de la economía para advertir de riesgos de inversión en mercados es usar indicadores de retraso para pronosticar un indicador de adelanto. Es exactamente pronosticar viendo el espejo retrovisor del auto.

Cuando la economía o datos económicos muestren comienzos de deterioro, los mercados ya habrán bajado un buen trecho y anticipado esa caída en los indicadores. Al revés, cuando los datos económicos muestren comienzos de recuperación, los mercados ya habrán subido fuertemente y anticipado ese mejoramiento. Lo hemos visto con el ejemplo de la crisis argentina.

Lo peligroso, cuando se es un agente financiero, es cuando el humor social está muy positivo con euforia y el mercado está haciendo techo. Entonces salen calificadores de riesgos con mensajes eufóricos: "Es seguro invertir en tal país, hay buenas perspectivas para ello". Uno puede terminar guiándose por la euforia de corto plazo, que desata el anuncio de invertir en el mercado. Generalmente es la euforia final para el techo, y luego viene el cambio de tendencia en los mercados, de alcista a bajista. Y, mucho después que el mercado cae, los organismos internacionales, los calificadores, toman cuenta de que las condiciones cambiaron, cuando el mercado ya lo había anticipado.

El peligro aquí es terminar invirtiendo en el techo y esperando el desmejoramiento de las noticias. Éstas suceden cuando el mercado ha bajado 15-20% de nuestros precios. En los pisos el efecto no es tan importante porque es pérdida de oportunidad; nos señalan los riesgos de invertir mientras el mercado sube y sube. Cuando reconocen que las condiciones mejoran, el mercado ha subido 30-40 % o a veces mucho más.

Si usted es un profesional del mercado, el riesgo es que, en los mercados alcistas que comienzan dentro de un escenario de noticias negativas y con calificadores y con organismos como el FMI que nos advierten de riesgos, es que tome posiciones cortas o vendidas en el mercado, y que el mercado suba a continuación.

Los mejores ejemplos los tuvimos en el 2009: el mercado español, todas las agencias, calificadores y organismos señalaron a España en el 2009 como el mercado más afectado por la burbuja inmobiliaria, sumado a la imagen baja de Zapatero con el manejo de la crisis. Llovieron advertencias del riesgo de invertir en España, el país más afectado de la Comunidad. En el 2009 la Bolsa de España fue la que más subió en la Comunidad. Allí seguramente hubo muchos profesionales cortos o desinvertidos, a los que las continuas subas los obligaban a comprar para cerrar su posición vendida, y así se retroalimentaba la impresionante recuperación. El otro ejemplo es Argentina, donde, en el 2008, con la pérdida de las elecciones en Buenos Aires del esposo de la presidenta, y con la imagen de la presidenta Cristina Fernandez de Kirchner que había bajado según las encuestas a niveles similares a los del 2003 que tenía su esposo (entonces presidente) Néstor Kirchner, el mercado el Merval no paró de subir. Subió tanto como el mercado tan promocionado de Brasil. El Merval, desde el piso de 818 de octubre del 2008, llegó a niveles de 2300 puntos a diciembre del 2009, en medio de advertencias, noticias negativas, de cautela, etc.

III.6. PROYECCIONES DEL FMI EN LA CRISIS DE EE. UU. EN EL 2008

Volviendo a la incapacidad del Fondo de anticipar las recuperaciones o recesiones, un muy interesante artículo, salido en la BBC a pedir de nuestra hipótesis, desarrolló el siguiente estudio, al que nosotros le agregamos el gráfico del Dow Jones Industrials, para ver cómo el mercado anticipa las recuperaciones y las caídas económicas mucho antes que el FMI. El FMI continuamente está ajustando sus proyecciones en la dirección que indican los mercados.

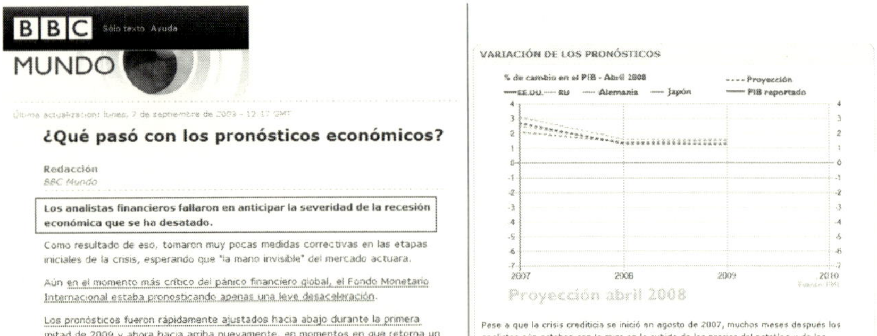

GRÁFICO NÚMERO 59. FUENTE: *BBC MUNDO.*

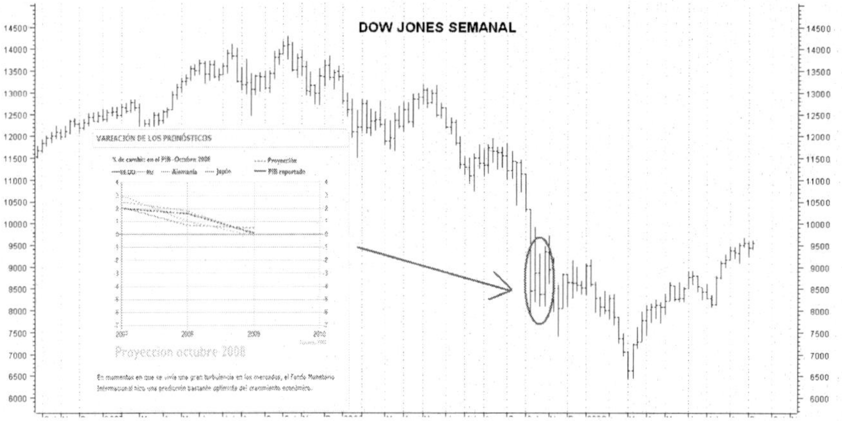

GRÁFICO NÚMERO 60. FUENTE: RUARTE'S REPORTS. MEDIO DE PRENSA: *BBC MUNDO*.

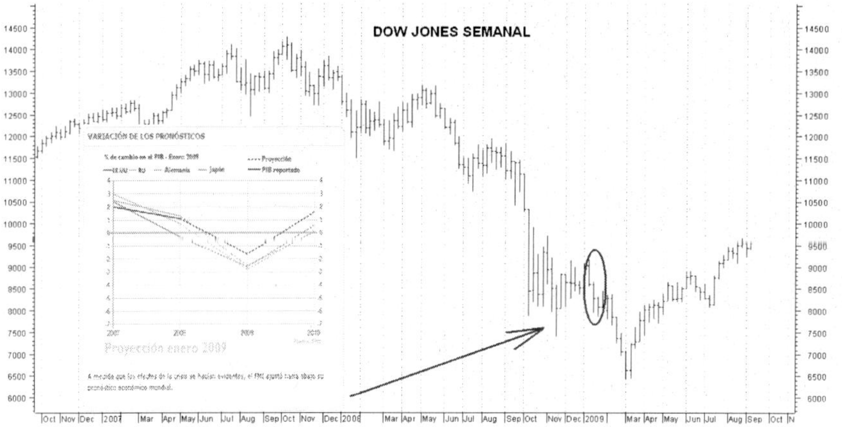

GRÁFICO NÚMERO 61. FUENTE: RUARTE'S REPORTS. MEDIO DE PRENSA: *BBC MUNDO*.

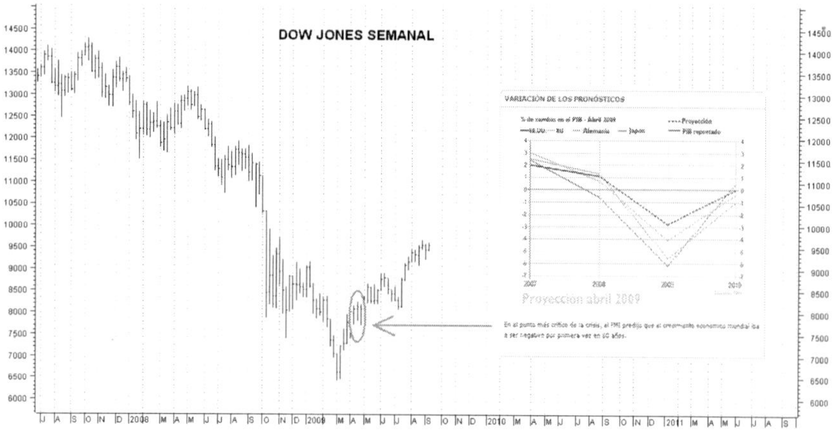

GRÁFICO NÚMERO 62. FUENTE: RUARTE'S REPORTS. MEDIO DE PRENSA: *BBC MUNDO.*

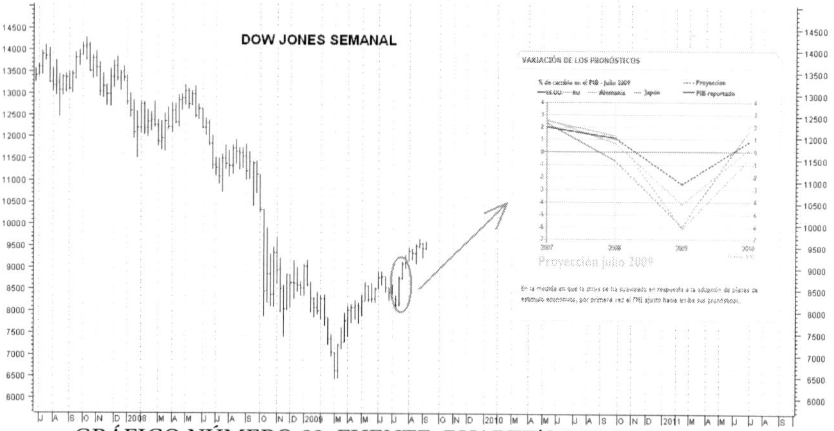

GRÁFICO NÚMERO 63. FUENTE: RUARTE'S REPORTS. MEDIO DE PRENSA: *BBC MUNDO.*

Fíjese en cómo el FMI (el mercado ya estaba cayendo) todavía pensaba que iba a crecer la economía mundial (ver gráfico 59). Cuando la caída se hace más severa, ajusta su pronóstico a crecimiento casi nulo (ver gráfico 60); cuando sigue la caída y ya se ha profundizado, ahí corrige bien su proyección para abajo (ver gráfico 61). Recordemos que prestigiosos organismos de estudios económicos oficializaron la recesión americana en noviembre del 2008 aunque, en una célebre declaración, situaron el comienzo 13 meses antes.

Es como que nos dijeran del Dow cuando vale 7500: "Ojo que el Dow va a estar mal", pero el comienzo del mal no es de ahora: es de 13 meses atrás cuando valía 14.190. Esa proyección no tiene ningún valor predictivo ni valor a los efectos de inversión.

Fíjense en cómo, cuando el mercado se empezaba a recuperar, el FMI todavía seguía con pronósticos negativos (ver gráfico 62); luego persistía la recuperación y fíjese en cómo corrige hacia arriba (ver gráfico 63). En octubre del 2009, el FMI anunció el fin de la recesión mundial (ver gráfico 64).

El mercado del Dow se había recuperado de los mínimos de 6470 cerca de los 10.000 casi un 60%; el mercado lo había anticipado nuevamente. El FMI corrige las previsiones más optimistas y dice que la recesión terminó, siete meses después que el mercado experimentó una gran recuperación de valor.

¿Debemos esperar a que el FMI diga que terminó la recesión para comprar Wall Street? Entonces, hubiera comprado un Dow en 10.100 puntos; estaría un 3,5% arriba luego de 2 meses. Se hubiera perdido el 55% en 7 meses previos que había subido. En los últimos dos meses, lo hizo a una tasa del 1,75 mientras que los otros 8 lo hizo a una tasa del 7%, y así perdió mucho momento.

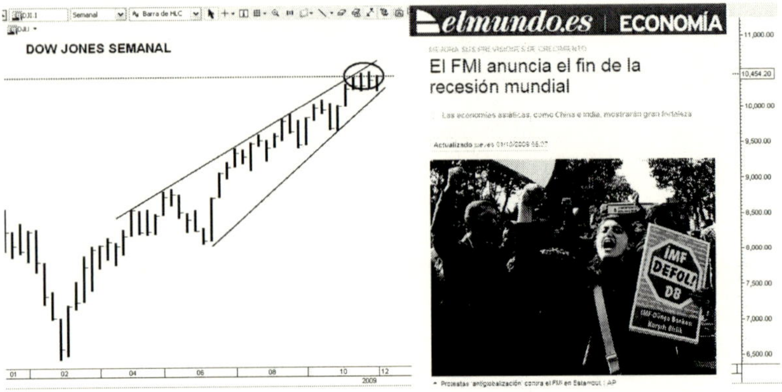

GRÁFICO NÚMERO 64. FUENTE: RUARTE'S REPORTS, SAXO TRADER (SAXO BANK). MEDIO DE PRENSA: *EL MUNDO*.

III.7. EJEMPLO DE CALIFICACIONES COINCIDENTES CON TECHO O PISOS DE MERCADO

Algunos ejemplos de calificaciones crediticias cercanas a los techos

GRÁFICO NÚMERO 65. FUENTE: RUARTE'S REPORTS. MEDIO DE PRENSA: *PERFIL*.

En el gráfico 65, fíjese en cómo Standard and Poors, una de las más prestigiosas calificadoras de riesgo, le otorga a Brasil el Investment Grade en mayo del 2008. El Bovespa subió unos 10 días más (no más de un 5%) y se desplomó a continuación un 30% en sólo tres meses.

GRÁFICO NÚMERO 66. FUENTE: RUARTE'S REPORTS. MEDIO DE PRENSA: INFOBAE ARGENTINA.

En marzo del 2006, Sp500 subió la calificación de los Bonos argentinos y tituló: "El crecimiento de Argentina es impresionante" en 1800 de Merval, cuando venía de 200 puntos.

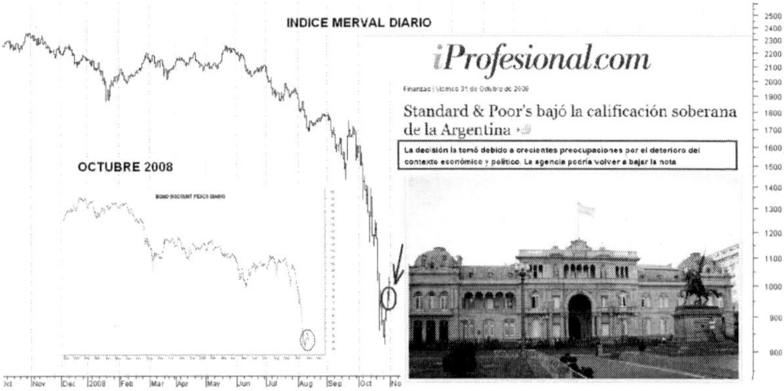

GRÁFICO NÚMERO 67. FUENTE: RUARTE'S REPORTS. MEDIO DE PRENSA: INFOBAE PROFESIONAL.

Fíjese en cómo el 31 de octubre del 2008 (ver gráfico 67), después del piso histórico de octubre del 2008 en 818 puntos, Sp500 bajó la calificación de Argentina. Se justificó la baja diciendo: "La decisión la toma debido a las crecientes preocupaciones por el deterioro del contexto económico y político, la agencia podría volver a bajar la nota".

Luego del 31 de octubre, el Merval subió desde 818 puntos hasta los niveles de 2250 puntos a fines del 2009. Es decir, en el mercado, cuando justo cambiaba el humor, la calificadora bajaba la nota y anunciaba nuevas bajas de calificación.

El mercado anticipa y, por lo tanto, la recuperación hará que suban las notas nuevamente.

III.8. UN INTENTO POR DEFINIR EL CICLO

Ralph Elliott, creador de la teoría Elliott Wave, fue un exquisito analista de mercado que proyectó el gran mercado alcista luego de la Gran Depresión del 30. Reconoció el piso de 1932 en 42 puntos del Dow y proyectó que la Bolsa de

EE. UU. tendría 34 años de bonanza y que alcanzaría los 1000 puntos para el año 1966. Elliott no pudo ver en vida cómo su gran pronóstico se cumplía precisamente en el primer trimestre de 1966. Sin embargo, dejó su legado: la teoría, que tuvo grandes adeptos y célebres analistas. En efecto, sus seguidores, Collins, Bolton, Frost y Prechter, han mantenido viva la teoría que él creó 80 años atrás. Desde hace 25 años, Elliott Wave acompaña mi profesión y mi vida, y soy un ferviente adherente a su teoría. Mi balance de ésta es altamente positivo, pero es bueno reconocer que no existe teoría o formula mágica para predecir los mercados; son modelos imperfectos. Sin embargo, considero que Elliott es el mejor modelo que se ajusta para leer la psicología de masas o el humor de los mercados, y de los agentes del mercado financiero. Este humor va generando patrones de precios, en su paso de la depresión a la euforia, la parte positiva del ciclo, y también patrones en el paso de la euforia a la depresión. Un elemento muy importante que utilizó Elliott para hacer su teoría es la secuencia numérica de Fibonacci.

III.8.A. SECUENCIA DE FIBONACCI

Esta secuencia de Fibonacci, que popularizó Dan Brown en su libro *Código da Vinci*, es muy seguida por los analistas de mercados, que miran los gráficos históricos, y por los analistas que utilizan Elliott Wave. Esta secuencia se conforma con la suma de los dos números anteriores. Así la serie queda como sigue: 1, 1, 2, 3, 5, 8, 13, 21, 34, 55, 89, 144, 233, y así sucesivamente.

Donde 1+1 es 2, 2+ 1 es 3, 2+ 3 es 5, 3+5 es 8, 5+8 es 13, 8+13 es 21, 13+21 es 34, 21+34 es 55, 34+55 es 89, 55+89 es 144, y así sucesivamente.

Por ello tenemos 1, 1, 2, 3, 5, 8, 13, 21,34, 55, 89, 144.

Si uno divide el número anterior por el posterior, tendrá ½, esto es 0,50 2/3 0,66 y luego del tercer número 3/5, 5/8,

8/13, 13/21 todos tienden a la denominada razón de oro, 0.618, que es el ratio de oro y más utilizado de la secuencia.

Si dividimos después del tercer número el posterior con el anterior, tendremos 1,618 veces. Si hacemos el cociente de un número y salteamos el siguiente y nos vamos con el que sigue, tendremos 3/8, 5/13, 8/21; nos dará 0,382.

Los analistas de mercados en los gráficos aplicamos estos ratios, y los elliotistas lo hacemos continuamente: 0,382 o 38,2 %, 0,618, 62%, 0,50 50 %.

Los números de Fibonacci utilizados, como semanas, como días y como años, producen, en forma de abanico, mensajes muy importantes desde el punto de vista predictivo.

En mi caso particular como analista, las mayores satisfacciones me las han dado los números de Fibonacci, algo así como unos números mágicos que, cuando convergen en una semana, en un mes o en un año, nos señala el momento más importante del mercado, el momento más difícil de proyectar, el momento que le saca el sueño a más de un analista. En ese momento del techo o del piso del mercado (cuando el petróleo alcanza 147 dólares en el 2008 y todo el humor positivo del mercado cambia dramáticamente a humor negativo), cambió la tendencia del ciclo.

Ese momento de 818 puntos del índice Merval en octubre del 2008, el momento en donde el humor negativo cambió a positivo para el índice de Argentina.

Ese momento de 6470 puntos de Dow o de 666 puntos de Sp500 de marzo del 2009, cuando el humor negativo cambia a positivo, la tendencia gira de negativa a positiva, cuando el mercado no cae más, sino que empieza a recuperarse.

Para esos puntos tan importantes que tienen todos los mercados, los números de Fibonacci me han demostrado una gran utilidad. Los aciertos de pronóstico más importantes se lograron combinando la técnica Elliott con la secuencia de Fibonacci. Cuando se alinean y se sincronizan, pueden ayudar a hacer un pronóstico con total precisión.

Entre éstos recuerdo el techo de junio de 1992 de la Bolsa argentina, el piso de 1995 de la Bolsa de México, luego del Tequila, y también el de Argentina y de Brasil porque fue piso de todas las Bolsas latinoamericanas. Más cerca en tiempo, recuerdo el piso de la Bolsa Argentina de 818 puntos de octubre del 2008, y también del Bovespa y de las Bolsas latinoamericanas, el piso de marzo del 2009 en el Dow y en el SP500.

Son ejemplos de aplicación de la secuencia numérica con mayor precisión que determinan cuándo y en qué nivel se produce el piso o el techo. El pronóstico perfecto, el momento mágico, el que no olvidará uno como analista, ni el cliente, ni el suscriptor, ni la persona que participó de la conferencia porque, dentro de un humor social completamente distinto muy negativo, se hace un pronóstico positivo hacia adelante, en un ambiente de descreimiento. Es un momento mágico en el que uno da esperanza, cuando no la hay. Los techos como el de junio de 1992 son menos felices porque nadie quiere a un agorero, más cuando el pronóstico se hace cuando el humor social está eufórico y los motes de "depresivo" lo acompañan a uno. El reconocimiento es menor y el sabor, muy distinto.

La ciclicidad, cuando es regular, unida a los números de Fibonacci y a Elliott, son elementos imperfectos, aunque poderosos, para ayudarlo a anticipar cuándo una tendencia está madura en los mercados y está lista para cambiar y anticipar la nueva tendencia.

Sin embargo, no es el objeto de este libro ir a un análisis exhaustivo de la técnica de medición de los pisos, techos y tendencias de los mercados. Más bien se quiere demostrar cómo, siguiendo la tendencia de los mercados, usted puede tomar ventaja de los cambios posteriores que existirán en el humor social, en la economía, en la política, en la sociedad. Esto se debe a que el que primero cambia es el humor de los mercados de negativo a positivo y luego cambiará a positivo la economía, la política, la sociedad, y esto afectará positivamente a su empresa y economía personal. Si está avisado de este cambio positivo, puede tomar ventaja en forma temprana de la bonanza del ciclo. Y también al revés, si los mercados cambian de positivo a negativo, esto repercutirá en un tiempo en la economía, en su empresa, en su economía personal, y también podrá tomar decisiones para que los daños sean los menores posibles, o ¿por qué no? aprovechar el momento malo para tomar ventaja del ciclo negativo de los rubros que se favorecen en esa instancia, o directamente participando de los mercados haciendo coberturas por si la baja continúa.

III.8.B. CICLOS MAYORES Y CICLOS MENORES

Existen diferentes tamaño de ciclos: mayores y menores.

Cuanto mayor sea el ciclo, más fácil será para el lector diferenciar el paso de la euforia a la depresión y de la depresión a la euforia. Ciclos de varios años son los ideales para poder ver con claridad el concepto de la ciclicidad, de la ciclotimia, y poder aprovechar oportunidades, ya sea tanto para la parte buena como para la parte mala de los ciclos, ya que sus efectos se harán sentir en la economía, en los negocios, en su empresa y en la economía personal.

El tamaño de un ciclo regular de 6 años fue muy recurrente; por ejemplo, en México, el famoso sexenio. Cuando se popularizó el ciclo, siguió actuando, pero como parte de un ciclo mayor. Es decir, el ciclo de 6 años, que antes era todo para México, pasó a ser un ciclo menor de un ciclo mayor en desarrollo. Esto es lo que ya define que México pasó a otro escalón dentro de los países en desarrollo, igual que Brasil. La capacidad de un país de hacer los ciclos más extensos es dar un paso en dirección hacia los países desarrollados.

Los países desarrollados tienen también sus ciclos, que tienen una parte positiva muy grande y una negativa menos extensa, pero ésta suele ser severa. Los ciclos de los países desarrollados pueden durar 40 años con 25-30 años de bonanza y con 10-15 años de adversidad.

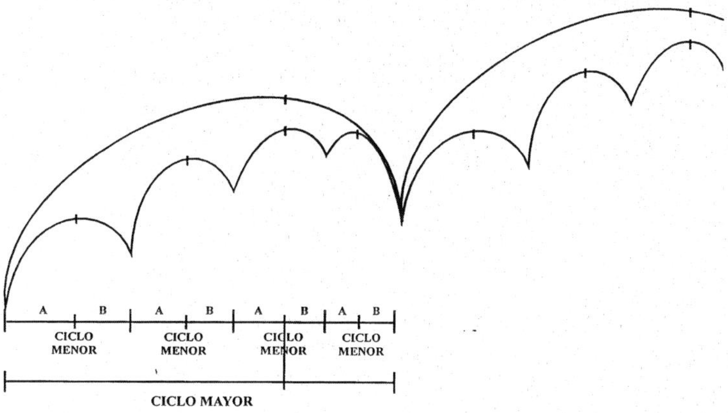

GRÁFICO NÚMERO 68. FUENTE: RUARTE'S REPORTS.

En el gráfico 68 puede apreciar lo siguiente:

Los ciclos se suceden una y otra vez en el tiempo. Esto es una ley natural.

Dentro de un ciclo mayor, se encuentran ciclos menores, en donde también se observa el paso del negativismo al positivismo y el regreso al negativismo, pero en una menor magnitud.

Los ciclos no tienen por qué ser regulares en el tiempo; pueden ir ampliando o contrayendo su tiempo en el largo plazo. Tampoco la parte positiva tiene que durar lo mismo que la negativa. Generalmente, en los mercados, la parte positiva dura un 75% del ciclo total y la negativa, un 25%. Sin embargo, en el 25% de la parte negativa, la dinámica de retroceso puede ser similar a la del avance en el otro 75%. Es decir, a un mercado puede tomarle, por ejemplo, 6 años en ir en un avance de 10 a 100 dólares, y tomarle sólo dos volver de 100 a 10 dólares. Piense en la Ley de

Gravedad como guía, y la velocidad de caída puede ser dos o tres veces superior a la velocidad de alza.

Cuanto más regular es el tamaño del ciclo, más carácter predictivo tiene pero, si va cambiando su tamaño, generalmente lo hace convirtiéndose en un ciclo menor dentro de uno mayor.

En el gráfico 68, puede apreciar cómo veríamos un ciclo dentro de un ciclo, la parte positiva y la parte negativa.

III.8.C. ELLIOTT Y SU CONTRIBUCIÓN

Vamos a realizar una introducción de la contribución de Ralph Nelson Elliott, que creó una técnica con patrones, secuencia y mediciones para entender lo que sucede dentro de los ciclos de los mercados.

Elliott propone que la parte positiva de un ciclo mayor tiene 5 fases: fase 1 de avance, fase 2 de retroceso (que recorta sólo parte de la fase 1), fase 3 de fuerte avance, fase 4 de retroceso (que recorta parte de la fase 4) y fase 5 final de avance.

El comienzo de la fase 1 de avance del mercado en cuestión comienza con un 5% de humor positivo y con un 95% de humor negativo. Cuando llegamos al final de la fase 5, el humor se habrá transformado en 95% positivo y sólo 5% negativo.

Para la parte negativa del ciclo, Elliott propone tres fases: una primera caída; una recuperación engañosa que recorta parte de las pérdidas de la primera caída; y, luego, una caída severa final. Los analistas de Elliott usamos letras para denotar estas fases como **onda A**, la primera fase de caída; **onda B**, la de engañosa recuperación; y **onda C**, la de caída final.

Aquí el mercado pasa de la euforia a la depresión, y la parte negativa comienza con el 95% del humor positivo y con el 5% del humor negativo, todos confiados y eufóricos, para pasar, en el piso de la onda C, al pánico y a la depresión, con el 5% de los participantes con humor positivo y 95% con humor negativo.

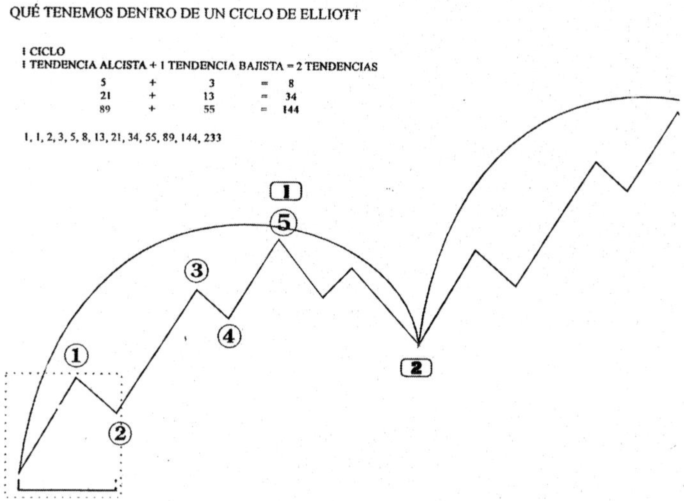

GRÁFICO NÚMERO 69. FUENTE: RUARTE'S REPORTS.

Elliott propone un modelo fractal en donde las partes menores tienen el mismo comportamiento del todo, por lo tanto, si esto es válido para el largo plazo, lo será para el mediano y corto plazo, y empieza a bajar en el tiempo.

Denomina "impulsos" a los movimientos a favor de la tendencia y "correcciones" a los movimientos en contra de la tendencia. Así los impulsos son la fase 1, la fase 3 y la fase 5, que son las que van en dirección positiva igual que la tendencia positiva del ciclo. Correctivas son la fase 2 y 4. En la parte negativa del ciclo, la fase A y la fase C son impulsivas; la fase B es correctiva porque la tendencia es bajista.

Elliott, en un modelo simplificado que luego tiene excepciones y, aplicando el modelo fractal, nos dice que las ondas impulsivas tienen, en su composición interna, cinco movimientos, igual que las cinco fases de la tendencia positiva del ciclo de largo plazo, y que las ondas correctivas tiene en su composición tres movimientos, como las tres fases de la tendencia negativa del ciclo de largo plazo.

Es así como podemos hacer una subdivisión como muestran los gráficos y nos llevan a decir que las cinco fases en la tendencia positiva, las que son impulsos 1, 3, y 5, tendrán 5 movimientos, y las que son correcciones 2 y 4 tendrán 3 movimientos dentro. Por lo tanto, las cinco fases tienen 21 movimientos: 5+3+5+3+5, total: 21 movimientos.

Las 3 fases del ciclo negativo tienen la fase A y C con cinco movimientos, y la B en tres movimientos; esto es 5+3+3, total: 13 movimientos.

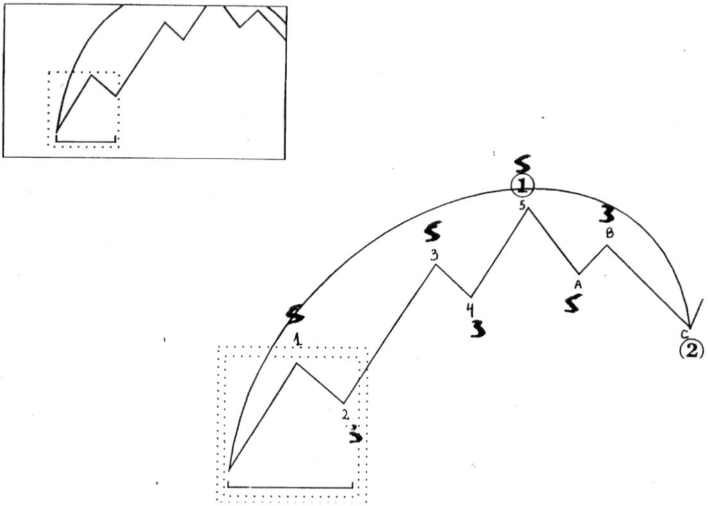

GRÁFICO NÚMERO 70. FUENTE: RUARTE'S REPORTS.

Si va más al detalle, cada uno de los movimientos impulsivos a su vez tiene cinco movimientos más pequeños, y los correctivos, tres movimientos.

Es decir, la fase 1 tendrá 21 movimientos; la fase 2, 13 movimientos; la fase 3, 21 movimientos; la fase 4, 13 movimientos; y la fase 5, 21 movimientos.

La fase A tendrá 21 movimientos, la fase B tendrá 13 movimientos, la fase C tendrá 21 movimientos.

Por lo tanto, el total de la parte positiva del ciclo son 89 movimientos y de la parte negativa son 55 movimientos.

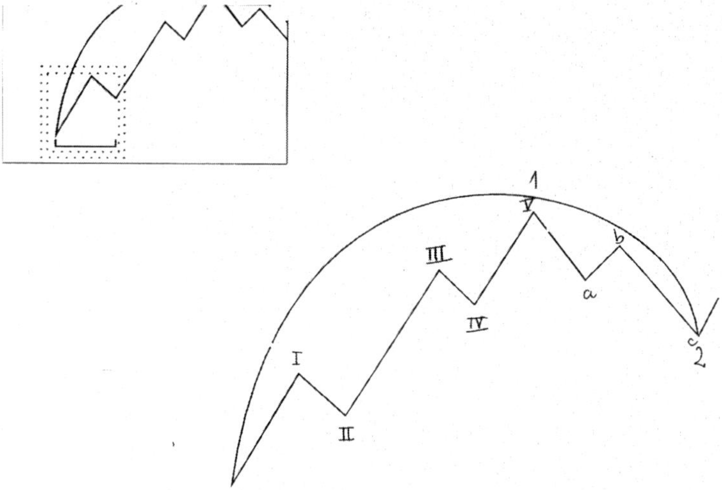

GRÁFICO NÚMERO 71. FUENTE: RUARTE'S REPORTS.

Esto prueba que Elliott usó la serie de Fibonacci para explicar los ciclos.

El ciclo tiene dos tendencias, una positiva y una negativa.

1+1=2

La tendencia positiva de largo tiene cinco fases y la tendencia negativa, tres fases.

5+3=8

La tendencia positiva se subdivide para tener 21 movimientos en la parte positiva y 13 en la negativa.

21+13=34

La subdivisión más pequeña nos lleva a que la tendencia positiva se puede subdividir en 89 movimientos y la negativa, en 55 movimientos.

89+55=144

Tenemos la secuencia de Fibonacci en la construcción de la técnica 1,1,2,3,5,8,13,21,34,55,89,144 cantidad de movimientos de ondas y del ciclo completo como va abriendo en función de los números de Fibonacci.

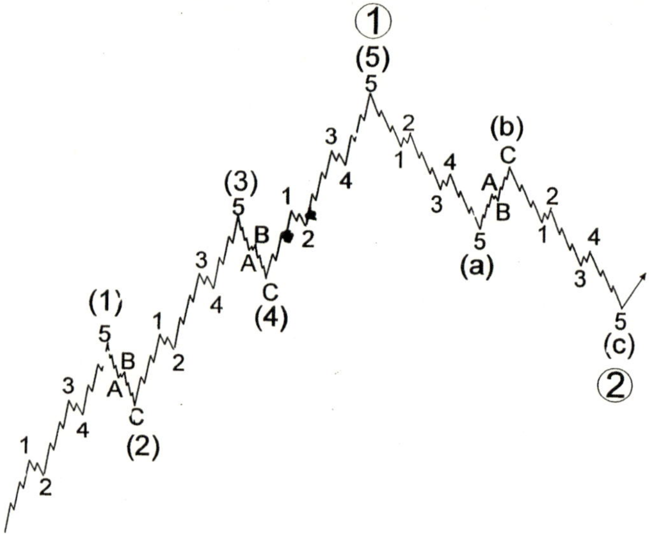

GRÁFICO NÚMERO 72. FUENTE: ELLIOTT WAVE INTERNATIONAL.

Finalmente el mapa de un elliottista que describe un ciclo mayor queda como muestra el gráfico 72. Ésta es la forma que propone Ralph Elliott de identificar un ciclo de largo plazo de los mercados; el secreto está en identificar en qué movimiento del mapa se encuentra el mercado en cuestión, y el mismo mapa nos guiará al próximo movimiento.

Los mejores elliottistas le darán el mejor mapa; no existirá opinión unánime porque no es una ciencia cierta; es un arte la detección de dónde se encuentra el humor del mercado.

La buena noticia es que el objeto de este libro no es enseñarle a detectar el humor del mercado, sino que, viendo los mercados que anticipan el humor social, usted pueda tomar decisiones que hagan aprovechar lo que va a venir hacia adelante, es decir, lo que anticipan los mercados.

Volviendo a los números mágicos de Fibonacci, usted puede creer o no en la ayuda que puede brindarnos esta secuencia para leer los mercados financieros. Dan Brown volvió a popularizar, con su libro *El Código Da Vinci,* dichos números, pero fíjese en qué naturales son los ratios de Fibonacci: si usted midiera su cuerpo, en éste encontraría los ratios de Fibonacci.

Observe el gráfico 73 a continuación:

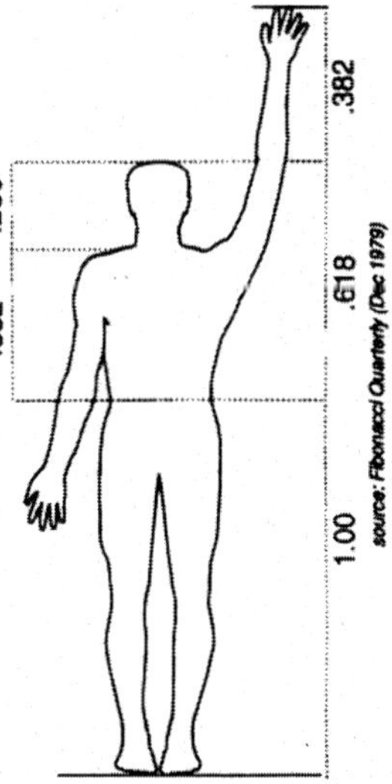

GRÁFICO NÚMERO 73. FUENTE: ELLIOTT WAVE INTERNATIONAL.

III.9. CICLO DE ARGENTINA

Como manifestamos en el libro, el mercado financiero, o el índice representativo del mercado, suele ser un excelente barómetro para anticipar el humor social, ya que generalmente es el mercado el que anticipa los cambios con sus techos y con sus pisos de largo plazo.

Argentina es un país cíclico y ciclotímico, como los mercados, y lo ha demostrado en sus últimos 65 años de historia.

La Argentina cíclica y con un ciclo regular de 13 años

Como usted puede observar en el gráfico, si repasáramos buenos momentos del país y de los Gobiernos de turno, veremos cómo la Argentina ha sido cíclica y ciclotímica, con un comportamiento muy regular en su ciclo.

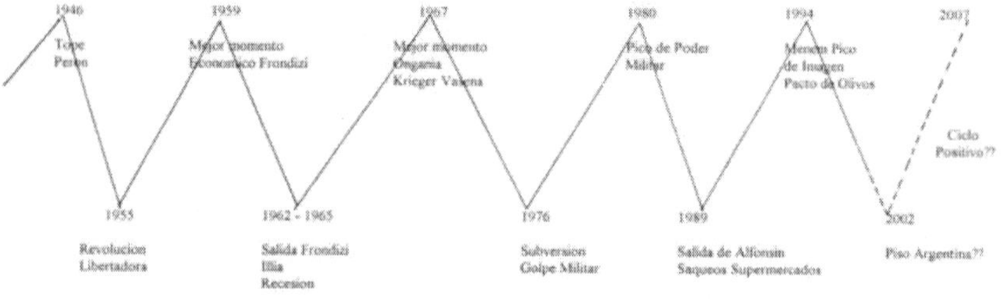

CICLOS ECONÓMICOS Y BURSÁTILES DE ARGENTINA

GRÁFICO NÚMERO 74. FUENTE: RUARTE'S REPORTS.

En el gráfico 74, podemos apreciar cómo ha sido, según nuestro punto de vista, el ciclo de Argentina en los últimos 65 años. En el gráfico partimos desde 1946, cuando tuvimos el mejor momento de Perón, luego en 1955, con la Revolución Libertadora; el peor momento de Perón, en 1959; cuando tuvimos el mejor momento de Frondizi. Entre 1962-1965, tuvimos la salida de Frondizi y la de Illia. En 1967 tuvimos el mejor momento de Onganía con Krieger Vasena; después tuvimos una gran caída hacia 1976, que terminó con el derrocamiento de Isabel de Perón. En 1980 tuvimos el pico de poder de los militares de la Junta Militar, el mejor momento de Martínez de Hoz. Después tuvimos, en 1989, el peor momento de Alfonsín con su salida anticipada del poder, por saqueos y desmanes. En 1994 o 1997, tuvimos el mejor momento de Menem y, en el 2002, tuvimos el peor momento de Argentina en muchos años con la salida de De La Rúa, cinco presidentes, devaluación, caos y conflicto social.

Comentarios del ciclo de Argentina

Si uno observa el ciclo de Argentina y lo analiza, podemos concluir que el país ha tenido terribles momentos económicos, políticos, separados por 13 años. El último que seguramente recordará es el del 2002, cuando el dólar se fue literalmente a las nubes, hubo confiscación de depósitos, cinco presidentes, no pago de la deuda externa. Es decir, fue el piso de Argentina con un humor social muy negativo, el peor momento desde el que empezó la recuperación.

Trece años atrás, tuvimos 1989. Si bien la crisis no alcanzó la magnitud del año 2002, tuvimos la salida anticipada del poder del Dr. Alfonsín, fuertes problemas de hiperinflación, dólar por las nubes nuevamente. Había saqueos en supermercados, la economía se había ido de las manos y tuvo que asumir antes el Dr. Carlos Menem. Trece años antes, en 1976, tuvimos un escenario de caos y de conflicto, con el dólar también por las nubes con hiperinflación, y el golpe militar y la salida de la presidente constitucional Isabel de Perón. 21 años atrás, tuvimos 1955, la Revolución Libertadora y el derrocamiento del General Perón.

Los momentos buenos fueron 1946 con Perón en su mejor momento cuando el pueblo clamaba por él. 13 años después fue el mejor momento de Frondizi en 1959; en 1967 tuvimos un período bueno de Onganía, con Krieger Vasena, desde el punto de vista económico. 13 años después, tuvimos en 1980 el mejor momento de los militares cuando los argentinos iban por el mundo con el famoso "Deme dos". 14

años después, en 1994, fue el mejor momento de Menem, con un récord de crecimiento de la economía; consiguió el pacto de Olivos y la reelección. 13 años después de 1994, fue el 2007, sin dudas, el mejor momento del presidente Kirchner, que motivó el gran éxito eleccionario de su esposa y presidenta de Argentina al escribir este libro.

Es decir que Argentina ha sido muy cíclica. De 1946 a 1955 tuvo la parte negativa del ciclo de un gran momento de Perón a su peor momento el derrocamiento, y fue ciclotímica de su época de esplendor. Perón pasó a su rechazo y su derrocamiento, de héroe a villano. Desde 1955 tuvimos 4 años de recuperación que hicieron techo en 1959, en el mejor momento de Frondizi. Tuvimos la parte positiva del ciclo; luego tuvimos varios años de caída, que terminaron con la salida de Frondizi del Gobierno y luego la de Illia. Nuevamente, un ciclo positivo menor para el mejor momento de Onganía, cuando estaba Krieger Vasena, para hacer techo en 1967. Tenemos datos bursátiles y sabemos que, en 1967, la Bolsa estaba en un techo muy importante de cotizaciones, las Acciones se habían valorizado mucho. (Antes de 1967 los datos bursátiles no nos ayudan). Luego, siguiendo la Bolsa desde 1967, hubo una gran caída hasta 1976, piso histórico de la Bolsa de Valores, cuando tuvimos un gran ciclo negativo que terminó con el derrocamiento de Isabel de Perón.

Desde ese momento la Bolsa produjo una meteórica suba hasta 1980, en que situamos el mejor momento económico de los militares y el mejor humor social para los militares. Luego, con la caída bursátil, empezó el ciclo negativo, que fue largo y que duró hasta 1989 y que se llevó a los militares luego de la derrota en la Guerra de las Malvinas. Este ciclo se extendió durante los primeros años de la democracia, que retornó en 1983 con el presidente el Dr. Raul Ricardo Alfonsín, durante cuyo Gobierno la Bolsa intentó recuperar, pero nunca llegó a los niveles de 1980 ni cerca. Se desplomó hasta encontrar un gran piso en 1989, antes de la salida de Alfonsín. A partir de allí tuvimos mercados volátiles, pero una gran recuperación bursátil hasta 1994, que coincide con el mejor momento de Menem. En 1997, el Merval hizo un techo secundario con la imagen de Menem en su apogeo. Luego vinieron años de gran caída hasta el piso del año 2001-2002 de la Bolsa. Desde el 2002, la Bolsa tuvo un ciclo positivo espectacular de 5 años, cuyo techo coincidió en el 2007 con el mejor momento de Kirchner y con la elección de su esposa como presidente. El próximo piso del ciclo de 13 años se daría recién en el 2015 para Argentina.

Lo que es curioso es que cada piso que vimos en 2002, 1976, 1963, 1955, fue una oportunidad histórica de vender dólares caros y de comprar activos de riesgo argentinos, ya sea Bolsa, Acciones o propiedades. Las épocas de techos del 2007, 1994, 1980, 1967, 1959, 1946 fueron oportunidades de lo contrario: de poner en caja las ganancias, de pasar las tenencias en Acciones y las propiedades a dólares.

Los historiadores podrán estar o no de acuerdo con este ciclo que surge de leer el humor de los mercados pero, sin dudas, el que hubiera seguido este ciclo hubiera materializado cuantiosas ganancias económicas, sólo invirtiendo en riesgo argentino en los pisos y desinvirtiendo en los techos.

Siempre recuerdo al exitoso fund manager comprando Acciones argentinas en 1982 en medio de la guerra de las Malvinas y vendiendo con la convertibilidad en 1991 haciendo cuantiosas ganancias, si bien no es exactamente el ciclo que propone el mercado. El concepto de ser codicioso cuando todos son temerosos y temerosos cuando son todos codiciosos funciona en inversiones de mediano y largo plazo. A ese mismo fund manager, que vendió con la implementación de la convertibilidad argentina, me lo imaginé comprando en el 2002 con la salida de la convertibilidad y habiendo aprovechado el ciclo de 5 años positivo, que dejó cuantiosas ganancias en términos de moneda dura al que invirtió en el 2002 tanto en Bolsa argentina como en propiedades.

Volviendo al ciclo y a su determinismo y duración, aquí la esperanza que uno debe tener es que los gobernantes puedan no anular el ciclo, sino extenderlo como lo hizo México en su tiempo, y Chile Y Brasil también. Es decir, hay que extender la parte positiva del ciclo; la parte negativa vendrá porque es una ley natural pero, si el ciclo logra extenderse para hacer más consistente la parte positiva, será un gran paso adelante para Argentina. Fíjese en que hacía notar que los mercados tenían 75% de su tendencia positiva del ciclo y 25% en tendencia negativa del ciclo. Argentina, con su volatilidad y ciclotimia, ha producido lo contrario. Generalmente, la parte positiva del ciclo ha durado 5 años y la negativa, más tiempo: 8 años. Por supuesto que en la parte negativa no ha sido caída lineal, pero ha sido una caída con recuperaciones que no han tenido éxito para volver a caernos nuevamente; triste, pero real. Esperemos que los gobernantes logren, en pos del bienestar de los argentinos, ponerse de acuerdo en generar las políticas para que esta ciclicidad y ciclotimia deje paso a un ciclo mayor, más parecido a los de México, Brasil, y EE. UU. Éstos tienen ciclos largos, donde la parte positiva es el doble o triple de largo de la parte negativa, tiempo suficiente para planificar, para hacer un crecimiento consistente y para subir varios escalones en el concierto mundial. La oportunidad está.

III.10. LA BOLSA ARGENTINA Y SUS FIBONACCI

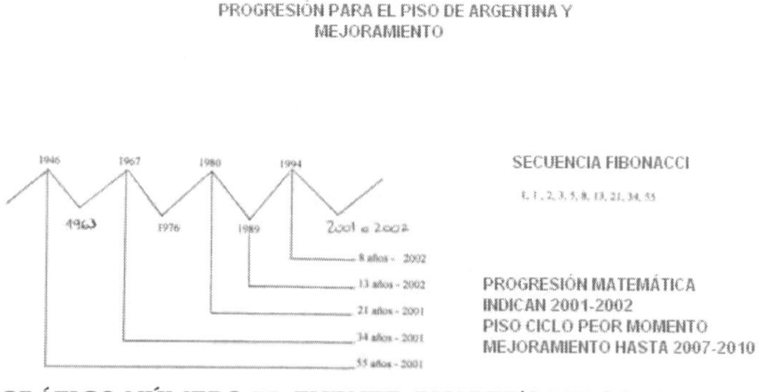

GRÁFICO NÚMERO 75. FUENTE: RUARTE'S REPORTS.

En este gráfico, se encuentran los techos y pisos más importantes bursátiles de Argentina, medidos a través de su índice general, que es el que más podemos llevar hacia atrás.

Desde 1967 tenemos información del índice general. En 1967 hizo techo muy importante; en 1976, un piso significativo; en 1980, un gran techo; en 1989, un gran piso; en 1994, un gran techo con Menem. A ello habría que agregarle el techo secundario que hizo la Bolsa en 1997, que también fue muy importante. Si agregáramos un índice hipotético con techo en 1946, mejor momento de Perón, tendríamos la secuencia perfecta de Fibonacci como figura en el gráfico.

En efecto, si ordenamos estos techos y pisos importantes y les aplicamos los Fibonacci, veremos cómo se concentran en 2001-2002.

Techo de 1946 + 55 años = 2001.

Techo de 1967 + 34 años = 2001.

Techo de 1980 + 21 años = 2001.

Piso de 1989+ 13 años = 2002.

Techo de 1994 + 8 años= 2002.

Techo de 1997 + 5 años= 2002.

Podrán ver cómo, aplicando a los techos y pisos más importantes la secuencia de Fibonacci, nos indicaba el año 2001-2002 como muy importante para Argentina como el candidato al piso cíclico de argentina. La secuencia de Fibonacci, en abanico con techos o pisos del mercado, indica una inflexión, no necesariamente si será piso o techo. Es un cambio de humor de negativo a positivo como un piso, o positivo a negativo como un techo. Cuando estamos cerca de los años y vemos el movimiento bursátil, sabemos que, en este caso la Bolsa argentina, desde la asunción de De la Rúa, se venía desplomando y, por lo tanto, quedaba claro que los Fibonacci indicarían estos años como el piso del ciclo de la Bolsa.

Esto fue el piso del humor negativo de los mercados y que adelantaría el cambio de humor social a partir del 2002 hacia delante.

Si apreciamos la gráfica del índice Merval en pesos y del índice Merval en dólares (ver gráfico número 76), veremos cómo la caída fue muy severa desde 1997 y que el piso en pesos fue visto en el 2001 y, en junio del 2002, en dólares. Observe a continuación cómo empieza una meteórica subida de precios para el índice Merval que, en cinco años, recupera el 85% de los valores que tenía el índice en 1997 en dólares. Es decir, lo que cayó desde 1997 al 2002 en dólares lo recupera en un 85% el mercado en cinco años, aunque en pesos el índice está en nuevos máximos históricos (ello se debe a la devaluación del 2002). Los abanicos de Fibonacci lo anticiparon y lo marcaron con precisión; el ciclo de Argentina también. En cualquier caso, lo que a usted le sirve es que la gran recuperación de la Bolsa Argentina desde el 2001-2002 anticipó el mejoramiento de la economía y los grandes años de crecimiento a tasas chinas desde el 2003 al 2007.

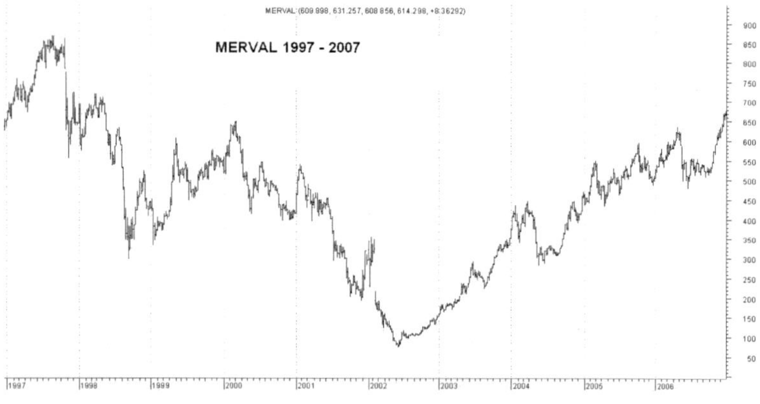

GRÁFICO NÚMERO 76. ÍNDICE MERVAL ARGENTINA AJUSTADO EN DÓLARES 1997-2007. FUENTE: ECONOMATICA.

CAPÍTULO IV.
ENTENDIENDO LOS MERCADOS Y SU MENSAJE

IV.1. EL MERCADO SANCIONA CONSENSOS

Este concepto es muy importante para entender los mercados financieros. Si los agentes financieros coinciden en forma generalizada y están positivos acerca de la evolución de un activo financiero, sea una Acción, un índice bursátil, un commodity como oro o petróleo, lo más probable que estemos cerca de un techo. Si los agentes financieros coinciden en forma generalizada en estar negativos acerca de la evolución de un activo financiero (cualquiera sea), estamos cerca de su piso. Cuando explicábamos cómo se mueve el mercado de la depresión a la euforia y viceversa, decíamos que, en los techos, el 95% de los participantes tenía una opinión muy positiva del mercado en cuestión, mientras que, en los pisos, el 95% de los participantes tenía una opinión muy negativa del mercado en cuestión. El mercado sanciona estos consensos; cuando casi todos los participantes están alcistas, el mercado alcanza su máximo valor y empieza a bajar porque ya no quedan participantes que le agreguen combustible al alza de los precios. Al revés sucede cuando un 95% está bajista: están todos fuera del mercado y en los mercados profesionales vendidos en corto, es decir *short position* (esto es pagar un alquiler de una tasa para que nos presten una Acción: la vendemos como si fuera nuestra, luego la recompramos a un precio menor y, con la ganancia, pagamos el alquiler, que es una tasa anual por el período que tuvimos el préstamo, y nos quedamos con la ganancia neta).

Tengo dos historias reales, entre muchas, de cómo el mercado sanciona consensos, una de un techo muy importante en la Bolsa argentina y otra de un piso muy importante en la bolsa Peruana. Corría 1991 y un importante inversor reunió a un grupo de eruditos o especialistas de mercados, economistas, analistas técnicos, analistas fundamentales. Se conformó una mesa de 10 asesores (todos renombrados), con los que tuve la suerte de estar. Este inversor quiso tomar todos los recaudos para ingresar a invertir en la Bolsa argentina, y su criterio era que el grupo de 10 asesores debía coincidir en que era una oportunidad de compra. El mercado empezó a subir fuertemente y 2 asesores recomendaban compra, y los otros 8 recomendaban cautela. El inversor se sostenía de su silla de directorio con su teléfono verde al lado, lo miraba, y decía: "Tengo que contenerme y ser disciplinado". Días después, el mercado argentino continuaba con su euforia; ya la suba era importante, y allí el consenso había subido a 6 analistas que veían el mercado en forma positiva. Ya allí el inversor se despegaba de su silla; se acercaba el momento esperado, pero aún no: debía haber 100% de consenso. Acariciaba su teléfono verde porque el momento parecía acercarse. La suba continuó hasta que después eran 8 los asesores convencidos. Ya la ansiedad era muy alta; el mercado argentino no paraba de subir y él tenía mucho dinero para invertir, pero debía ser congruente con su principio: todos los asesores deberían estar de acuerdo en comprar. Ese día finalmente llegó: los 10 asesores en el directorio coincidieron; se había hecho traer varios teléfonos, el verde, el rojo, el naranja... Llamaba a un lado para comprar Acciones argentinas, entre éstas Celulosa; llamaba a otro para comprar Bonos; llamaba a otro para comprar deuda soberana. En 10 minutos había invertido todo su capital de una sola vez.

Luego se sentó a esperar a que llegaran las confirmaciones de sus precios, a armar su planilla de cartera y a anotar día a día la evolución de su cartera que había estado en cash casi dos meses para esperar el momento del consenso. Día a día anotaba el cierre de cada uno de los muchos activos que había comprado. Tres meses después, caía en la cuenta de que su cartera había caído un 30%: había comprado muchos de sus activos en el techo del mercado. El mercado se había ocupado de convencer de a poco a todos los asesores y, cuando el último estaba convencido, ése fue el techo: el mercado ya estaba listo para ajustar y caerse. El inversor terminó perdiendo mucho más que el 30%. Los memoriosos bursátiles entenderán lo que fue comprar Celulosa en la segunda parte de 1991, entre otros activos en Argentina.

La otra experiencia ocurrió en Lima, Perú. El Banco peruano más importante me había contratado para dar la conferencia a sus clientes. Al ser el Banco más importante, tuvo un gran éxito la convocatoria y se reunieron, en la sala de auditorio principal del Banco, cerca de 250 personas. Los organizadores estaban contentos por el éxito de la convocatoria; me comentaban que estaban los inversores más importantes, no sólo del Banco como clientes, sino los inversores más importantes del mercado peruano.

La Bolsa peruana venía con una caída de meses y registraba una caída desde su máximo de un 62%; hice una encuesta en medio de la conferencia y le pregunté a la audiencia quién veía la Bolsa para arriba. Tibiamente, en la sala, dos o tres personas levantaron la mano como con culpa. Cuando les pregunté quiénes veían el mercado o la Bolsa para abajo, el consenso fue unánime. En la sala, la mayoría levantó la mano.

El mercado peruano tiene Compañías vinculadas a los metales, y los metales venían muy mal desde hacía más de 10 años; la Bolsa peruana (su índice IGBVL) no paraba de hacer mínimos.

En dicho momento, viendo el gráfico con la lectura de Elliott más el humor de mercados, con alto consenso negativo, pronostiqué que el piso de la Bolsa era inminente y que venía una gran tendencia alcista.

A partir de los días siguientes, la Bolsa peruana inició una tendencia alcista que perduró más de un año y subió más del 100% de su valor. Quedó la anécdota de que todos los asistentes salieron a comprar. Pero, en realidad, si usted se detuviera a pensar, para que el mercado suba (y fuerte), deben estar los participantes fuera del mercado o vendidos. En la Bolsa usted debe pensar distinto.

Seguramente escuchó la anécdota de un padre zapatero que manda a sus dos hijos a vender zapatos al África. Llegan los dos, y los dos tienen diferente visión. Uno de ellos dice: "Padre, nadie aquí usa zapatos, me regreso porque aquí no venderé un zapato". El otro dice: "Padre, aquí me quedo. Cuando empiece a usar zapatos esta gente, me voy a cansar de vender zapatos".

En los mercados, si muchos participantes están fuera, con el humor social negativo, cuando se produce el cambio es todo combustible nuevo que entrará al mercado, y lo hará subir fuertemente. Como vimos antes, cuando el humor social está negativo, sube a tasas muy superiores a las de cuando empieza a ponerse positivo el humor social. Ni que hablar cuando la confianza invade al humor social, donde la tendencia ya está madura y el momento se pierde hasta alcanzar el mercado su techo en medio de optimismo y de euforia.

IV.2. ¿POR QUÉ LOS MERCADOS HACEN TECHO EN MEDIO DE BUENAS NOTICIAS?

Existe un concepto muy difundido, y desde mi punto de vista erróneo, entre los seguidores de los mercados financieros. Comentan una y otra vez que ellos estarán comprados en el mercado y que, cuando haya malas noticias, el mercado les dará el tiempo para salir. Al revés: están fuera del mercado esperando que haya buenas noticias para recién allí comprar. En el primer caso, seguramente terminarán vendiendo bien debajo de los techos del mercado, y aquí puede ser grave porque las pérdidas pueden ser cuantiosas. En el segundo caso, es menos grave porque, en realidad, si bien terminará comprando bien arriba de los pisos (las buenas noticias o el humor social cambia mucho después que ha cambiado a positivo el mercado), se pierde una oportunidad, y no dinero como en la primera.

En mis cursos de posgrado, siempre les pongo a mis alumnos un ejemplo para que entiendan que el mercado no opera de esta forma. Doy de ejemplo al celebre fund manager que compró en la guerra de las Malvinas y vendió cuando Argentina entró en la convertibilidad.

Asumiendo que este fund manager siguió con su criterio, debería haber comprado Bolsa argentina en el momento que Argentina abandonó la convertibilidad en el 2002, en niveles de 190-200 puntos de Merval. Si usted hiciera los cálculos, estas decisiones significaron cuantiosas ganancias en términos de moneda dura.

En las universidades uno aprende un criterio racional para invertir, es decir, debería esperar a que la economía esté creciendo, a que la Compañía que invierta esté teniendo ganancias, a que la inflación esté controlada, a que el dólar esté estable o tranquilo, a que la imagen de los políticos gobernantes sea buena.

Recién cuando tengamos todos esos elementos, nos animaríamos a invertir racionalmente. Con el criterio de pensar distinto, que el mercado descuenta todo y con el criterio de valor en donde la Bolsa había caído desde 900 a 200 puntos, que en dólares la Bolsa en el 2002 había caído de 900 a 75 dólares (más de un 90% de valor en 10 años), el fund manager compra por valor. Todos los racionales se encuentran fuera del mercado desinvertidos, y algunos están apostando en contra de la Bolsa. Por lo tanto, las cotizaciones están muy deprimidas, y están las Acciones en manos de alguien que compra sin leverage (sin efecto palanca, es decir, no pide dinero prestado para comprar), compra con dinero genuino y tiene mucho más dinero para comprar. Los que acumulan, ya lo veremos más adelante, compran valor y no aciertan el piso si no compran en una zona que consideran de valor o barata. Esta zona siempre coincide con todos los fundamentales muy negativos o con las peores noticias, como la Argentina de comienzos del 2002.

A medida que van mejorando una a una las variables, el mercado sube dramáticamente porque el que compra valor no lo hace esperando una suba del 20% limitada a unas semanas. Compra pensando que debe presentarse la tendencia positiva del ciclo, que las cosas, de tan mal que van, no tienen otra que mejorar, y que eso hará que los mercados lo anticipen haciendo su piso y empezando a subir. Luego que la suba se ha manifestado, el mejoramiento en las noticias y economía finalmente se producirá.

Si asumimos que hubiera 100 inversores y el mercado fuera cerrado, un solo inversor (el fund manager) tendría todas las Acciones cuando todo está mal. Cuando uno a uno los inversores se van convenciendo de que lo peor ya pasó, empiezan a comprar pero, como el inversor tiene los papeles, los precios suben dramáticamente, ya que existe un solo tenedor o poseedor de las Acciones y varios que quieren comprar. Es así como los precios se disparan y va ocurriendo lo siguiente de modo sucesivo (a modo de ejemplo ilustrativo):

Mejora el dólar que deja de subir. Allí ya hay 10 inversores que se convencen de que lo peor puede haber pasado y compran; los precios suben.

Luego las tasas de interés dejan de dispararse al tranquilizarse el dólar. Se agregan otros 19 participantes que quieren comprar; los precios suben.

La economía deja de caerse; ya allí se agregan unos 20 participantes más, pero ya empieza a haber 5 participantes que, con buenas ganancias, empiezan a tomarlas. Asumiendo que cada uno compra la misma cantidad de los que venden al entrar 20 e irse 5, los precios siguen subiendo.

Luego la economía empieza a crecer; se agregan 20 participantes más y 10 toman ganancias. Los precios siguen creciendo.

Las empresas empiezan a ganar dinero, empiezan a reportarlas, entran 20 participantes más, y 15 toman ganancias. Los precios suben, pero a una menor tasa.

La inflación está controlada; allí hay 10 participantes que entran y hay 15 que toman ganancias. Los precios ya no suben, sino bajan, porque sale más de lo que entra. Ya el mercado ha hecho su techo en medio de buenas noticias.

Luego el gobernante tiene alta aceptación popular y sale su tapa en principales medios de prensa. Allí entran 10 participantes y salen 20 a tomar ganancias por las cuantiosas ganancias, y los precios ya están a la baja.

Lo correcto no es hacerlo en participantes. Por cada cantidad de dinero que entra, hay otro equivalente que sale. Si 5 participantes compran 10.000 pesos cada uno, debe haber uno, tres o cinco que vendan esos 10.000 pesos en Acciones. Lo que importa es el dinero; puede ser que entren varios participantes o salga uno. Es seguro que, en los mercados reales, entren en la última parte muchos participantes, pero con dinero limitado cada uno, mientras que los que toman ganancias, los que acumulan y salen, si bien pueden ser menos, lo hacen con mayor cantidad de dinero. Y el mercado es flujo si hay compra por 1000 participantes con 10.000 pesos cada uno, y hay venta por 50 participantes de 1.000.000 cada uno. El mercado baja y no sube si la oferta supera a la demanda. Tendremos 10.000.000 de pesos comprando, y 50.000.000 en postura vendedora.

Es decir, el mercado se multiplica con el humor social positivo de tal forma que hace que entren muchos participantes pero, en dinero, el flujo no es tan importante como el que toman ganancias, que pueden ser menos participantes, pero con mayor cantidad de dinero.

Es por ello por lo que los mercados hacen techo imperceptiblemente. Lo hacen en medio de buenas noticias, y los pisos también porque lo hacen en medio de malas noticias.

En los techos siempre existe apalancamiento, crédito y sector menos informado con gran porción de sus ahorros y compra con crédito inclusive metida en la Bolsa, mientras que abajo existe dinero genuino sin leverage y sin ningún crédito. Es gente que apuesta por el valor.

Cuando las noticias malas empiezan a aparecer, siempre toman al mercado ya habiendo cambiado su humor de positivo a negativo y anticipando el cambio de humor social de positivo a negativo. Y, cuando las noticias buenas empiezan a aparecer, siempre toman el mercado habiendo cambiado su humor de negativo a positivo y anticipando el cambio de humor social a positivo.

Es por ello por lo que, una y otra vez, si espera noticias malas para vender su posición lo hará bien lejos de los techos y, si espera noticias buenas para comprar, lo hará bien alejado de los pisos. Ello no quiere decir que pierda dinero en el segundo caso, pero existe dicho riesgo en el primero. Si se deja llevar por la euforia, comprará cerca del techo y, si luego vende con las noticias negativas que empiezan a salir, seguro terminará perdiendo dinero y vendiendo más bajo de lo que compró.

IV.3. EL SER HUMANO VE LA HISTORIA COMO OBVIA

Los mercados también me han enseñado una y otra vez que el ser humano ve la historia como obvia. Una vez conocida, asume que los hechos necesariamente debían pasar como ocurrieron. Claro, la página de la historia ya ha sido escrita.

En los mercados la historia está siendo escrita y lo que tenemos para el el futuro es incertidumbre. Entonces los analistas debemos valernos de todos los elementos posibles para saber el estado del humor de los mercados y ver en qué parte del ciclo de éstos nos encontramos, para estar alertas cuando la tendencia es madura al alza, y cuando es madura a la baja. Cuando existe demasiada euforia, estaremos cerca del techo y con mucha depresión cerca de los pisos.

En mi trabajo de analista, las mayores satisfacciones han sido y son la detección de pisos o techos importantes. Al principio resulta molesto y luego, cuando uno entiende el concepto de que rápidamente el ser humano acepta la historia como obvia, se torna gracioso. Comprar en 1995 Bolsa argentina o mexicana era obvio. Comprar, a niveles del 2002, Bancos argentinos devaluados era obvio, vender tecnológicas en el 2000 era obvio por el valor que habían alcanzado. También era obvio que el petróleo en niveles de 147 dólares era una burbuja, que el petróleo cerca de 10 dólares en 1998 era un regalo.

Es decir, miramos los gráficos, lo que pasó a continuación, y enseguida asumimos la obviedad de la oportunidad. Muchos analistas nos contarán con lujo de detalles por qué se produjo el Tequila, por qué se produjo la burbuja de las tecnológicas, por qué se se produjo la recuperación argentina del 2002, por qué se produjo la debacle de Wall Street en el 2008, por qué el dólar estaba débil en el 2009. Siempre lo harán mirando hacia atrás, hacia la historia, escrudiñando las razones que motivaron lo que aconteció, explicando la historia como si ésta hubiera sido obvia.

Esa consistencia decae a 0 y, suplantado por numerosos escenarios hacia el futuro, lo que pasó estaba claro pero, para proyectar lo que va a pasar, tenemos 5 escenarios distintos que dependen de 30 variables diversas. Esto nos inserta en un futuro de incertidumbre que, aunque codificado, puede subir, bajar o quedarse por acá, dependiendo de las variables.

Demasiado complejo, finalmente se dará algún escenario. Es difícil que no haya sido contemplado con todas las alternativas, planteadas: o sube o baja o se queda. Si tengo los tres escenarios para proyectar el mercado, estamos seguros de que acertaremos aunque, para usted, estimado lector, inversor, agente del mercado financiero, carece de total valor predictivo.

La ventaja que tiene usted, empresario, hasta inversor, no trader profesional de los mercados, es que, leyendo los mercados, puede ayudarse de éstos para tomar decisiones correctas en su empresa, su economía personal y sus decisiones de inversión y de ahorro, de riesgo de desafío, etc.

Un célebre analista cuenta que, en una universidad americana, se hizo una experiencia para comprobar esta deformación del ser humano de considerar la historia como obvia Se dividió, en la Facultad de Psicología, a los alumnos en dos grupos de similares características. A un grupo de ellos se les planteó un problema. Se les dijo que en la Edad Media había habido una invasión inglesa a África y que los ingleses habían enfrentado a los temible zulúes. Los ingleses contaban con armas de fuego y los zulúes, no. Se les pidió que dijeran las probabilidades de quién podía ganar la batalla. Luego de un pormenorizado análisis, teniendo por un lado el peso de las armas de los ingleses y por otro a los zulúes temerarios y conocedores de su territorio, llegaron a la conclusión de que las probabilidades eran 50% y 50%. Es decir, cualquiera podría haber ganado la batalla.

Al segundo grupo se le contó la misma historia pero se les dijo el resultado: habían ganado los zulúes. Este segundo grupo dijo que era obvio que iban a ganar los zulúes aduciendo a su mayor número, fiereza, y conocimiento del territorio. A este segundo grupo se les contó el resultado; sabían la historia y la consideraron obvia. El primer grupo no la sabía y asignó probabilidades similares a la victoria de unos y de otros.

Así ocurre en la economía y en los mercados a diario: encontrará la explicación con lujo de detalles de las crisis una vez ocurridas, o los milagros económicos una vez ocurridos, de una forma que lo hacen pensar a uno: "¡Qué tonto!, ¿cómo no me di cuenta?, si era obvio". Pero no se deje engañar: los analistas, los historiadores, los especialistas cuentan con el conocimiento de la historia. Ahora, cuando deben pronosticar el futuro, no se alejarán del 50% y 50% que dijo el primer grupo de estudiantes que no sabía la historia, o de varios escenarios con todas las alternativas posibles que carecen de total valor predictivo.

IV.4. El SER HUMANO DEBE EXPERIMENTAR LA HISTORIA: NO SE LA DEBEN CONTAR

Esto es algo muy importante que me han enseñado los mercados. Es obvio que la naturaleza humana ha sufrido una gran evolución a través de los siglos; la tendencia de fondo de la humanidad es positiva, cíclica. Con ciclos con partes positivas y con partes negativas, pero que siempre reflejan un crecimiento.

Aquí me tomo el trabajo de presentar un gráfico de la humanidad de tiempos remotos, desde 1695 (cuando ya hay datos de la Bolsa Inglesa) es el comportamiento de los mercados y, para atrás, desde antes de Cristo, una proyección de cómo hubiera estado la Bolsa basándonos en humor social, teniendo en cuenta que el humor de los mercados lidera el humor social.

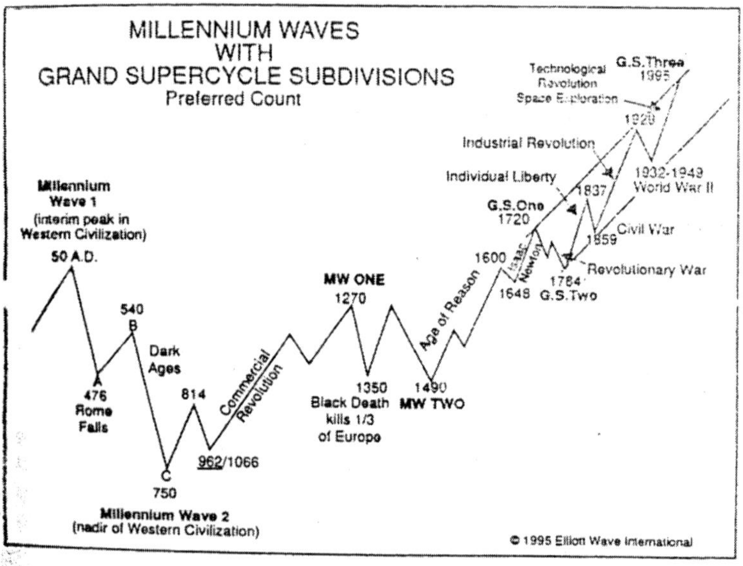

GRÁFICO NÚMERO 77. FUENTE: ELLIOTT WAVE INTERNATIONAL.

En este gráfico tenemos más de 2500 años de historia. Las épocas de bonanza de la humanidad, las épocas de caída de la humanidad. Note cómo las épocas malas culminan con la peor de las manifestaciones negativas del ser humano: la guerra, o grandes pestes. Es decir, culmina con caída de la población humana, ya sea por guerra o pestes, o por crisis muy grandes. Allí tenemos la peste negra, que mató a gran parte de la población de Europa, las Guerras de la Independencia de las Américas, la Guerra Civil de EE. UU., la Segunda Guerra Mundial y la Depresión de los 30 y de los 40.

Como partes expansivas de bonanza de la humanidad, tenemos, entre otras, la Revolución Comercial, la Edad de la Razón con Newton como protagonista en la última etapa, la libertad individual, la Revolución Industrial, la Revolución Tecnológica, la conquista del espacio, grandes avances o tendencias positivas del ciclo de la humanidad.

Usted podrá estar de acuerdo o no en la extrapolación de los ciclos. Se han tomado momentos muy malos, como de caída hasta llegar al piso del ciclo, y momentos buenos, como de expansión hasta llegar al techo. Desde 1695 hay datos de Bolsa. Ésta se ha tomado como barómetro del ciclo de progreso y de ajuste de la humanidad que, como toda la naturaleza, es con avance y retroceso, con crecimiento y ajuste.

Cuando decimos que el ser humano debe experimentar la historia, se me vienen a la mente las lecciones que damos a nuestros hijos, por ejemplo, la de no tocar los conectores de la electricidad porque les dará corriente. Los padres sabemos que existe el riesgo de la curiosidad del niño, y muchos tenemos interruptores. A más de uno seguramente un interruptor le habrá dado la felicidad de salvarle la vida a su hijo (al menos a mí me pasó). Si bien uno les repite que no toquen allí porque les dará electricidad y es peligroso, su curiosidad puede más y lo hará. Cuando reciba la electricidad y haya vivido la experiencia, ya no lo hará más y le contará a su hijo lo mismo que nosotros hicimos con él. Y seguramente su hijo también la tendrá que vivir. En los mercados, las experiencias hay que vivirlas.

En mis 25 años de mercados, pude ver el crack de 1987, en que el Dow perdió un 40% en sólo 3 días de operaciones, el techo del Nikkei en 38.957 puntos y su tendencia bajista desde el último día de operaciones del año 1989, la gran y consistente suba del Dow desde 1988 al 2000 con un intervalo entre 1994 y 1995, el gran boom de las tecnológicas, el Efecto Tequila de México y su gran recuperación, el Efecto Arroz y su gran recuperación de los Tigres Asiáticos, el Efecto Vodka y la gran recuperación rusa desde 1998, el Efecto Caipirinha y su gran recuperación posterior de Brasil desde enero de 1999, el efecto Tango en diciembre 2001-Junio 2002 y la gran recuperación posterior. También viví la gran debacle del 2000 a 2002 de las tecnológicas y la gran caída, en el 2008, de todos los mercados liderados por las Acciones bancarias.

Sin embargo, nunca viví 17 años con un Dow sin haber superado los 1000 puntos en medio de una estanflación, nunca viví una crisis como la década del treinta con la Gran Depresión y una caída de la Bolsa de 1929.

El creer en los ciclos y en la ciclotimia de los mercados y la sociedad, en la ciclotimia y ciclos del humor social, hace pensar que debemos estar preparados tanto para las bonanzas espectaculares que ha mostrado la humanidad como para las crisis lamentables que les suceden (estas últimas, por más que uno no quiera, suceden).

Si van a ocurrir, me gustaría estar avisado para tomar los recaudos (obviamente que uno no quiere que sucedan). Aun así, tienen que pasar como la Teoría de los Ciclos lo define; uno debe tomar una actitud positiva para soportar la parte negativa o adversa que tiene todo ciclo.

Es por ello por lo que usted, lector, debe estar muy atento a los comportamientos de Wall Street, del IPC en México, del Bovespa en Brasil, del Merval en Argentina, del IGBVL en la Bolsa de Lima, del IGBVC de la Bolsa de Colombia. Si éstos están en franca recuperación, vendrán cosas buenas a su economía, a su empresa, a sus finanzas y actitudes positivas pueden darle éxito. Si por el contrario éstas sufren fuertes caídas, la crisis de los mercados anticiparán un cambio de humor social que repercutirá en su economía, política, sociedad, economía personal y finanzas.

Le sugiero que lea sobre los períodos de bonanza bursátil que fueron negocios en su país, cómo actuaron las empresas en su economía y también, en los períodos de deterioro bursátil, cuál ha sido la mejor forma de cubrirse de la crisis económica que se generó.

Si cree en los ciclos, debe estar dispuesto a gozar de la parte buena del ciclo y a soportar la parte mala de éste. Puede estar avisado por los mercados, pero debe instruirse y leer de otras grandes bonanzas, y de otras grandes crisis, para saber cómo actuar cuando los mercados se lo estén indicando.

Por ejemplo, si ve una tendencia positiva en los mercados bursátiles, puede tomar decisiones de iniciar un negocio, de comprar propiedades, de invertir en su país, de confiar en su moneda, de prestar dinero sabiendo que le van a pagar, de iniciar proyectos de inversión.

Si ve una tendencia negativa, debería tomar recaudos, desarrollando negocios que se expanden en tendencias negativas, negocios vinculados a seguridad, a alimentos. Verá de cubrir su moneda local, de no prestar, de retrasar su proyecto, de vender propiedades y hacerse de liquidez.

Los ciclos están para aprovecharlos, y usted debería poder hacerlo.

IV.5. LOS MERCADOS NO SON LINEALES

Otra máxima muy importante para los mercados financieros es que los mercados no suben linealmente: lo hacen en forma de serrucho. Esto es aplicable tanto si estamos en una dirección positiva o tendencia positiva de precios o, por el contrario, con una dirección negativa o tendencia negativa de precios. Los mercados en tendencia positiva suben en serrucho y, en tendencia negativa, también bajan en serrucho.

¿Cómo es esto? Es simple: el mercado efectúa un avance que luego es parcialmente retrocedido o corregido, para luego seguir por un avance a nuevos máximos. Luego nuevamente este avance es parcialmente corregido, y así sucesivamente.

Para ejemplificar: si un mercado sube de 20 pesos a 100 pesos, lo más probable que lo haga es que primero suba de 20 a 40, ajuste a 30 pesos, luego avance a 60 pesos, luego ajuste a 40 pesos, luego avance a 80 pesos, luego venga un ajuste a 55 pesos y finalmente haga el avance hacia los 100 pesos.

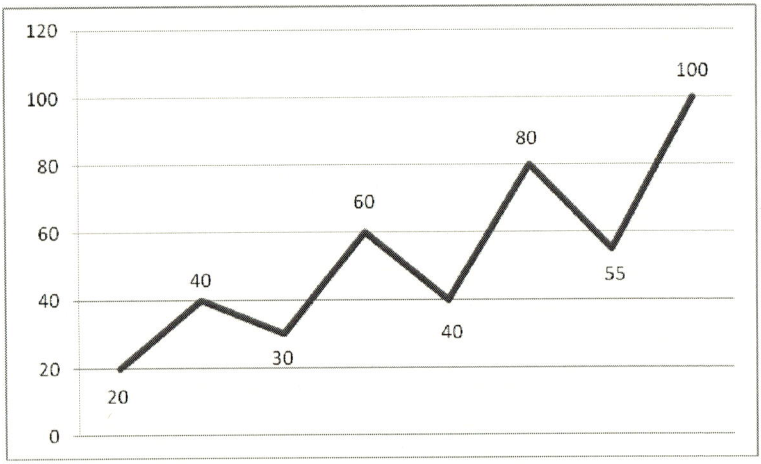

GRÁFICO NÚMERO 78. FUENTE: RUARTE'S REPORTS.

La característica de este avance de 20 a 100 pesos es con avances cada vez a niveles mayores, es decir, nuevos máximos, y los recortes o ajustes son limitados a recortar o retroceder sólo parte del avance anterior. La característica de la tendencia alcista es que los precios se mueven en serrucho, los máximos de cada impulso son cada vez mayores y los pisos de cada corrección terminan cada vez más altos. O es lo mismo decir que los pisos son cada vez mayores.

Lo inverso también es válido en la tendencia bajista. Las bajas no son lineales: tienen un componente rítmico tipo serrucho, pero hacia abajo. Si un activo cae de 100 pesos a 20 pesos, primero caerá de 100 a 70 pesos; luego recuperará a 85 pesos; luego vendrá una nueva caída a 50 pesos; luego una recuperación a 65 pesos; después una caída hacia los 35 pesos; una recuperación hacia los 50; y luego la caída que nos lleve a los 20 pesos.

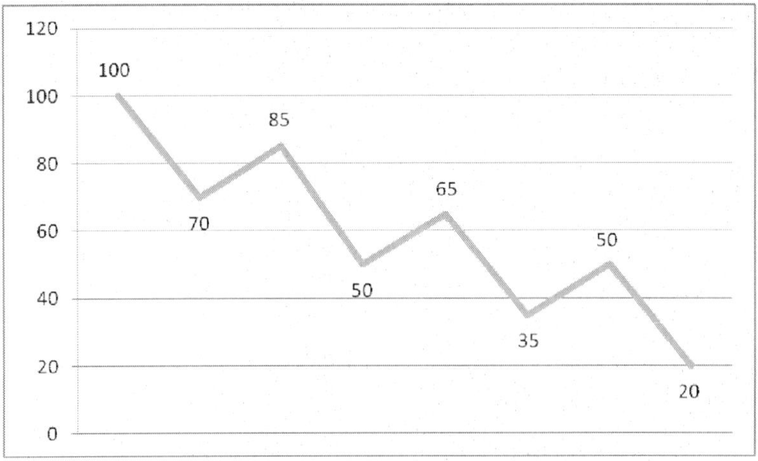

GRÁFICO NÚMERO 79. FUENTE: RUARTE'S REPORTS.

En esta secuencia tenemos pisos cada vez menores. Es decir, cada impulso bajista penetra mínimos, y cada recuperación sólo recorta parte de las pérdidas anteriores, y produce techos intermedios cada vez más bajos o menores (característica de cómo se mueven los precios en una tendencia bajista).

Esta definición es básica en la interpretación de los mercados. Por más que abunden noticias positivas para la tendencia alcista, ésta se saturará en el corto plazo, corregirá y luego tomará fuerza para hacer un impulso a nuevos máximos. Al revés, con noticias negativas, el mercado en el corto plazo se saturará hará un piso transitorio, recuperará algo de lo perdido y luego caerá a nuevos mínimos. Este comportamiento en uno y otro sentido es el que nos lleva, en las tendencias alcistas, de un piso depresivo a un techo eufórico, tendencia o dirección positiva de un ciclo de un mercado. Y, en las tendencias bajistas, de un techo eufórico a un piso depresivo, en una tendencia o dirección negativa de un ciclo del mercado.

Usted siempre debe pensar en el ejemplo de la naturaleza: los árboles podados en la época adecuada florecen mejor en la primavera siguiente, con más fuerza. Debe asumir que el ajuste o corrección en un crecimiento de precios es necesaria y la hace más fuerte; es decir, con el ajuste o corrección, la tendencia toma más fuerza para poder romper nuevos máximos y para seguir escalando posiciones. Lo inverso es válido en las tendencias bajistas.

Cuando usted vea, en un gráfico de mercados, una fuerte suba sin ajustes, el ajuste tarde o temprano llegará y, como definimos en otra parte de este libro, cuanto más grande es el avance, más grande será el ajuste ya que, generalmente, es un porcentual del avance. Lo inverso es válido: cuanto más fuerte es la caída sin haber recuperado nada el mercado, cuando lo haga lo hará también fuertemente porque es un porcentaje de la caída previa. Si aprende que los mercados no son lineales, estará listo para esperar y para ser paciente cuando vea alguna suba eufórica.

En el humor social, suele pasar que la gente considera mucho las tendencias como lineales; por ejemplo, cuando el hombre, en los techos del Dow llegó a la Luna, enseguida aparecieron películas como *Cosmos 1999*, que lo hacía al hombre viviendo en estaciones orbitales y viajando en el espacio. Lo mismo sucedió en el 2000 con el advenimiento de la computación: había fotos de personas con un chip en el cerebro, y también se hablaba nuevamente de la conquista del espacio, asumiendo que el hombre podía vivir en Marte.

La confianza que crea la tendencia positiva del mercado hace que la euforia del humor social se extrapole linealmente en forma errónea, y es allí cuando sobreviene un ajuste que hará cambiar el humor social eufórico a la confianza, luego a pequeña desconfianza y finalmente a la desconfianza total, es decir, la parte negativa del ciclo.

También esto pasa en los pisos: uno lidia con el humor social negativo. Cuando estaba en plena crisis argentina, mucha gente pensaba abandonar sus casas en los *countries* (barrios cerrados). Las casas se devaluaban ante el temor de que la gente necesitada pudiera invadir los *countries* y poner en riesgo la seguridad familiar. Es decir el negativismo es tal que se proyecta linealmente, o cuando cayeron las Torres Gemelas, que fue una destrucción de las Compañías de seguro y aéreas. Muchos pronosticaban linealmente que era el fin de la aviación comercial y la quiebra total de las Compañías de seguro. Es decir, haciendo una proyección lineal del humor negativo imperante, se cae en la tentación de proyectar linealmente lo muy bueno y lo muy malo. Esto pasa cuando coincide con el techo de los mercados o con los pisos: no termina ocurriendo y la sorpresa es que las cosas de pronto empeoran en los techos y mejoran en los pisos de los ciclos. Esa desmejora o mejora empieza en los mercados. Lo que primero cambia es el humor de los mercados y luego termina cambiando el humor social.

IV.6. LOS MERCADOS NO SON ESTÁTICOS

Una deformación que tiene la corriente fundamentalista (con excepciones, por supuesto) es que confirma la regla de considerar que los precios están en equilibrio y que se mantendrán en estos niveles por mucho tiempo. Es decir que los mercados lateralizarán y no se producirán ni subas importantes ni bajas importantes.

En más de 25 años de mercados, es más bien una rareza que el mercado lateralice, porque en los mercados existe un agente especulador muy importante. Este agente especulador, que puede comprar o vender soja según vea la tendencia, puede no tener ni idea de cómo se cultiva la soja, pero ve una tendencia positiva, y se suma, o puede ver una negativa y se suma. También hay agentes que pueden comprar o vender petróleo en los mercados, pero en su vida habrán visto un pozo de petróleo, y pueden no tener idea de los planes de las Compañías exploradoras, si están secando sus pozos o encontrando nuevos y muy rentables. Ven una tendencia positiva en el petróleo y se suman, o le juegan en contra. Al revés, cuando ven una negativa, se suman a la baja, o lo compran porque lo consideran barato.

En los mercados globalizados de hoy, con mercados de futuros, con plataformas que ofrecen apalancamiento, cada vez es más fácil para un agente financiero especulativo poder participar en el mercado que a usted se le ocurra.

El factor especulativo es el que termina haciendo que un movimiento positivo natural sea de una dimensión enorme, así como también que un movimiento negativo natural sea de un tamaño increíble, con una volatilidad impresionante.

Tome el caso del petróleo: en menos de un año, subió de 50 a 147 dólares, 300% de valor entre el 2007 y el 2008 y, después, en sólo 6 meses, se desplomó de 147 dólares a los 32 dólares de mínimo (ver gráfico 80).

GRÁFICO NÚMERO 80. PETRÓLEO FUTURO WTI. GRÁFICO CONTINUO. FUENTE: RUARTE'S REPORTS, SAXO TRADER (SAXO BANK)

Cuando el mercado está estático, desconfíe: está consolidando o preparando una salida alcista o bajista que debe estudiar. Es como una olla que va juntando presión; cuando el mercado está quieto o tranquilo, mírelo, estúdielo. Es como un volcán que puede entrar en erupción en cualquier momento, y allí se sumará el especulador para hacer de esto algo realmente increíble.

Los mercados de futuros que están regulados y las plataformas que existen en todo el mundo que sirven para hacer *hedge* (tomar coberturas) en los mercados de futuros hacen posible que el especulador pueda participar de cualquier movimiento.

Los mercados de futuros necesitaron una regulación estricta, luego de los problemas que se generaron con las opciones sobre metales precios, concretamente la plata.

El mercado de opciones es lo más parecido a un mercado de seguros: el que vende a cambio de una prima fija asegura que, si los precios están por encima de dicho valor (caso de un call option), ellos reconocerán todo el excedente del valor. Sólo con el pago de la prima, y por un tiempo determinado, el comprador de la opción tiene su riesgo acotado a lo que pagó y, si se produce el evento (en este caso, la suba del producto en el mercado), tiene el derecho a exigir al vendedor que le dé el producto al precio pactado y por el cual él pagó la prima.

En el caso de la plata, a mediados de los setenta, nunca había podido romper los 5 dólares. Muchos especuladores les vendían a los inversores opciones call de plata arriba de 5 dólares, los inversores pagaban sus primas y las perdían porque la plata nunca pasaba los 5 dólares. Es decir, el evento o el siniestro nunca ocurría, y el vendedor de la prima no debería pagar nada al vencimiento de cada contrato. Generalmente cada tres meses tenemos vencimiento de opciones. Sin embargo, la plata un día superó los 5 dólares, y los vendedores de call, además de quebrar, hicieron casi quebrar el mercado, porque la plata *(silver metal)* pasó, en sólo 3 años, de 5 a casi 50 dólares (ver gráfico 81). Imagínese que no había dinero para pagar a todos los que habían comprado la opción de 5 dólares. Fue caótico y obligó a la regulación de los mercados de futuros, para que tanto el comprador como el vendedor, tanto en opciones como en mercados de futuros, tenga asegurado su cobro de su diferencia a favor si gana y que deba pagar su diferencia en contra si pierde. Para eso se generaron los márgenes de garantía para el vendedor de opciones y los márgenes de garantía para el comprador y vendedor de futuros. Este margen crece con la volatilidad del producto mayor y baja con la menor volatilidad, y es el seguro que tiene el mercado para que todos los participantes cumplan.

Si el agente que usted invierte está regulado en el mercado de futuros, confíe en que cobrará su ganancia si acertó en el movimiento, y que también deberá pagar su pérdida si el movimiento le fue en su contra.

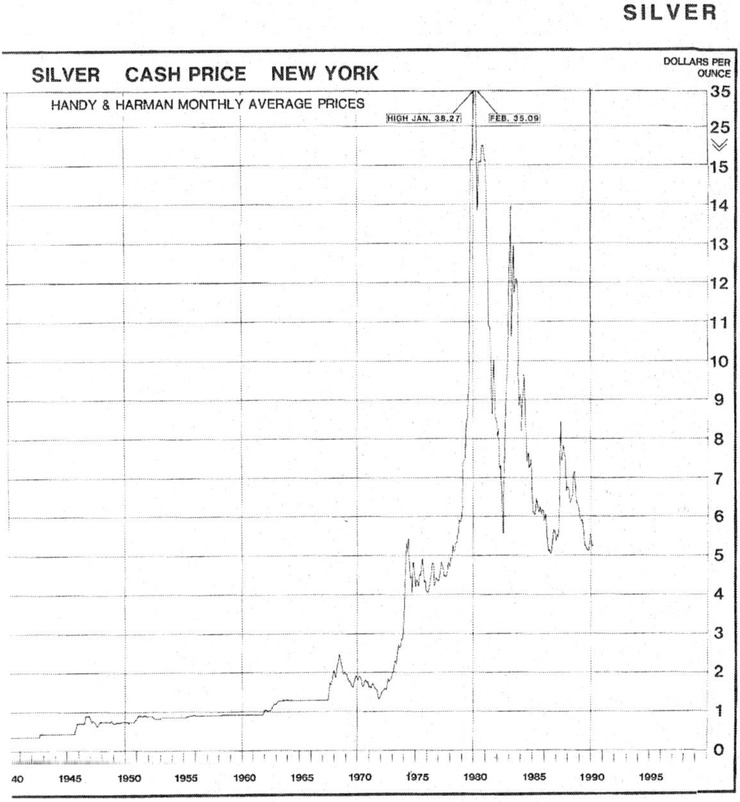

GRÁFICO NÚMERO 81. GRAN SUBA DE LA PLATA. FIN DÉCADA DEL 70. FUENTE: *CRB COMMODITY YEAR BOOK 1990.*

IV.7. LOS MERCADOS TIENEN UN EFECTO ELÁSTICO

Esto del efecto elástico es que, cuanto más reticentes se ponen los mercados en ajustar un gran movimiento alcista, prácticamente no hay correcciones o caídas y crecen los precios casi linealmente. O al revés, cuando el mercado se desploma y no existe una recuperación transitoria que recorte parte de las pérdidas (baja casi linealmente), parece que el mercado está estirando el elástico a su máxima expresión. El movimiento contrario, de baja, que se producirá cuando el mercado no ajusta o corrige, o el de alza cuando el mercado no quiere subir o recuperar parte de las pérdidas, es otra ley natural que generalmente podemos ver en los mercados.

Para ejemplo, del efecto elástico podríamos ver la extraordinaria caída que tuvo la Bolsa de Wall Street entre el 2007 y marzo del 2009. Cuando el Dow Jones pasó de niveles de 14.190 puntos a niveles de 6470 puntos, y los rebotes fueron muy escasos, en tiempos y en precios, la baja tornó el elástico hacia abajo a la máxima expresión. Como resultado tuvimos un rebote desde marzo del 2009 que, en 9 meses, recortó más del 50% de las pérdidas, pasando el Dow desde niveles de 6470 puntos hasta niveles de 10.580 puntos al momento de escribir este libro (ver gráfico 82).

GRÁFICO NÚMERO 82. DOW JONES INDUSTRIALS 2007-20009. FUENTE: RUARTE'S REPORTS, SAXOTRADER (SAXO BANK).

El caso del petróleo que mencionábamos en el punto anterior también es aplicable. El mercado pasó desde 50 a 147 dólares en pocos meses con una suba casi lineal cuando el mercado se cayó aplicando el efecto elástico. El movimiento contrario fue impresionante: de 147 a 32 dólares en 6 meses. Después de 32 dólares, pasó a 82 en sólo 8 meses. Estos movimientos porcentuales muy importantes en uno y otro sentido hablan de una gran volatilidad en el mercado del petróleo. (Ver gráfico petróleo número 80).

El caso de Argentina fue otro ejemplo de este efecto elástico. La Bolsa desde 1992, 1994 y 1997, con techos principales y secundarios, nunca ha podido con la zona de 750-900 dólares, y cayó en largos 10 años a niveles de 74 dólares en el 2002. El mercado volvió a los 750 dólares en sólo 5 años, en la mitad del tiempo que le llevó la caída. En efecto, en el 2007, vimos niveles de 750 dólares.

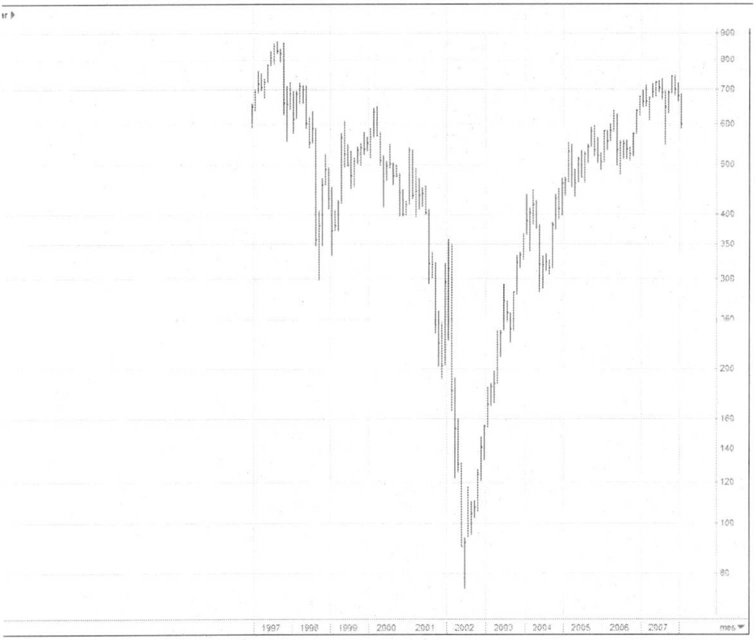

GRÁFICO NÚMERO 83. ÍNDICE MERVAL ARGENTINA AJUSTADO EN DÓLARES 1997-2007. FUENTE: ECONOMATICA.

IV.8. LOS ÁRBOLES NO CRECEN HASTA EL CIELO...

Ésta es una frase muy célebre en los seguidores del mercado para notar que, cuando hay mucha euforia y gran suba de precios, tarde o temprano, viene el pase de factura por el mercado y una gran caída.

Quizás, en mi experiencia de analista, la euforia vivida con las tecnológicas en la última etapa entre 1998 y el año 2000 fue el ejemplo más típico de este concepto. Entre 1998 y el 2000, la fiebre de los IPO (Initial Price O⊠ering) en el Nasdaq lo catapultó como el índice más seguido.

Las punto com salían con un precio inicial de suscripción y usted, prácticamente a las semanas, había multiplicado su dinero por una cantidad enorme. El caso que más recuerdo es de la Acción Terra, que me tocó de cerca.

Terra compró, en el año 1999, a Infosel, la Compañía de información de mercados más popularizada en México. Básicamente, por ser económico y por tener buena información de pasillos, le hacía fuerte competencia a Reuters (en ese momento Bloomberg todavía no tenía fuerte presencia en México). Con más de 3000 pantallas en México, Infosel fue elegido por Terra para ser comprado y para hacer cabeza de playa en México. A los propietarios de Infosel les pagaron con Acciones a valor de suscripción del IPO inicial de 12,28 dólares; inclusive algunos directivos de la Compañía recibieron Acciones a ese precio.

Cuando salió a cotizar, a las horas ya valía 46; luego, 50 dólares; y llegó a valer 140 dólares. Multiplicó su valor de IPO por más de 10 veces en cuestión de meses; parecía de los árboles que crecían hasta el cielo. Como este ejemplo hubo muchos entre 1999 y el 2000 en Wall Street. Luego de alcanzar valores cercanos al cielo de 140 dólares de un valor de emisión de 12,28 dólares, la tendencia bajista desde el 2001 y siguientes hizo caer a Terra Lycos a niveles debajo de 5 dólares.

Fíjese en Yahoo: una Compañía que, en 1995 valía menos de 1 dólar y llegó en cinco a años a niveles de 400 dólares. Luego, con los splits, su máximo quedó en 150 dólares, pero una Acción, que se multiplicó por 200 veces en 4 años. Creo que fue la Acción que más cerca del cielo estuvo; sin embargo hasta este milagro tuvo su apogeo y caída: se desplomó en sólo 3 años debajo de los 10 dólares con la crisis de las tecnológicas y perdió el 95% de su valor (ver gráfico número 84).

Yahoo entre 1995 y el 2003

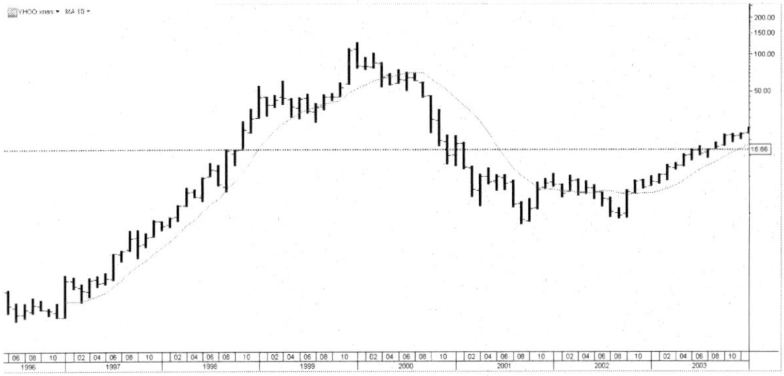

GRÁFICO NÚMERO 84. YAHOO (YAHOO) 1996-2003. FUENTE: SAXOTRADER (SAXOBANK).

IV.9. LUEGO DE UNA GRAN OSCURIDAD, VIENE LA LUZ DE LA OPORTUNIDAD

A veces la parte negativa del ciclo es muy persistente (si lo sabrán los agentes bursátiles argentinos). Crisis tras crisis le fueron pegando al mercado argentino. Primero fue el famoso Tequila de México; luego vino el Efecto Arroz de los Tigres Asiáticos (Indonesia y Tailandia devaluaron su moneda y produjeron caídas); luego tocó la caída de 1998 de Rusia, el Efecto Vodka; después el efecto Caipirinha, en enero de 1999.

El Merval alcanzó su máximo en 900 puntos, niveles nunca superados en término de dólares. Desde 1991 un dólar era un peso; luego, cuando el dólar se devaluó en el 2002, hoy tenemos niveles de Merval que alcanzaron 2300-2400 puntos pero, si le ponemos un dólar de 3 del 2007 (mucho menos el del 2009 de 3,80), el Merval nunca superó los niveles de 1992.

Pero, si nos centramos en todas las crisis que Argentina una a una recibió por la globalización, el mercado sufrió desde 1995 a 1999 cuatro crisis y, desde 1999, tuvo la propia. Todo esto fue una persistente y continua caída del mercado.

En el 2001 me encontré, en el consultorio del dentista, con una autoridad de la Bolsa de una ciudad del interior y me dijo que tantas crisis habían destruido su negocio y que estaba pensando en dedicarse a otra cosa. No había peor oficio que ser agente de Bolsa luego de tantas crisis, de tantas caídas, de tantas subidas bursátiles que fallaron.

Argentina estaba en medio del caos, del corralito; allí le comenté estas palabras: "Siempre hay una luz al final del túnel". "Sí, la del tren", me contestó. Era el 2001, el piso histórico del Merval en 190 puntos: era lógico su humor. Nueve años entre crisis propias y ajenas, nueve años de un mercado depresivo y bajista dieron lugar a 5 años gloriosos, a un Merval que fue de 190 a 2300 puntos, y en dólares de 74 dólares a 770 dólares, 10 veces su valor.

Siempre hay una luz al final del túnel, y no es precisamente la de un tren. Luego de tantos años de espera, la Bolsa argentina brindó 5 años impresionantes de rendimiento de tres dígitos por año y se ubicó, entre el 2002 y el 2007, entre las Bolsas más rentables del mundo.

También recuerdo un programa de televisión de la Bolsa en 1995, cuando nuestra empresa pudo ver el piso del Merval famoso del Tequila de 257 puntos. En los momentos previos a la entrevista, se escuchaba entre ellos la clásica frase: "El último, que apague la luz", síntoma de una psicología y humor negativos. Esto quiere decir que no hay nada que hacer, sólo dedicarse a otro negocio. Minutos después el periodista que me entrevistaba escuchaba azorado los pronósticos muy alcistas para los próximos dos años con un mercado que había bajado en 3 años desde 900 puntos y luego desde los 740 puntos a los 257 puntos. En o⊠ se escuchó: "Dios te oiga, hermano, esto no da para más".

En el mismo momento, en el peor momento del Tequila, marzo de 1995 y cuando empezó mi idea de ir a experimentar el mercado mexicano, me contacté con algunos analistas de instituciones mexicanas y les envié nuestro pronóstico: en realidad veíamos un piso en todo Latinoamérica (México incluido) y proyectábamos una suba del 200% desde 1995 a 1997. En dicho momento un colega me contestó: "Tu análisis, Roberto, es imposible; en este momento Salinas de Gortari está dejando México y el PRI, partido gobernante, ha caído en una crisis sin precedentes. Es imposible que, con estas condiciones, el mercado mexicano pueda recuperarse; por lo tanto, esas proyecciones no tienen una mínima posibilidad de materializarse, o al menos que algún analista lo considere serio".

Le expliqué que las eclosiones políticas y económicas que habían pasado en México eran consecuencia del malhumor de los mercados y que, en medio del humor social negativo, viene la oportunidad del cambio y que el mercado bursátil era el primero que iba a reaccionar, como efectivamente lo hizo.

En medio de tanta oscuridad y pronósticos agoreros de calificadoras, se produjo la milagrosa reversión del humor de mercados y, un año después del humor social en México, otra vez hubo una luz al final del túnel.

Colombia y Perú han sido países que protagonizaron grandes recuperaciones luego de décadas de guerra contra el narcotráfico el primero, y el segundo en la guerra contra Sendero Luminoso. En momentos de caos y de tanta oscuridad, sobreviene la oportunidad. Se me viene a la mente el famoso fund manager que había conocido en 1991 en EE. UU. quien, fumando su cigarro con mucha displicencia y en buen español, me dijo: "¿Argentina? Argentina me ha pagado bien comprando en la guerra de las Malvinas y vendiendo ahora con el anuncio del Plan de Convertibilidad".

¿Comprando en medio de la guerra? Luego de años de análisis, como demostraré, la respuesta lamentablemente es sí, ¿qué manifestación de psicología más negativa que una guerra puede haber? No hay ninguna otra; cuando los gobernantes nos hacen creer que la culpa de nuestro caos la tiene un país o alguien, se identifica el enemigo y se arreglan las cosas por la fuerza. Las guerras son la peor manifestación del humor social negativo; entendiendo los ciclos, las guerras son consecuencia de caídas en los mercados muy fuertes y también marcan la inflexión del ciclo de negativo a positivo.

Las guerras aparecen en ciclos de largo plazo, y no de corto plazo, porque es la manifestación de exageración de negativismo en su máxima expresión.

IV.10. EL DINERO ASTUTO ACUMULA EN LOS PISOS, PORQUE NO ESTÁ APALANCADO

Tuve el privilegio de trabajar con algunos empresarios muy fuertes y de asesorarlos, tanto en Argentina como en México. Allí pude comprender el concepto de que el dinero astuto acumula en los pisos.

Pero el dinero astuto no compra en los pisos: compra en una zona cerca del piso y lo hace también después que se produce el piso de la Acción o del mercado. No es que una Acción cae de 50 a 10 pesos, y en 10 pesos viene el dinero astuto y compra todo a ese precio. Primero, las caídas, y más en Latinoamérica, se hacen con estrangulamiento de volumen en general. Cuando es una caída rápida, puede haber un *selling climax* o clima de ventas con expansión de volumen, pero lo normal en mercados latinoamericanos es que los pisos, luego de grandes caídas, empiecen a estrangular su volumen. Entonces el dinero astuto nunca podría comprar, en un día, una posición grande por más que lo tuviera; por eso se da un efecto acumulación, una compra por goteo, una compra cuando aparece venta; el dinero astuto se lo lleva.

Es astuto porque compra con el humor negativo de mercados y con el humor social también negativo, pero reconoce un valor, es decir, está subvaluado, ha caído mucho, es una buena empresa, no debería ser tan castigada. El humor negativo hace que los agentes vendan y vendan cada vez a precios más deprimidos, que la masa tenga ese comportamiento. Sin embargo, el dinero astuto empieza su lenta acumulación sin comprar hacia arriba, sólo en las caídas, sin forzar el aumento del volumen.

El dinero astuto compra en el humor negativo y humor social negativo apostando al valor y, cuando cambie el humor de negativo a positivo en los mercados y más adelante el humor social, los precios volverán a los niveles normales y luego, como siempre sucede, se sobrevalorarán en la parte más alta del ciclo.

Un caso que sufrí como analista fue la diferencia de la caída que se hizo notoria en las telefónicas antes del Efecto Caipirinha, esta caída del ultimo trimestre de 1998 y comienzos del 99, que terminó con la devaluación de Brasil. En ese momento la caída de Telebras, Compañía líder telefónica de Brasil, se aceleró, y la principal de México Telmex empezó a desacelerarse. Si bien caía, lo hacía a una tasa mucho menor.

En dicho momento, asesorando a un fondo, recomendaba estar cortos en todas las telefónicas y notaba que Telmex era la más reacia a caer. La respuesta del broker que atendía el fondo fue simple: hay un gran nombre comprando, acumulando. No era otro que el dueño de Telmex, que sentía que su empresa no podía caer porque encontraba en esos niveles valor. El fondo no pudo con la fortaleza de las compras del grupo controlador de Telmex y, si bien en Telebras se hicieron fuertes ganancias por estar cortos, en el caso de Telmex fueron pérdidas porque la Acción se estancó. No bajó más, y todos los precios que le ponían a la venta eran absorbidos. Luego de esa gran acumulación que terminó cuando Telebras encontró su piso en 50 dólares, ahí se unieron en la gran recuperación Telebras (desde el mismo momento de la devaluación de enero de 1999) y fue estrella, y Telmex acompañó. El dinero astuto había aprovechado la acumulación.

Hay algo que distingue al dinero astuto. Primero, son parte de fondos o de personas que tienen mucho más dinero que pueden invertir, y algo muy importante: no existe apalancamiento, es decir, no es dinero que viene del crédito para comprar; es dinero genuino. Al haber mucho más dinero detrás, si el mercado o la Acción cae 15-20% más, pueden soportarlo, sabiendo que en algún momento el ciclo de mal humor terminará y se recuperará el humor primero de los mercados y luego el humor social y allí las ganancias serán muy importantes.

En conclusión, el dinero astuto hace lo siguiente:

1) Compra sin leverage.

2) Compra en goteo generalmente porque el volumen en las bajas finales se ha estrangulado.

3) Nunca compra en el piso definitivo, define zonas de compra y se basa en el valor.

4) Siempre lo hace con el humor de mercados negativo y humor social negativo que han producido que los precios se depriman más allá de lo normal.

IV.11. EL DINERO MENOS INFORMADO COMPRA CERCA DE LOS TECHOS Y APALANCADO

La otra ley inexorable del mercado es que el dinero menos informado (para no llamarlo de otra manera) compra cerca de los techos. Recuerde que, si a usted le ha pasado más de una vez esto de comprar cerca de los techos o máximos de una Acción, o de un producto que cotiza, si ello ocurre no debe sentirse mal. A todos nos ha pasado más de una vez: nos dejamos llevar por la codicia, la euforia del humor de los mercados y el humor social. Siempre recuerde que Isaac Newton, el maestro de la razón, compró Compañías de Indias del Sur en su techo y luego sufrió el colapso de los mercados; por lo tanto, no se autoflagele ni se considere poco inteligente por haber comprado alguna inversión cerca de su precio más alto. No es una cuestión de inteligencia y de raciocinio: es una cuestión de emoción, de codicia, de confianza, de contagio, del que nadie (ni siquiera el que suscribe) puede estar exento.

Recuerdo un broker conservador que se negaba a participar del boom de Yahoo allá por 1998-1999. El día que Yahoo anunció que empezaba a cotizar en el Sp500, encontró la razón a su codicia, y dijo: "Ésta es la oportunidad, éste es el momento, porque muchos fondos ahora sí tendrán que tener en sus portafolios a Yahoo". Se zambulló en el mercado cerca del techo de 400 dólares el día que Yahoo subía 30% por la noticia de formar parte del Sp500. Formó parte del dinero que compra cerca del techo, siendo un profesional.

Para ser parte del dinero astuto, tiene que estar dispuesto a esperar tiempo y que los precios se le vuelvan en contra. Para ser parte del dinero que compra cerca de los techos usted, yo, cualquiera, se ha dejado llevar por la emoción, por la confianza, por el contagio y por la euforia. Existe, detrás del dinero menos informado que compra cerca de los techos, una realidad que justifica el concepto de que el techo está cercano. Cerca de los techos, las Bolsas o los activos de moda como el oro, el euro, son altamente promocionados por los medios de prensa que una y otra vez nos dirán que subieron tanto en el día, tanto en el mes, que fueron la mejor inversión del mes, del año, etc.

Nos explicarán las razones por las cuales eso pasó y, como siempre, proyectarán con raras excepciones que eso va a continuar de ese modo en el futuro. Pero eso es una radiografía de lo que pasó y, cuanta más atención capten de los medios de prensa, más peligroso se pone.

El otro tema es el leverage o el apalancamiento. Generalmente, cerca de un techo bursátil, existe una gran confianza en todos los sectores; entonces el sector bancario empieza desesperadamente a ampliar su masa crediticia, y las tasas a bajar. Como sus Spreads (entre tasas que prestan y tasas que pagan) se han bajado, deben ampliar la base, y la confianza que hace que las políticas expansivas abunden y presten dinero para compra de autos y de casas, prestamos personales, refacción, y con tasas bajas de interés.

Estas tasas bajas nos crea la ilusión de que el costo de oportunidad es barato. El análisis del dinero menos informado es como sigue: si la Bolsa, me dicen los medios de prensa, rindió 40% en el último año y se puede conseguir crédito al 10% anual, entonces tomo un crédito, compro Acciones de la Bolsa, pago después el crédito con las ganancias que me entregue mi inversión. Entonces allí estamos comprando con préstamo; muchas veces también se caucionan Acciones o se ofrecen Bonos en garantía para comprar Acciones, y esto produce un apalancamiento en las posiciones.

Si el mercado no sigue subiendo y empieza a bajar, la tasa de rendimiento que iba a ser positiva para pagar el préstamo es negativa y tienen que salir corriendo a vender a los precios que sea porque el mercado está en contra y no se puede pagar el préstamo.

Recuerdo que, con la gran euforia de la Bolsa argentina en 1992, mucha gente hipotecaba su casa, prendaba su auto y ese dinero lo metía en la Bolsa para buscar la rentabilidad que le diera una diferencia suficiente para pagar el préstamo y obtener un importante beneficio neto. Generalmente terminan mal porque ocurren cerca de los techos. Cerca de éstos las tasas son bajas, el crédito abunda, la confianza es grande, y todos hacen lo mismo: compran casas, autos y Acciones, y los precios se disparan. También se ofrecen garantías contra esos bienes que están sobrevaluados cada vez más. Cuando caen los precios, se deben liquidar las tenencias en forma forzosa para poder hacer frente a las obligaciones.

La última gran palanca la hemos visto con el carry con el dólar débil del 2009. Con la tasa de préstamo en niveles de 0,50%, se ha generalizado el tomar préstamos en dólares. Esto se debe a que la tasa de préstamo es bajísima y la perspectiva generalizada en 1,5000 dólares por euro era que el euro seguiría subiendo, que en general las monedas latinoamericanas seguirían revaluándose y que todas las monedas fuertes irían bien contra el dólar. Entonces la gente se endeuda en dólares, al 0,50%, con la idea de que cualquier colocación que haga tendrá diferencial de tasa a favor, más luego la posibilidad de devolver dólares devaluados.

Supongamos que un profesional toma prestados 150.000 dólares (serían 100.000 euros) y los coloca en Europa al 5% anual. En un año ganaría un total de 4,5% anual; si el euro estuviera en 1,50 pero, si ocurre como él asume, el euro en un año está en 1,60 por dólares; entonces coloca 100.000 euros al 5%. Tiene 105.000 euros para pagar los 150.000 dólares más el 0,5 de tasa anual. Es decir, tiene que pagar 150.750 dólares por su deuda; al finalizar el año, tiene 105.000 euros, y debe pagar 150.750 dólares, 150.750 dólares al tipo de cambio de 1,60. Son 94.218 euros, es decir que se ganó 10.782 euros o 17.251 dólares en un año, fruto de la diferencial de tasas de su inversión y el préstamo y la revaluación de su moneda para pagar una moneda devaluada como el dólar.

Sin embargo se ha masificado tanto esta práctica que existe gran probabilidad de que el 2010 sea el año del dólar y que, por más que la tasa sea del 0,50, y en lugar de valer 1,5000 vale 1,300, el profesional tendrá 105.000 euros para devolver 150.750 dólares, pero necesitará a 1,30 un total de 115.961 euros y tiene sólo 105.000. Así tiene una pérdida de 10.000 euros por efecto de la revaluación del dólar, no devaluación como espera. Es decir, esta palanca puede generar la retroalimentación de un superdólar, porque, si bien la tasa de préstamo es muy barata, está aplicado a tasas de cambio muy altas y entonces, cuando la moneda se devalúe contra el dólar y el dólar se revalúe, tendrá que ir al mercado de futuros a hacer un *hedge* o cobertura de su posición (esto es, comprar dólares futuro para calzar su préstamo, y parar sus pérdidas por revaluación del dólar).

Al estar gran parte del mercado endeudado en dólares, es esta condición la que puede producir una fuerte revaluación del dólar en el 2010 y los años siguientes. Es decir que es factible que los endeudados en dólares subvaluados, a tasas muy bajas, tengan que salir a cubrir su posición comprando dólares para devolver sus préstamos.

En este caso el humor tan negativo para el dólar americano y la tasa baja estarían trabajando para que haya un mercado muy apalancado en contra del dólar, y que puede generar un boomerang que termine con un superdólar en lugar de un dólar devaluado.

IV.12. EL MERCADO DESCUENTA TODO

Uno de los preceptos de los que efectúan análisis técnicos (que es una de las herramientas para analizar los mercados) es considerar que los mercados descuentan todo.

En el desarrollo que hemos hecho, en realidad, podemos decir que el mercado está descontando, y esto está claro. Aunque más que descontar, yo diría que el mercado anticipa eventos buenos con su bonanza y anticipa eventos malos con sus caídas. En una sociedad, en un Estado, con múltiples sistemas, esto es válido en promedio. Obviamente, habrá eventos buenos y malos, pero los buenos serán más importantes en la parte positiva del ciclo, y los malos serán más importantes que los buenos en la parte negativa del ciclo de los mercados.

En realidad, como el mercado es un indicador líder del humor social, entonces el cambio de humor de los mercados llevará a un cambio de humor social. Desde este punto de vista, un cambio de humor positivo en los mercados descontará un cambio de humor social positivo; por lo tanto, si luego de una gran caída bursátil, empieza una recuperación en los mercados importantes, esto está anticipando que el humor cambiará de negativo a positivo y, por lo tanto, la economía se recuperará.

Habíamos explicado cómo los mercados se mueven por las percepciones del futuro agregadas de los agentes del mercado, mientras que la economía lo hace por las percepciones del futuro agregadas de los agentes económicos, y habíamos dicho que las decisiones de los agentes del mercado dependían de una llamada telefónica o de hacer click en una plataforma operativa. Es decir, el voto de desconfianza y de confianza es instantáneo. Mientras, el de los agentes económicos tiene un proceso, desde el empresario que analizará un nuevo proyecto de inversión hasta la decisión de reestructurar la empresa en los tiempos malos, la decisión de comprar un auto a crédito por parte de un asalariado, o la compra o refacción de una casa. Es decir que los votos positivos agregados de los agentes financieros que superen a los negativos producirá una tendencia alcista en los mercados y un humor positivo en los mercados.

En el caso de la economía, sucede lo mismo, pero con un efecto retraso; por eso decimos que el humor social cambia después que lo hizo el humor de los mercados.

Entonces una tendencia alcista de los mercados está descontando un cambio positivo en el futuro en el humor social, una recuperación de la economía, una mayor inversión, una mayor construcción y compra de casas, una mayor construcción y venta de automóviles, un crecimiento en el consumo por parte de la sociedad. También anticipará un crecimiento de la imagen de los gobernantes, de los ministros. Si bien existirá violencia como siempre, ésta se morigerará; los factores más importantes valorados, como veremos en la relación de los mercados y la sociedad, es la libertad. El libre mercado funciona, los mercados andan bien y la economía de mercado brinda trabajo, mejores sueldos, y el círculo virtuoso es un hecho. La suba de la Bolsa de EE. UU. desde 1982 al 2000 marcó una era dorada americana, con baja inflación, y con crecimiento controlado, en el mejor de los mundos, comenzando con el reaganomics, para terminar con los Gobiernos demócratas de Clinton. Los medios se preocuparon más por su aventura amorosa, que fue indultada por el humor positivo de la sociedad, ya que la economía funcionaba bien. Se crecía y la inflación era controlada, hasta la euforia del año 1999-2000, con la tecnología.

Pasó en Colombia con los Gobiernos de Uribe: hubo muchos años de crecimiento económico, control de la guerrilla y del narcotráfico. Esto hizo que el humor social fuera positivo y la imagen del gobernante, excelente. La Bolsa de Colombia ha sido una de las más rentables desde hace 6 años a esta época, anticipando este humor positivo social.

Pasa en Brasil luego de Cardozo, con Lula da Silva: los números de la economía le han dado al gobernante una gran imagen en su país y en el mundo, pero el mercado viene subiendo desde 1999 anticipando todo ello, anticipando el gran humor social positivo que existe en el mercado brasileño.

En el caso de Argentina, la suba de la Bolsa desde el 2001-2002 hasta el 2007 produjo el gran cambio de humor social. Kirchner subió con la popularidad más baja de la historia y con la bonanza del mercado, que anticipó un cambio de humor social. Esto produjo que los números de la economía, año tras año, rompieran récords y el gobernante tuviera grandes índices de aceptación. Esto motivó, en el 2007, la elección de su esposa como presidenta de Argentina. Es decir, la parte positiva del ciclo de los mercados descuenta qué cosas buenas en la economía, en la política y en la sociedad terminarán pasando.

Esto es válido en los ciclos positivos y también, lamentablemente, en los ciclos negativos. El ciclo negativo de la Bolsa de Wall Street, desde el 2000 al 2003, anticipó qué cosas malas vendrían, y vaya si vinieron: la caída de las Torres Gemelas, la Guerra de Afganistán, la Guerra de Irak. La caída desde el 2007 al 2009 hizo que cayera Lehman Brothers y numerosos Bancos en el mundo; muchas empresas quedaron al borde de la bancarrota y Bush terminó yéndose del Gobierno con la peor imagen presidencial de la historia de los presidentes.

En la parte negativa del ciclo bursátil de México desde enero de 1994 a marzo de 1995, descontaba que venían cosas malas: lo mataron a Colosio, México devaluó su moneda, se produjo inflación, altas tasas, y se llegó a comentar que los americanos perdieron 75.000 millones en México por la sorpresiva devaluación de diciembre de 1994.

El ciclo negativo bursátil de Argentina desde 1997 al 2001-2002 se llevó a Menem con una imagen negativa luego de haber tenido una gran popularidad en 1994-1997. En la gran caída desde 1999 hasta 2001, pasaron cosas malas, como la salida de De La Rúa, la salida de la convertibilidad de Argentina, cinco presidentes y el no pago de la deuda externa.

Cómo el mercado descuenta todo es algo bastante difícil de entender y de aceptar por la comunidad inversora. Sin embargo, si decimos que anticipa eventos buenos en las bonanzas y que pasarán eventos malos en las fuertes caídas quizás tenga mayor aceptación. Con un humor social positivo, la economía está en expansión, el desempleo disminuye, los salarios tienden a crecer en términos reales, la sociedad está con optimismo, se celebran acuerdos, existe un buen clima, los Bancos dan créditos, la gente los toma creyendo que los pagará. Como en el caso de Brasil, podrá tener buenas noticias en el concierto internacional, como la asignación de los Juegos Olímpicos 2012 y de la Copa Mundial del 2014. Con un humor social negativo, habrá crispación social y pueden venir eventos malos como aumento del desempleo, recesión, hiperinflación, tragedias, atentados y, en los casos más extremos, guerras, como veremos más adelante. Sin embargo, el concepto que descuenta todo está muy relacionado con el otro concepto, que es que las noticias no alterarán la tendencia del mercado. Es decir, si hay un humor positivo, pueden pasar algunos eventos negativos, pero serán desechados por el humor social positivo; al revés, en un humor social negativo, los eventos positivos son los menos; existen, pero son rápidamente desechados.

Quizás, para comprender más el concepto y para traerlo a su vida cotidiana, a su ciclo personal, cuando se encuentra en un buen momento económico, familiar, y alguien lo increpa, su reacción será tratar de morigerar las diferencias, tratará de arreglar la situación o directamente ignorarlo. Usted se siente bien.

Si ocurre a la inversa (está en un mal momento económico, familiar o ambos, y alguien lo increpa), es capaz de reaccionar con irascibilidad, con violencia, sin tolerancia. Esa conducta agregada social conforma el humor social y también, en grandes manifestaciones, se verá la tolerancia ante eventos malos dentro de una época de humor social positivo, y se verá intolerancia y violencia ante eventos malos dentro de una época de humor social negativo.

También depende del estado del humor; es mucho más evidente en la última parte del humor social positivo (en donde hay gran confianza y hasta euforia) que los eventos negativos que suceden. Si bien son los menos, son rápidamente descartados y los muchos eventos positivos generan más euforia, más humor social positivo. Al revés, cerca del piso, cerca de la última parte del humor negativo, es donde los eventos positivos, cualquiera sean, son rápidamente desechados, y los negativos sirven para generar más crispación.

IV.13. EL HUMOR DE LOS MERCADOS HACE SU CLÍMAX NEGATIVO CON EVENTOS MUY NEGATIVOS Y SU CLÍMAX POSITIVO CON MUY BUENAS NOTICIAS

Una creencia muy racional es considerar que, con buenas noticias, se torcerá un humor negativo de los mercados y que, aplicando medidas, se puede cambiar la desconfianza por confianza. O al revés: sólo cuando vengan noticias negativas, cambiarán la confianza o la euforia en el mercado.

El clímax del mercado representado por el punto máximo de un índice bursátil, ya sea Dow Jones, Merval, Bovespa o Euro Stoxx, es el momento mágico del cambio, del fin del humor de mercados positivo y el cambio a negativo. El largo camino de la euforia a la depresión. A la inversa, el piso del mercado, ese nivel mínimo, esa reversión de bajista a alcista, marca el momento mágico del cambio de humor de negativo a positivo, y el comienzo del cambio de humor de la depresión a la euforia, generalmente más largo en tiempos que de la euforia a la depresión.

Siempre recuerdo en 1992, en la gran caída de la Bolsa Argentina, una conferencia en el Hotel Plaza donde estaba el ministro Cavallo. El índice Merval perforaba mínimos; primero, lo hizo con 800; luego, con 700, de 600 puntos, y la caída no tenía freno.

El entonces ministro tomó numerosas medidas: en dicha caída bajó los encajes bancarios y otras medidas para detener la caída. En dicha conferencia, sabiendo que, en el mercado, cada medida de él había generado un rebote y seguía cayendo, dijo algo muy similar a lo de Isaac Newton: "Los mercados no reaccionan a las medidas, porque están manejados por la psicología de los inversores, que no hay nada que les venga bien". Recibí estas palabras con mucho beneplácito y pensé: "Otro más que tiene esta visión de cómo se manejan los mercados".

El humor de los mercados con caídas bursátiles muy fuertes siempre es acompañado por tendencia en aumento de gran negativismo en el humor social. El punto de inflexión mágico de la Bolsa mexicana luego del Tequila ocurrió la primera semana de marzo de 1995, justo en momentos en que Carlos Salinas de Gortari se iba de México.

La zona de pisos de la Bolsa argentina entre 2001-2002 ocurrió con la devaluación del peso, la renuncia de cinco presidentes, la violencia en las calles, los saqueos en los supermercados. Allí el humor cambió.

Es como si los mercados se preguntaran: "¿Algo peor que esto puede pasar? No, no creo; entonces empecemos a mejorar porque, desde este caos, no queda otra cosa que mejorar".

En septiembre de 1992, con la renuncia de Collor de Mello, el índice hizo su piso histórico el Bovespa, y de allí comenzó una tendencia positiva muy importante. En el caso de los techos, es una sucesión de noticias positivas. Lo hemos visto en el techo del 2007 de Argentina, con Kirchner que sumaba triunfos; con destacadas calificadoras de riesgo que subían las notas para Argentina; con medios de prensa que reflejaban, el 2007, que la comunidad latinoamericana era la más optimista para el 2008; con el techo de Rusia con la tapa de revista *Time* de Putin; con el techo de Wall Street en el 2000 con indicaciones de euforia tecnológica (hombres con chip en la cabeza); con la conquista espacial; con la tapa de Bush; con el techo de 1966 de Wall Street; con la tapa de revista con monedas de oro de gente millonaria menor de 40 años y el hacedor del milagro Keynes, o la de 1973 con la tapa de Kissinger y Nixon, o con la de enero de 1994 con Salinas de Gortari en la cima del poder. En estas manifestaciones de psicología muy positiva, o de humor social con euforia, se producen los techos de los mercados.

El mercado opera por saturación; en la tendencia bajista, se saturará de caída en medios de noticias muy negativas y posibles eclosiones políticas y sociales. En el alza se saturará y sobregirará con la euforia por las buenas noticias económicas, por los gobernantes, por el reconocimiento internacional, etc.

Cuando vea muchas noticias negativas juntas, un mercado que ha caído muchísimo y que alguna eclosión política sucede (renuncias, violencia), estamos cerca de los pisos. Al revés, cuando vea grandes noticias rimbombantes del mercado, del país, de los gobernantes, y reconocimiento internacional, estamos cerca de los techos porque el mercado anticipa, el mercado descuenta todo ello. Mire a continuación los gráficos 85 de Rusia, 86 de Brasil, 87 y 88 de EE. UU. como ejemplos de noticias positivas en los techos, y observe los gráficos 89 para México, 90 para Argentina y 91 para EE. UU., como ejemplo de noticias negativas en los pisos.

IV.13 A. EJEMPLO DE TECHOS CON EVENTOS MUY POSITIVOS

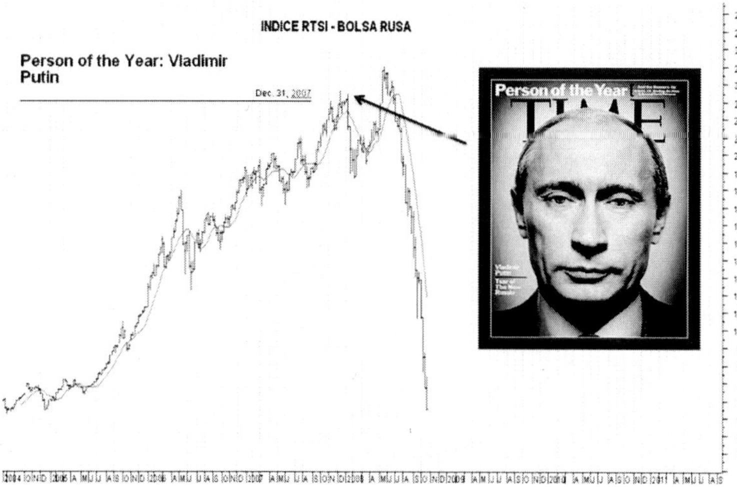

GRÁFICO NÚMERO 85. FUENTE: RUARTE'S REPORTS. MEDIO DE PRENSA: *TIME*

GRÁFICO NÚMERO 86. FUENTE: RUARTE'S REPORTS. MEDIO DE PRENSA: *PERFIL*

GRÁFICO NÚMERO 87. FUENTE: RUARTE'S REPORTS. MEDIO DE PRENSA: *TIME*.

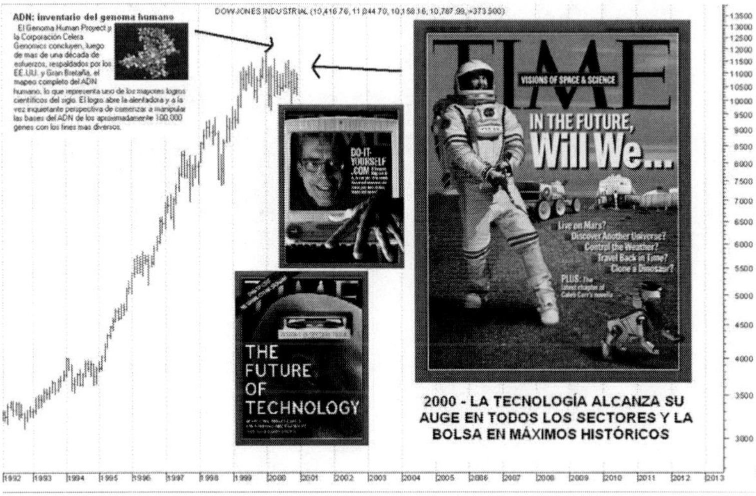

GRÁFICO NÚMERO 88. FUENTE: RUARTE'S REPORTS. MEDIO DE PRENSA: *TIME.*

IV.13.B. EJEMPLO DE PISOS CON EVENTOS MUY NEGATIVOS

GRÁFICO NÚMERO 89. FUENTE: RUARTE'S REPORTS.

GRÁFICO NÚMERO 90. FUENTE: RUARTE'S REPORTS. MEDIO DE PRENSA: *BBC MUNDO*.

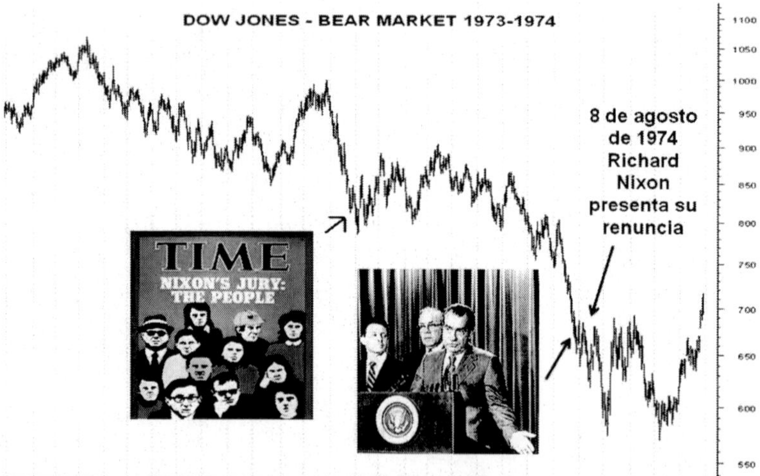

GRÁFICO NÚMERO 91. FUENTE: RUARTE'S REPORTS. MEDIO DE PRENSA: *TIME*.

IV.14. EN LAS TENDENCIAS ALCISTAS, EL HUMOR DE LOS MERCADOS TOMA LO BUENO Y DESECHA LO MALO.

En las tendencias alcistas, el humor de los mercados es positivo y el humor social termina cambiando de negativo a positivo, con un efecto rezago de los mercados que anticipan. Con un humor social positivo y de mercados positivo, dijimos que esperamos que pasen más cosas buenas que malas. Sin embargo, sí pasan cosas malas y pueden ser muy malas. El mercado las desecha con su humor positivo y continúa con su tendencia positiva. Es por ello por lo que decimos que las noticias no cambian la tendencia del mercado. Por más que pasen elementos negativos, veremos una transitoria caída; el mercado continuará con su subida, y el humor social continuará mejorando para llegar a la euforia de los mercados en los techos.

Creo que el concepto lo podrá ver y apreciar con un ejemplo muy crudo. Se acompaña el gráfico de la Bolsa de Madrid y de la Bolsa de Londres. (Ver gráficos 92 y 93).

GRÁFICO NÚMERO 92. FUENTE: RUARTE'S REPORTS.

GRÁFICO NÚMERO 93. FUENTE: RUARTE'S REPORTS.

Usted puede apreciar dónde hicieron pisos las Bolsas de Madrid y de Londres.

La Bolsa de Madrid, representada por el IBEX, hizo piso en octubre del 2002, y el atentado fue en marzo del 2003. Fíjese en cómo el mercado estaba en franca recuperación, en humor positivo, y sucede una noticia muy negativa, un atentado, una tragedia. Vea el impacto en la Bolsa de Madrid: la Bolsa bajó con la noticia, y luego se mantuvo lateral por unos días y continuó su gran tendencia alcista.

Esto prueba el concepto que dice que, durante una tendencia positiva, pueden ocurrir eventos malos, pero el mercado rápidamente lo desecha y continúa con su tendencia (en este caso, alcista), con su implacable paso de la depresión a la euforia.

Más imperceptible fue el evento del atentado en Londres ocurrido el 7 de julio del 2003. La Bolsa londinense, marcada por el FTSE 100, estaba con una clara tendencia alcista. El mercado acusó el impacto ese día pero, en los próximos días, continuó con su tendencia alcista. Lo único curioso de mencionar aquí es que el piso de la Bolsa de Londres se efectuó en marzo del 2003 con el atentado de España (ver gráfico número 93). Dicho evento en otro país marcó el fin de la tendencia bajista londinense y el comienzo de la tendencia alcista.

Así ocurrió con el atentado de Kennedy en Estados Unidos. Muchos alumnos me preguntan qué pasa si hay un atentado, una tragedia, dentro de una tendencia alcista, si eso la cambia. La respuesta es no; afecta transitoriamente y luego la tendencia sigue. Muy distinto es si el mercado está en tendencia bajista. Eso anticipa que pueden pasar eventos malos y éstos pueden acelerar la caída porque la tendencia es el paso de la euforia a la depresión. O también puede producir el fin de la caída cuando la depresión es generalizada y las tragedias o eventos muy malos marcan el punto de saturación de la tendencia ya madura que venían trayendo los mercados financieros.

IV.15. EN LAS TENDENCIAS ALCISTAS, ESPERE QUE PASEN MÁS COSAS BUENAS QUE MALAS

Hay algo difícil de explicar para un académico (a pesar de que soy de extracción académica) sobre los mercados, quizá porque hay mucho de psicología en ello: interpretar lo que pueden hacer los miedos en las tendencias bajistas y las codicias en las tendencias alcistas o positivas.

Pero, entendiendo la importancia de los mercados como el mejor barómetro del humor de los agentes del mercado, y esto a su vez como un anticipador líder del humor social, uno debe prepararse para cosas buenas cuando empieza una tendencia alcista. Y, al revés, debe prepararse para cosas malas o noticias malas cuando empieza la tendencia bajista en los mercados.

Recuerdo muy bien en 1991 cuando trabajaba con un importante financista, y mis análisis me daban que Argentina podía tener un gran 1991. Cuando escribía reportes para clientes de la Compañía, decía que, en el mercado argentino, el Merval había hecho su piso en los dos primeros meses del 1991 y esperaba un gran rally hacia los niveles de 320 puntos del Merval. Esto significaba un gran crecimiento porcentual para la Bolsa.

Muchos miraban con escepticismo el pronóstico: había renunciado Herman González (mano derecha de Carlos Menem en dicho momento). Luego, en 1991, salió el Plan de Convertibilidad y se produjo el gran rally del Merval.

El Merval alcanzó en marzo los 320 proyectados en mi reporte en el boletín de la Compañía (a mis 25 años sentía que tocaba el cielo con las manos). El año anterior había sido un gran año porque había proyectado la caída del Nikkei, pero dicho acierto había sido algo muy interno. Éste era el gran acierto, el anticipo del rally de mi país.

El académico a ultranza, el racional, el que siempre necesita la explicación en las noticias, en los porqués, decía que no había manera de que el mercado pudiera subir hasta los 320 puntos. Ese día me dieron un permiso especial y conocí por primera vez el recinto de la Bolsa Argentina. Cuando regresé emocionado, me cruzó el académico, y me dijo: "Tuviste suerte de que salió el Plan de Convertibilidad; si yo hubiera sabido que salía el Plan de Convertibilidad, seguro que también hubiera proyectado los 320 puntos".

Íntimamente sabía que algo bueno iba a suceder: el mercado había girado, el humor negativo había alcanzado su clímax en el mercado financiero y estaba para hacer girar el humor social. La buena noticia vino, y ésta fue el Plan de Convertibilidad.

El impacto emocional fue muy grande, aunque era sólo un pronóstico lo sentía totalmente propio. El de 1990 (la gran caída del Nikkei) lo sentía compartido con el financista que trabajaba, aunque los niveles los proveía mis análisis: la gran caída de 34.000 a 20.000 y luego el piso de los 20.000 puntos en el índice de Tokio se pudo proyectar y anticipar generando cuantiosas ganancias.

Desde joven entendí que se podía analizar cualquier mercado aplicando el mismo concepto, tratando de leer las gráficas, que reflejan la psicología o humor del mercado. En cualquier parte del mundo, existen los miedos y la codicia, y los mercados sacan una foto todos los días del estado de esos factores. Una apropiada lectura puede darle muchas satisfacciones y poder anticipar lo que vendrá.

La naturaleza tiene un ritmo; los mercados, también; la economía, también. Y todo tiene un ciclo, con una parte buena más corta o más extensa y una parte mala más corta o más extensa. Lo único malo de pensar así es que a uno siempre lo tildan de "contra". Está positivo cuando todos están muy negativos y creen que es una locura lo que uno está diciendo (en el mejor de los casos). Dicen: "Dios quiera tengas razón". Cuanto uno está negativo y todos positivos, uno se carga el mote de "depresivo" y de "agorero".

Pero adhiero humildemente al pensamiento de dos grandes monstruos: Warren Buffet ("Me pongo codicioso cuando la mayoría esta temerosa, y temeroso cuando todos están codiciosos") o Soros ("El dinero está hecho para descartar lo obvio y apostar por lo inesperado").

Generalmente me pongo positivo con el humor social muy negativo, y negativo con el humor social muy positivo. Es difícil mantener esta posición con la batería de información que tiene la realidad, pero trato de ser fiel a la convicción, aunque es más duro ser negativo con el humor social positivo, porque uno quisiera que los árboles crecieran hasta el cielo, que la confianza y euforia persistieran y que los precios subieran y todos ganaran con el alza de los mercados y con la bonanza de la economía. Pero esto es contra natura. Como una ley implacable luego de un gran crecimiento, viene un ajuste o corrección o caída. Es una ley natural: nadie quiere a un agorero, pero el ciclo se cumplirá, lo proyecte uno o no, como algo natural, como algo inevitable que ocurre una y otra vez.

IV.16. EN LAS TENDENCIAS BAJISTAS, EL HUMOR DE LOS MERCADOS TOMA LO MALO Y DESECHA LO BUENO

Este concepto fue desarrollado cuando comentaba las medidas que tomaba Cavallo en medio de la gran caída del índice Merval en 1992. Eran buenas medidas y, sin embargo, el mercado reaccionaba unos días y luego perforaba mínimos bajando desde los 900 puntos hasta los 300 puntos casi en forma lineal. Un ejemplo más actual de cómo las buenas noticias se usan para pequeñas subas y después caídas son todas las medidas que tomaron los Gobiernos, la Reserva Federal de EE. UU. y los Bancos centrales para evitar la caída en espiral del 2008. Se puede observar en el gráfico cómo todas las medidas produjeron en el Dow sólo una recuperación parcial, y la caída en el Dow continuaba perforando mínimos.

Las noticias de las medidas gubernamentales generaban un rebote y éste era tomado como una oportunidad de venta. Esto era rápidamente desechado por el mercado, que volvía una y otra vez a focalizarse en las malas noticias.

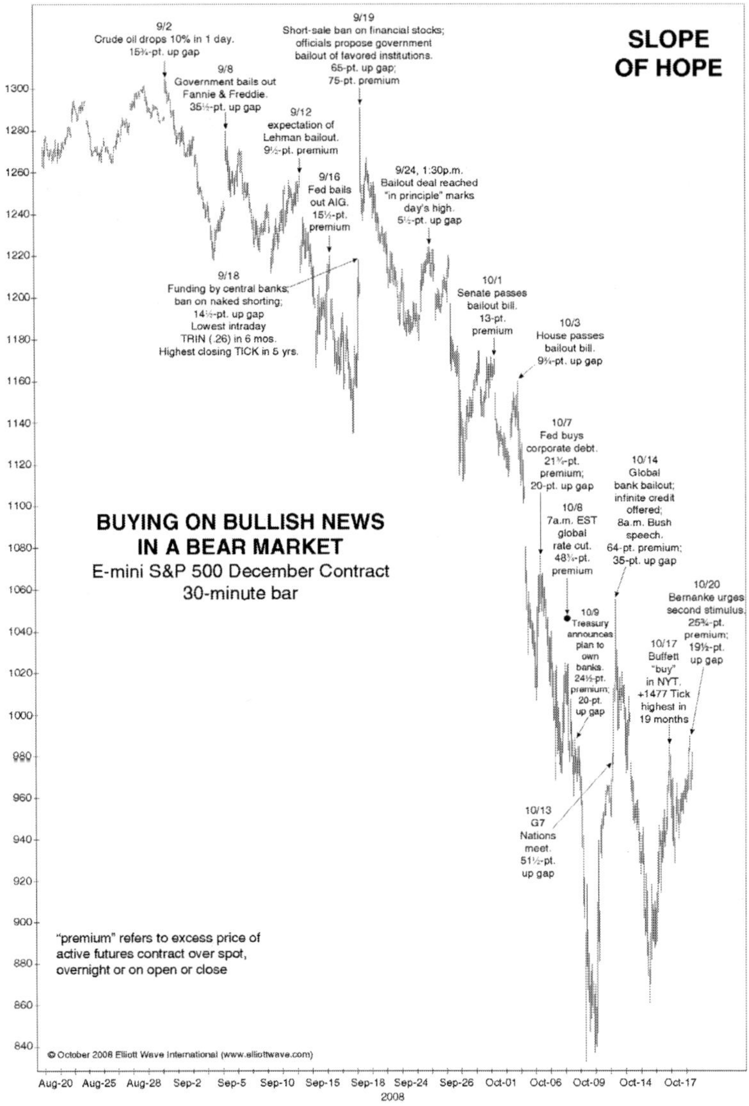

GRÁFICO NÚMERO 94. FUENTE: ELLIOTT WAVE INTERNATIONAL.

IV.17. EN LAS TENDENCIAS BAJISTAS, ESPERE QUE PASEN MÁS COSAS MALAS QUE BUENAS.

Cuando un mercado ha girado a la baja, cae un 10 por ciento. Puede considerar que es un ajuste; si cae un 20%, ya es una caída importante; si cae el 30%, espere a que las consecuencias empiecen a visualizarse en toda su dimensión. Esta caída de los mercados tiene un efecto cascada sobre la política, la economía, la sociedad, su empresa y su economía familiar, sin duda. Y esto es así por más que usted no tenga nada que ver con los mercados financieros, nunca haya comprado una Acción en Argentina, México, Colombia, Perú o Brasil. Si observa que los índices y las caídas empiezan a ser importantes, no será un fenómeno aislado. Está anticipando problemas para el futuro, porque el mercado es eso: anticipación.

Ejemplos de ello ocurrieron en Argentina y en EE. UU. Desde la asunción a De la Rúa en 1999 a mediados del año 2001, la Bolsa había caído más del 50%, anticipaba que venían problemas, malas noticias, y que éstas se sucederían. Usted podría estar preparado para ello. De hecho, en reportes para clientes, hacíamos notar que caídas del mercado superiores a 50% generalmente podrían generar eclosiones políticas, económicas y sociales, y si éstas ocurrían, sería la oportunidad histórica de compra. Esto es porque el mercado caerá por última vez, se saturará con las noticias muy negativas de la política, de la economía y de la sociedad. En Argentina tuvimos las tres: eclosión económica: devaluación y no pago de deuda; eclosión política: renuncia presidencial y cinco presidentes; eclosión social: desmanes con heridos y manifestaciones en una sociedad crispada en el último trimestre del 2001 y el primer semestre del 2002.

Fíjese en cómo la tendencia bajista de Wall Street entre 1973 y 1974 produjo una eclosión política, como la renuncia de Nixon, la gran caída de las tecnológicas desde el 2000 al 2002, el atentado trágico a las Torres, la Guerra de Afganistán y la Guerra de Irak. Hay que tener en cuenta que los americanos, después del 2001, aprobaban en su mayoría la invasión a Irak, con un humor social crispado. La sociedad apoyaba la guerra y a Bush; luego esto cambió dramáticamente.

La gran caída bursátil del 2008 en los mercados centrales se llevó a Bear Stearn, a Lehman Brothers. Citi estuvo muy comprometido al igual que General Motors, dos Compañías símbolo de EE. UU. El Royal Bank Scotland de Gran Bretaña mandó a pérdidas, algo nunca visto en la historia, y exigió la intervención estatal.

Es decir que las caídas bursátiles importantes nos anticipan que vendrán malas noticias. Sin embargo, cuando las noticias negativas se exacerban, el humor de los mercados y de los agentes del mercado habrá alcanzado su clímax y estará listo para girar de lo malo a lo bueno como parte del nuevo ciclo y su parte positiva.

IV.18. LOS CICLOS LUNARES PARA ANALIZAR LOS MERCADOS

Si vamos al concepto básico de los mercados, terminaremos concluyendo que el mercado refleja la conducta agregada de sus participantes, que votan continuamente lo que esperan del futuro sobre la base de sus percepciones. Si perciben confianza de que el futuro estará mejor, votan positivamente comprando Acciones y Bonos; si perciben desconfianza de que el futuro estará peor, votarán negativamente vendiendo. Es el comportamiento o conducta agregada de los agentes financieros lo que determina los movimientos de los mercados y, si estamos dentro del paso de la euforia a la depresión, es la tendencia o parte negativa del ciclo. Si estamos de la depresión a la euforia, esto es la tendencia o parte positiva del ciclo.

Cuando hablamos de conductas humanas, y percepciones y humores, algunos analistas han desarrollado técnicas para situar los puntos de clímax o de cambios de humor de positivo a negativo y de negativo a positivo entre los participantes del mercado. Un libro de análisis de mercado que se llama *Calendario Espiral,* de Chris Carolan, hace todo su análisis basándose en los ciclos lunares. Algunos testigos, entre los que se cuenta mi maestro Bob Prechter (líder en Elliott Wave), cuenta que, en el crash de 1987, haciendo una relación de ciclos lunares, pudo predecir con precisión la fuerte caída de la fatídica fecha desde el 16 al 19 de octubre de 1987, cuando el Dow Jones, en sólo dos días, perdió el 40% de su valor. Pudo señalar que el techo sería en agosto de 1987, que era el cambio de humor, y sobre la base del ciclo lunar, proyectó una fuerte caída bursátil.

Tuve oportunidad de leer dicho libro de Cris Carolan; de hecho lo conocí en EE. UU., y realmente creo que hay partes muy interesantes con respecto a los ciclos lunares.

Hay pocas dudas de que la Luna afecta la marea en los mares; el ciclo de los embarazos de las mujeres se suele medir en ciclos lunares, en calendario lunar, y no en solar.

Hay estadísticas que indican que, en luna llena, el índice de delitos suele subir porque afecta a la conducta humana. Se asocia la luna llena como algo que exacerba la crispación del individuo, y ello hace que se produzcan mayor cantidad de hechos violentos.

El calendario lunar es de 29,53 días, pasando cíclicamente la luna de llena a luna nueva. En promedio, cada 14,71 días, tendremos o luna llena o luna nueva, y las fases son fase creciente desde la luna nueva hasta la luna llena y luego decreciente desde luna llena a luna nueva. El ciclo lunar se denomina "mes sinódico".

En el momento de la escritura de este libro, se ha producido un fenómeno raro que ocurre cada 19 años, que la luna llena ocurra el 31 de diciembre, fin del año y que diciembre tenga dos lunas llenas. (En 1990 se había repetido dicho fenómeno).

En definitiva, los que siguen la Luna para mirar los mercados le prestan atención básicamente a la luna llena (la más importante), la luna nueva, los eclipses lunares y también los eclipses solares.

La pregunta: ¿qué debemos hacer nosotros?, ¿el ciclo lunar afecta la conducta humana?

Si usted cree que sí, debería investigar sobre estos ciclos y aplicarlos al análisis de los mercados financieros. Mi opinión es que son útiles como herramienta adicional. He visto, en la historia de seguimiento de mercados, cómo muchos pisos han coincidido con luna llenas y con eclipses importantes. He visto relación entre pisos y luna llena. En realidad, la luna llena indicaría un cambio de conducta o de actitud luego de haberse producido. Si el mercado llega bajando fuerte hacia una luna llena y, al día siguiente de la luna llena empieza a subir, espere un rally que puede extenderse hasta la luna nueva.

En menor probabilidad, la luna llena guía a un cambio de humor de positivo a negativo, acompañando los techos. Esas estadísticas que indican que la luna llena genera mayor crispación social, o humor negativo, generalmente explica más los pisos de los mercados.

Mi experiencia es que no siempre ocurre, pero la conducta de los participantes puede verse afectada por los ciclos lunares y, por lo tanto, después de registrarse la luna llena, puede haber un cambio de conducta. Las lunas nuevas generalmente coinciden con los techos; no siempre ocurre, pero suele pasar. Es una herramienta adicional. En mi experiencia, he visto más eficacia en la luna llena que en la luna nueva. Pero es bueno seguir a ambas. Los eclipses también suelen afectar la conducta humana y, por lo tanto, es bueno tener un calendario con los eclipses.

Recordemos qué es el clímax de un techo: es el punto en que la cotización de un índice alcanza su máximo valor para caerse. Los 900 puntos del Merval de junio de 1992, hoy intacto en dólares, los 14.190 del Dow en el año 2007, los niveles de 4840 puntos en el Nasdaq del año 2000, el máximo de 440 puntos de setiembre de 1929, el mínimo de 257 del Merval de 1995, el mínimo de 1448 del IPC de México en marzo de 1995 son valores que marcan un clímax de lo positivo en los techos y de lo negativo en los pisos y un cambio. Marcan el fin del humor positivo de los mercados y el paso a un humor negativo en los techos, y el fin del humor negativo de los mercados y el paso a un humor positivo en los pisos.

En ese sentido los calendarios lunares con sus lunas llenas, nuevas y eclipses son herramientas adicionales, igual que lo son los abanicos de los números de Fibonacci para tratar de acercarnos a detectar lo más difícil en los mercados, ese punto, ese día, ese nivel, mágico y único, en que, con las noticias positivas, el mercado alcanzó su clímax. Y, por más que sigan las noticias positivas, ya el humor de los mercados cambió de positivo a negativo, y esto se reflejará más adelante en el humor social.

A la inversa, ese punto, ese día, ese nivel, mágico y único en que, con las noticias negativas, el mercado alcanzó su clímax y, por más que sigan las noticias negativas, el humor de los mercados cambió de negativo a positivo, hecho que también se reflejará más adelante en el humor social.

Si la luna afecta la conducta de los individuos, obviamente afectará la percepción del futuro. Si la luna puede crispar el humor o exacerbarlo, entonces estará afectando su voto a diario que hace en los mercados, y esto repercutirá en las tendencias y puede marcar esa inflexión de positiva a negativa o de negativa a positiva.

Los que se sientan interesados por el tema, si bien es un libro muy técnico, pueden intentar leer *Spiral Calendar*, de Chris Carolan.

CAPITULO V.
LOS MERCADOS Y SU RELACIÓN CON LAS GUERRAS

V.1. LOS MERCADOS Y LAS GUERRAS

Siempre comento, en mis cursos y seminarios, que la manifestación de psicología negativa más cruda que tiene el ser humano como conducta de masas es la guerra.

Muchos consideran que, con la evolución de la humanidad, con la triste y dramática narrativa que nos cuenta la historia de las grandes guerras que se han sucedido en los últimos 500 años, en que se ha exterminado a gran parte de la población, el ser humano debería haber aprendido de sus errores. Además uno piensa que, con los múltiples organismos mundiales liderados por la ONU y por el Comité de Seguridad, con la gran corriente de movimientos pacifistas existentes, con muchos músicos reconocidos que le cantan a la paz, se deberían evitar las guerras.

Los países desarrollados se encuentran en guerra con el terrorismo (EE. UU. y sus aliados contra el terrorismo de Bin Laden o Al Qaeda), España con la ETA (es una historia de larga data), pero también hemos tenido guerras entre países: la Guerra de Irak, la Guerra de Afganistán y, casi 20 años atrás, la guerra de liberación de Kuwait.

Si bien toda guerra es condenable, porque uno debería preguntarse cómo las naciones o las sociedades con los organismos respectivos no pueden evitarla, el comentario del Premio Nobel de la Paz y actual presidente americano nos dejó un mensaje polémico: en determinadas circunstancias, las guerras son necesarias. Toda una frase del Premio Nobel de la Paz del año 2009.

Desde nuestro análisis tenemos una interpretación: las fuertes caídas bursátiles que son duraderas en el tiempo y son de un 50% o más en los países desarrollados han generado conflictos bélicos importantes.

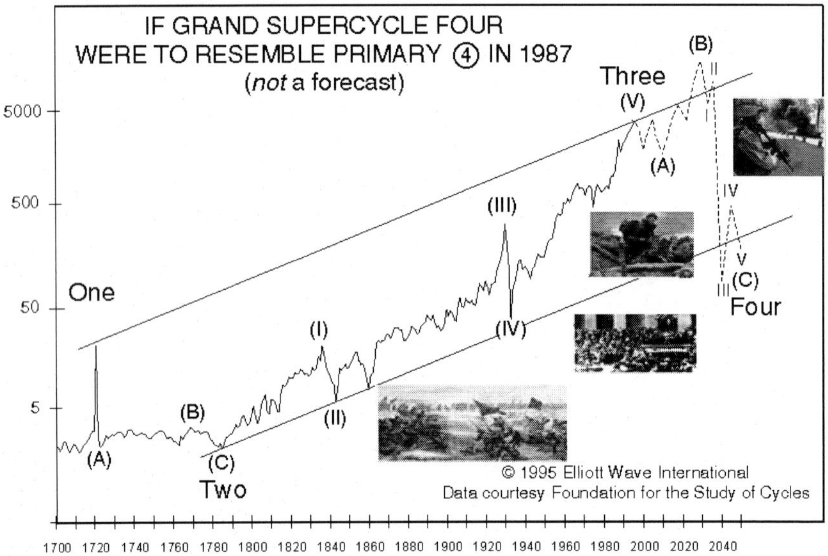

GRÁFICO NÚMERO 95. FUENTE: RUARTE'S REPORTS, ELLIOTT WAVE INTERNATIONAL.

En el gráfico número 95, se puede ver un gráfico de largo plazo de las Bolsas desde 1695, tomando como base la Bolsa de Londres desde 1695 a 1780 y, desde allí, la Bolsa de EE. UU. Desde 1695 tuvimos una suba o subida en las Bolsas que nos llevó a la gran euforia de 1710-1720, que terminó con la fortuna del célebre Isaac Newton (la Bolsa subió como 15 veces su valor en sólo 20 años), el abanderado de la época de la razón: cayó en la codicia y euforia de las grandes burbujas. Después de esa burbuja tan importante desde 1720 hasta 1790, tuvimos una gran caída de las Bolsas, que duró prácticamente 70 años y les quitó a los índices casi el 99% de su valor. Deberíamos decir que la Bolsa entró en un gran ostracismo. Recién, a partir de 1790, tuvimos una gran recuperación de la Bolsa.

Estas grandes caídas bursátiles crearon, entre 1770-1815, años de la Guerra de Independencia de las Américas. En 1789-1790, tuvimos la decapitación del rey de Francia y el fin de la monarquía francesa. En la Guerra de las Independencias y en la gran crisis de Francia, en que el pueblo muerto de hambre se abalanzaba sobre Versalles para luego decapitar al rey, se puede apreciar el estado de crispación social y cómo, cuando ésta llega a niveles muy altos, desemboca en la peor de las manifestaciones: la guerra, el asesinato, la guillotina.

Luego se puede observar el gran avance de las Bolsas desde 1790 hasta aproximadamente 1838. Allí hubo una gran euforia: tuvimos 48 años de suba en las Bolsas. Fíjese en cómo la suba de las Bolsas se ubica en niveles muy similares a los de de 1720. Es decir, luego de tamaña caída en precios y en tiempos de 70 años de baja, en 48 años la Bolsa recuperó cerca de los valores de los años de 1720. Allí sobrevino una caída que fue de aproximadamente 70-75% de su valor desde 1838; tuvimos una severa caída de la Bolsa y, en realidad, una tendencia de ajuste que recién culminó hacia 1862. Esta caída tan fuerte, que duró 25 años hasta que pudo revertirse, protagonizó la sangrienta Guerra de Secesión de EE. UU., que duró muchos años y se produjo luego de la caída bursátil tan importante de EE. UU.

Luego, en el gráfico, puede observarse un nuevo y vigoroso avance desde 1862 hasta 1929, la gran euforia y burbuja de 1929. En 65 años la Bolsa pasó de valores de 5 hasta niveles de 440 y subió 85 veces su valor, una gran y vigorosa suba bursátil. De 1929 a 1932, ya con la existencia del Dow, éste se cayó de 440 a 40 puntos en sólo 3 años. Esta caída generó la Gran Depresión de 1930 y desembocó en la Segunda Guerra Mundial, que recién culminó en 1945. La Bolsa desde 1932 subió hasta 1966, en que por primera vez tocó los 1000 puntos el Dow. Allí la Bolsa tuvo 17 años para superar los 1000 puntos y se cayó hasta el año 1974 hacia los 574 puntos, con renuncia de Nixon incluida. En esta caída tuvimos la Guerra de Vietnam, que tuvo a EE. UU. como protagonista. (Ver gráfico 96).

GRÁFICO NÚMERO 96. FUENTE: RUARTE'S REPORTS. MEDIO DE PRENSA: *TIME*.

Desde 1981, con Ronald Reagan como presidente, el índice Dow Jones Industrials comenzó una gran tendencia positiva. Este índice alcanzó 2750 puntos en agosto de 1987 y cayó en, octubre de 1987, 40% en tres días (conocido como "Black Monday"). Sin embargo, recién en la caída de 1990 del Dow Jones (que no fue tan severa como la de 1987 pero que duró más tiempo y generó una recesión pequeña en EE. UU.) se produjo una rápida guerra: la de Kuwait. Sadam invadió Kuwait, y EE. UU. fue en auxilio de Kuwait. El mismo día del *deadline*, en que los bombarderos arreciaron Bagdad, en enero de 1991, el Dow ya estaba subiendo.

El Dow Jones siguió con su meteórica suba hasta los 12.750 puntos y el Nasdaq alcanzó la marca de 4840 puntos en marzo del año 2000. En los años 2000 y 2001, vino el desplome del mercado. La caída de la Bolsa no terminó hasta bien avanzado el año 2002 en EE. UU. y, en marzo del 2003, en Europa. El Dow cayó un 30% su valor, pero el Nasdaq, tal cual una burbuja que explotó, cayó 80%.

En ese período de caída bursátil 2001-2003, se desató la guerra contra el terrorismo, tuvimos la caída de las Torres Gemelas en septiembre del 2001, la Guerra de Afganistán, y luego la Guerra de Irak.

Luego, en 2007 y 2008 y comienzos del 2009, tuvimos una feroz caída del Dow. Perdió casi 60% de su valor, pero fue una caída rápida, es decir, duró un año y medio, a diferencia de los 3 años de la del 2000. En esta caída no tuvimos conflictos bélicos importantes, sólo escaramuzas. Las más representativas ocurrieron a comienzos del año 2009 en la franja de Gaza entre Israel y Palestina, pero fue algo limitado. Ha seguido la guerra contra la guerrilla y, en el Gobierno de Obama, se ha reforzado la presencia militar en Afganistán, y EE. UU. mantiene tropas en Irak.

Luego de analizar la gran caída desde 14.190 de octubre del 2007 hasta marzo del 2009, cabe preguntarse si la caída bursátil ha terminado en los 6470 de Dow, y niveles de 666 del Sp500. Si fuera así, sería la primera vez que una caída superior al 50% no ha generado un conflicto bélico importante entre países.

Si tuviéramos una caída nuevamente en las Bolsas americanas y mundiales hacia los años 2010-2011-2012 (la cual no debe descartarse, como ocurrió en la década del setenta, o como en la década del treinta), lamentablemente las posibilidades de conflictos armados o bélicos serían altas.

Debemos estar atentos a los mercados; si éstos se pusieran en una tendencia bajista que perdurara en el tiempo más de un año o año y medio, sería posible que hubiera nuevas escaramuzas y más aún, si la caída superara el 50%, la tensión podría desatar nuevas guerras de mayor escala de las que estuvimos viendo. Esperemos que ello no ocurra, pero lamentablemente debemos estar avisados de que, si la recuperación del año 2009 de los mercados se frustra y tenemos 2010-2011 o 2012 de fuertes caídas, las posibilidades de que los conflictos se presenten serán muy altas, como lamentablemente ha ocurrido en los 320 años de historia de mercados financieros en los mercados desarrollados.

V.2. EN LAS GUERRAS LOS MERCADOS EMPIEZAN A SUBIR O ESTÁN SUBIENDO

Como gobernados por el demonio, los mercados bursátiles han empezado a subir fuertemente con los conflictos bélicos. Contrariamente a lo que se podría pensar que la guerra es una mala noticia para los mercados financieros, el comportamiento de los mercados ha probado ser bien distinto durante los conflictos bélicos.

Parece que los mercados pensaran con su comportamiento: "¿Qué peor puede haber que una guerra? Nada, las cosas deben mejorar". Es decir, la peor manifestación de psicología negativa o de humor negativo hace que la crispación social lleve a conflictos armados. Como dijimos, la exacerbación del humor negativo coincide con pisos y cambios de humor de negativo a positivo; por lo tanto es ésta la explicación por la cual la mayoría de las guerras coinciden con pisos del mercado, y el mercado sube durante estos períodos bélicos. Un ejemplo de ello fue la Segunda Guerra Mundial: el piso del mercado fue en 1932, tuvimos un piso secundario en 1941, pero bien arriba del de 1932. En plena Segunda Guerra Mundial, y fundamentalmente entre 1941 y 1945, el mercado tuvo fuertes alzas. Cuando empezó la Guerra de Kuwait, recuerdo que, con el vencimiento del *deadline* de Bush en enero de 1991, la Bolsa no paró de subir con el ataque americano y ya había hecho piso en 1987 y 1988, y los pisos de 1990 estaban bien arriba de los de 2 o tres años antes; la Bolsa ya estaba en tendencia alcista. La caída del 2000 al 2002, cuando empezó la Guerra de Irak, la Bolsa hizo su piso y empezó su gran recuperación, que duró hasta el 2007.

Es decir que parece que la caída bursátil crispa el humor, y ese humor social negativo crispado se mantiene, como dijimos, después del cambio de humor de los mercados.

La fuerte caída de los mercados refleja un humor muy negativo de los agentes del mercado; esto se traslada al humor social pero, cuando el humor social lleva al conflicto armado, los mercados ya han girado como si nos dijeran: "Peor que la guerra no puede haber". Por lo tanto, la baja termina y empieza la recuperación bursátil, el cambio de humor de los mercados, mientras que el humor social sigue pésimo y en medio de guerras, hasta que la guerra felizmente termina y los mercados siguen festejando y la reconstrucción retroalimentará aún más la suba bursátil.

Uno puede concluir con un análisis simplista. Si la Bolsa sube con la violencia y con el conflicto armado, la Bolsa refleja lo peor del ser humano. ¿Cómo puede subir y hacer diferencias positivas en medio de conflictos, de muerte, de gente que se está matando? Uno puede decir que la Bolsa está manejada por el demonio. La explicación que encuentro (creo humildemente que es la correcta) es que el humor de los mercados siempre anticipa el humor social, y el humor de los mercados, cuando detecta síntomas de exageración, cambia de negativo a positivo y viceversa. Ya habíamos visto cómo la Bolsa sube en medio de humores negativos sociales, noticias negativas, y los indicadores económicos recién mejoran cuando el mercado ya ha recorrido un buen trecho positivo o alcista. La Bolsa también hace piso con guerras y sube en medio de éstas, anticipando que el humor de los mercados cambia de negativo a positivo. Es decir, toma nota que nada peor que una guerra puede existir. Por lo tanto, la guerra refleja el peor estado del humor de los mercados y empieza a mejorar como diciendo: "La guerra terminará y todo mejorará a continuación". El humor social crispado, por su parte, habrá logrado desahogarse y luego calmarse y mejorar. ¿Eso habrá querido decirnos el gran Obama con que a veces las guerras son necesarias? Momento de reflexión.

Cuando uno es un analista de mercado, esto es muy duro porque, en medio de los tiros, de las balas y de la violencia, uno debe opinar sobre el mercado. Alguna vez que expresé mi opinión positiva al mercado, las críticas arreciaron confundiendo un análisis con un deseo. Por supuesto que sólo un loco puede desear el conflicto o la guerra, pero el análisis dice que, en las guerras, el mercado sube y, por lo tanto, debo expresar mi análisis como ajeno a mi íntimo deseo como ser humano. La conclusión, una y otra vez, ha sido que el mercado utiliza los conflictos para marcar su piso, y empezar su recuperación.

Del mismo modo fuertes caídas bursátiles que duran mucho tiempo generan violencia y la anticipan. Una vez que la violencia se presenta, el mercado toma nota y empieza a recuperar. Duro, pero real...

V.3. LA SEGUNDA GUERRA MUNDIAL COMO DISPARADOR

Las caídas bursátiles muy fuertes anticipan el espiral o círculo vicioso más pernicioso que pueda existir. Las caídas bursátiles fuertes y persistentes llevan el humor social a niveles muy negativos. Los empresarios creen que habrá problemas en el futuro, y reestructuran echando gente. No realizan proyectos nuevos: los cancelan. La desocupación aumenta y, al aumentar ésta, los asalariados empiezan a angustiarse por la incertidumbre, por la falta de empleo. El menor consumo hace que la economía entre en un espiral recesivo muy fuerte. Dentro de este esquema de recesión y de desempleo, el caos empieza a apoderarse del Estado o país que lo sufre y, fundamentalmente, de la sociedad.

La sociedad una y otra vez ha demostrado, a lo largo de la historia que, en esos procesos, sacrifica libertad a cambio de orden. Su valor más preciado en el caos es el orden, y siempre existen agitadores de turno, que dirán y buscarán los culpables de la crisis.

La caída de mercados, el humor muy negativo, las necesidades no satisfechas hacen que lo peor del ser humano aflore. En las crisis, la delincuencia sube y la prostitución también pero, por otro lado, también lo hace la religión. Mucha gente abriga la esperanza del más allá por lo mal que se encuentra acá.

En medio de una Alemania azotada por la gran caída de 1929 a 1932 y por la Gran Depresión, surgió el personaje de la historia Hitler. Si ha leído la historia, sabrá que Hitler ganó las elecciones: tuvo su popularidad dentro del caos, y agitó y canalizó la crisis.

GRÁFICO 96 A. FUENTE: ELLIOTT WAVE INTERNATIONAL.

GRÁFICO 96 B. FUENTE: ELLIOTT WAVE INTERNATIONAL

GRÁFICO 96 C. FUENTE: ELLIOTT WAVE INTERNATIONAL.

Dentro de una sociedad con tasas de desempleo superiores al 30-35%, Hitler encontró el caldo de cultivo para su proyecto militar. La sociedad, ávida de encontrar culpables, se aglutinó detrás del líder y de su proyecto, y en su mayoría apoyó la locura militar. Y es así como, con desempleo récord, crisis económica, odio, se culpa al otro de los males propios. Exacerbados y agitados por un líder, producen una y otra vez aventuras bélicas.

El humor social negativo produce fenómenos de exclusión, esto es, la diferencia por clases, por razas, por religiones. Los conflictos van en aumento y pueden desembocar en conflictos armados por diferentes ideales, pero el caldo de cultivo de todo ello es lo que genera que se masifique el odio: la situación económica y el caos.

En la desesperación, los mensajes de exclusión de que la culpa de la crisis puede ser de pueblos con otras religiones o con otras creencias tienen éxito, y el estado de crispación hace que la afrenta bélica surja naturalmente.

Eso es lo que encontró Hitler en la Alemania de 1930 a 1945, lo que llevó a la Segunda Guerra Mundial. Es una página negra de la historia, que uno desea que no vuelva a ser escrita pero, si las condiciones de caída de mercados, crisis económica y crisis de desempleo se repiten en algún momento de la historia, una y otra vez surgirán líderes que tendrán consenso para producir la locura de querer solucionar los problemas con la violencia. Es como si la sociedad pidiera y aceptara esta forma.

He hablado con algunos académicos sobre este tema, y la explicación dura de algunos es que la economía debe volver a moverse luego de tamaña crisis con fábricas cerradas, fábricas con mínima capacidad instalada, y con tanto desempleo. Las fábricas de armamentos y la guerra ofrecen empleo y que las fábricas se motoricen nuevamente. Luego de finalizada la guerra, la reconstrucción generará más y más empleo, y la vuelta a la economía de paz requiere reconstrucción de la destrucción de bienes que produce una guerra, y esto es inversión y empleo. Me niego a creer que sea algo digitado; prefiero pensar en algo natural y determinista que proyectan los ciclos de mediano y largo plazo.

V.4. APOYO DE LA CIUDADANÍA A LA GUERRA

Usted dirá que, como parte de una sociedad madura, nunca apoyaría un conflicto bélico, y mucho menos ello debería ocurrir en los países desarrollados. Pero observe el gráfico que se muestra a continuación.

La mayoría dice "Sí"

BBC MUNDO.com

Sábado, 18 de enero de 2003 - 18:24 GMT

Pese a estas manifestaciones, las encuestas siguen mostrando que la mayoría de los estadounidenses sí aprueba un ataque a Irak.

El 67% apoya una operación militar para desarmar y remover al líder iraquí Saddam Hussein, según un sondeo de Fox News/Opinion Dynamics publicado esta semana.

Sin embargo, es verdad que el apoyo baja considerablemente si se incluyen otros factores en la pregunta.

"El 67% respondió que apoya una operación militar para desarmar y remover al líder iraquí Saddam Hussein, según un sondeo de Fox News/Opinion Dynamics publicado esta semana"

Por ejemplo, según una encuesta de CNN/USA Today, sólo el 23% da el visto bueno a un ataque si no se muestra públicamente algún tipo de evidencia sobre los supuestos programas de destrucción masiva de Irak.

GRÁFICO 96 D. FUENTE: *BBC MUNDO.*

Fíjese en el gráfico de arriba, donde *BBC Mundo* publicaba que, en enero del 2003, las encuestas indicaban que el 67% de la población americana apoyaba la invasión y la Guerra con Irak.

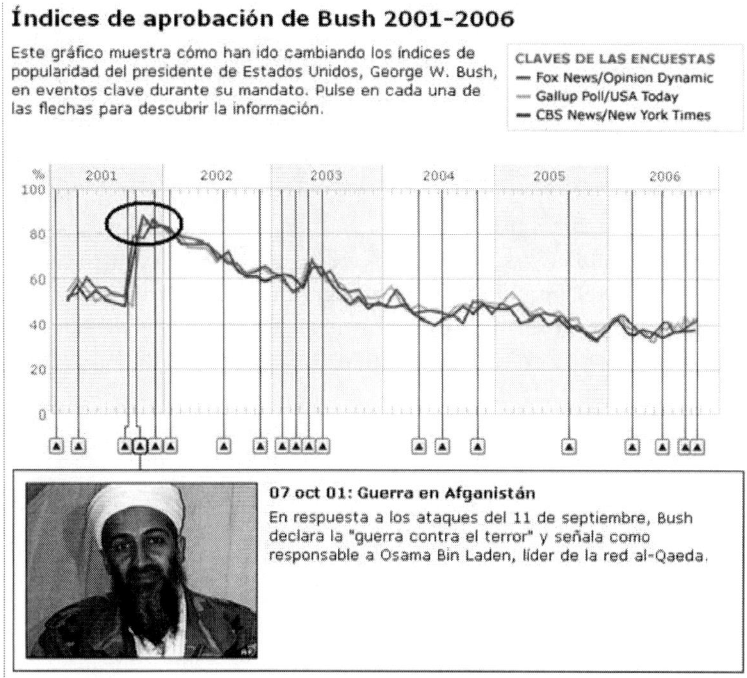

GRÁFICO 96 E. FUENTE: *BBC EN ESPAÑOL.*

En el gráfico 96 E, se muestran la tasas de aprobación de la gestión de Bush. Observe cómo, con la Guerra de Afganistán y con la Guerra de Irak, existe un rebote en su imagen positiva, es decir, durante la guerra, su índice de popularidad subió. Otra prueba más de cómo la sociedad con crispación (fruto de la crisis, y también, obviamente, del atentado de las Torres Gemelas) acepta la guerra como medio de solución de problemas o de venganza. Es decir, la invasión a Irak contó con la aprobación de la mayoría de los habitantes de EE. UU.

V.5. GUERRA DE LAS MALVINAS DE 1982 COMO DISPARADOR

Uno de los pocos países latinoamericanos que se vio involucrado en una guerra en los últimos 30 años fue la República Argentina. En 1982, tuvimos la Guerra de las Malvinas. En abril de 1982, los argentinos nos despertamos con la noticia de que el ejército argentino había desembarcado en las Islas Malvinas, había reducido a la guardia isleña y había colgado la bandera argentina. Así reivindicaba a la fuerza la soberanía sobre las Islas Malvinas que venía reclamando por vía diplomática, sin éxito, desde hacía mucho tiempo atrás.

Obviamente, con el resultado a cuestas: la fallida incursión y la rendición ocurrida en junio del mismo año, dicho evento quedó en la historia como una desventura militar sin ningún planeamiento. Sólo la Fuerza Aérea Argentina, con sus famosos pilotos y míticos aviones Pampa, quedó con una página de gloria en esta historia.

Si repasamos la situación de la Bolsa de Valores y del país, nos encontramos que, sólo dos años atrás, los militares habían alcanzado el techo de su imagen positiva.

Habían asumido por un Golpe de Estado en 1976 y depuesto a la presidenta Isabel Martínez de Perón. En medio de los desmanes de la subversión, los militares se presentaron como la opción para poner un manto de orden al caos, a la inseguridad y a los numerosos atentados que se perpetraban por la subversión.

La Bolsa de Valores de Argentina registró, en 1976, casi en forma coincidente con el golpe militar, un piso histórico importante. Desde 1976 a 1980, se protagonizó una de las subas más importantes de la historia de la Bolsa de Valores, y marcó los mejores momentos del Gobierno militar y de la economía. La Bolsa de Valores subió de un mínimo de 342 puntos en su índice general hasta niveles de 11.252 puntos en el techo de 1980, 31 veces su valor en sólo 4 años. Sólo durante el primer año de Gobierno militar sube aproximadamente 20 veces su valor; venía de 9 años de caída desde 1967 a 1976, y recuperó el valor de pérdida de 9 años. Es decir, la Bolsa subió en 1977 tanto como había bajado desde 1967 a 1976. Entre 1978 y 1980, eso llegó al humor social y a la bonanza económica: los argentinos salían por el mundo de vacaciones de turismo, la moneda argentina era fuerte contra el dólar, la Bolsa registró un crecimiento impresionante de 31 veces a 1980, y las propiedades en dólares valían fortunas. En estos años se popularizó la famosa frase argentina "Deme dos", es decir, la bonanza económica (luego de conocida la historia) efímera y artificial llevó a los indicadores bursátiles a su techo en 1980 y, junto con él, al techo de imagen del Gobierno militar, un techo tan histórico que hoy, 29 años después, la institución militar no logra recuperar. Esta época se recuerda como una de las páginas más tristes de la historia cuando se conocieron la cantidad de desaparecidos durante el Gobierno militar.

Volviendo a la descripción de la situación en 1980, se da con el ministro de economía Martínez de Hoz el techo de la bonanza, y el humor de los mercados cambió dramáticamente en 1980. En los dos años posteriores, Argentina devaluó vertiginosamente su moneda; quedó también como célebre la frase lanzada desde el Ministerio de Economía: "El que apuesta al dólar pierde". La moneda argentina en 1980, una de las más fuertes del mundo, cayó en picada contra el dólar, y en 1981 fue una de la caídas anuales más importante de la Bolsa de Valores de Buenos Aires. El índice general se desplomó de los 11.252 un 80% de su valor en dólares, y 1982 fue un año de fuerte caída en los mercados. Rápidamente el humor social mutó, y la crispación volvió (y el negativismo también). Luego de tamaña caída y devaluación, el entonces presidente de la Junta Militar decidió la recuperación por la fuerza de las Islas Malvinas. En abril de 1982, ésta se efectivizó, y la Bolsa argentina, como ya habíamos notado, colocó su piso en medio de la guerra y comenzó una recuperación.

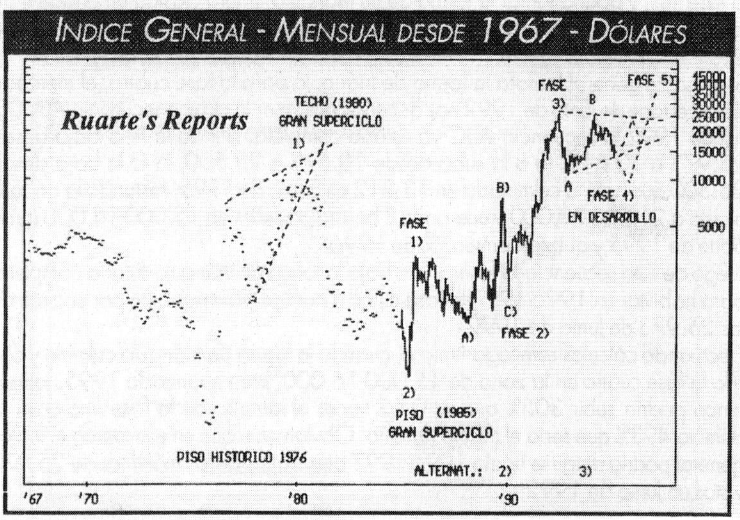

GRÁFICO NÚMERO 97. FUENTE: RUARTE'S REPORTS.

Fue en dicho momento cuando compró el fund manager del que les comentaba y vendió con el lanzamiento del Plan de Convertibilidad en 1991, 9 años después.

Volviendo a 1982, me encontraba en la Universidad. En dicho momento se hacían campañas para los soldados para enviarles alimentos, chocolates, abrigos, etc., para combatir el frío.

Inmediatamente ocurrida la invasión, Inglaterra decidió recuperar las Islas Malvinas, y envió sus tropas desde el Reino Unido a las Islas Malvinas. Cuando las tropas inglesas venían, el entonces presidente de la junta Galtieri hizo una convocatoria multitudinaria en la Plaza de Mayo. En dicha oportunidad, Galtieri, en un célebre discurso en los balcones de la Rosada con la Plaza de

Mayo desbordada (ver gráfico 97 A), y transmitido en cadena nacional, con gran arenga pronunció la frase célebre: "Ellos vienen, nosotros los esperamos, presentaremos batalla", ante la aclamación popular. Argentina estaba dispuesta a enfrentar a uno de los tres países más poderosos del planeta desde el punto de vista militar, apostando a la distancia.

La fuerte caída de 1981 del humor de los mercados terminó en 1982 con la ocupación de las islas, y la Bolsa se mantuvo positiva hasta 1983 (cerca de 1984), con la llegada del Gobierno democrático. A pesar de que, en junio de 1982, en una rápida batalla, se firmó la rendición, y el mercado ya había girado en 1982. La caída de 1981 y parte de 1982 (una de las más grandes de la historia en dólares) produjo la Guerra de las Malvinas, y más tarde la caída del Gobierno militar. Luego hubo llamado a elecciones en 1983 y la vuelta de la democracia.

Casualmente, la Bolsa hizo su techo con el pico de imagen de Alfonsín, cuando impuso su referéndum del Beagle y aceptó la mediación papal, por los problemas limítrofes de Chile. Por éstos, Argentina y Chile también habían estado muy cerca de entrar en un conflicto armado en esos años.

Nuevamente una fuerte caída bursátil anticipó problemas, cambio del humor, crispación, y terminó en una guerra. Todo esto obligó a la salida de los militares del poder. Nuevamente, con la guerra la Bolsa subió e hizo techo con la aceptación del tratado de Paz del Beagle, un ejemplo de cómo el mercado funciona en los conflictos.

Clarín

EUFORIA POPULAR POR LA RECUPERACION DE LAS MALVINAS

Londres rompió relaciones con la Argentina

Reagan: “Yo creía que no lo iban a hacer”

GRÁFICO 97 A. FUENTE: *CLARÍN*.

V.6. EL RETIRO DE TROPAS, O LA PAZ, PUEDEN MARCAR UN TECHO

Vietnam

Del mismo modo que los comienzos de los conflictos pueden marcar inicios de fuertes tendencias alcistas, procesos muy largos de guerras como el de Vietnam puede hacer que el techo del mercado coincida con el retiro de tropas. Como puede verse, el techo de la Bolsa americana en 1973 fue con el retiro de las tropas americanas de Vietnam. “Yankee, go home” fue una medida muy aplaudida del Gobierno de Nixon, que puso fin a años de desventura americana en Vietnam.

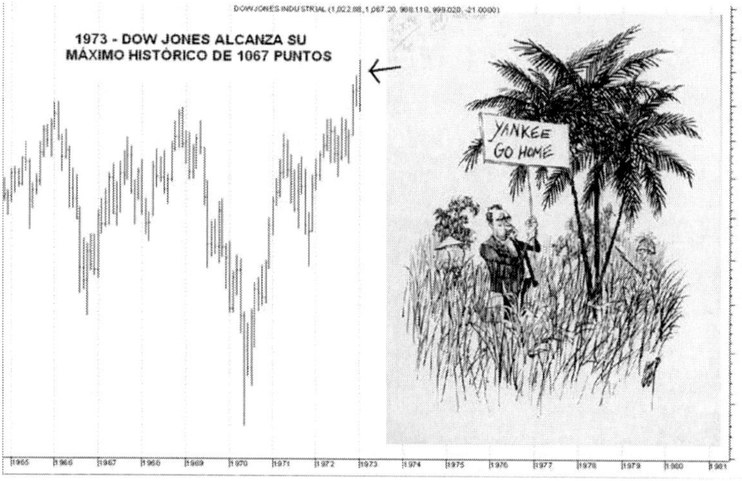

GRÁFICO NÚMERO 98. FUENTE: RUARTE'S REPORTS.

V.7. CONFLICTOS EN PAÍSES LATINOAMERICANOS

La gran caída bursátil de 2008, que terminó en el primer trimestre del 2009, si bien tuvo epicentro en los mercados centrales, terminó arrastrando a los países latinoamericanos y empezaron a aparecer, en el último año y medio, diferentes focos de tensión y hasta amenazas de guerra.

Existieron conflictos, entre Chile y Perú, entre Colombia y Ecuador, y el último que está pendiente es el conflicto Colombia-Venezuela, con arengas de parte de Chávez y movilización y respuesta de parte de Uribe, que considera defensivas.

Historias de diferencias importantes entre hermanos latinoamericanos han existido en el pasado. Inclusive hubo guerras entre Chile y Perú entre 1879 y 1883, en donde Chile llegó a las puertas de Lima. En el 2009, por diferencias con un tratado limítrofe, unos y otros arengaban un posible conflicto bélico: ambos países estaban listos (ver gráfico 98 A).

EL ECONOMISTA

Valores y Dinero · Empresas y Negocios · Política y Sociedad · Internacional · Tecnología · Deportes · Blogs · Opi

El Editor recomienda: **Frente frío** **FEMSA** **Sismo en Haití**

▸ Inicio

Avizoran en Perú guerra contra Chile

18 Marzo, 2009 - 19:43

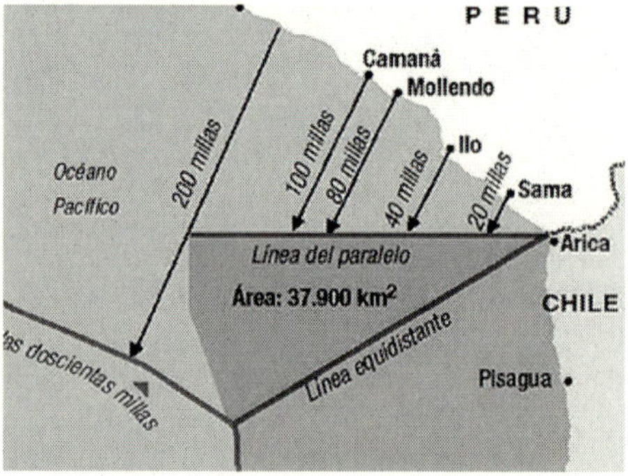

El ex comandante general del Ejército de Perú, Edwin Donayre, pidió hoy a los peruanos que se preparen para una guerra con Chile si la Corte Internacional de La Haya **falla en contra de este último país en el caso por la delimitación marítima**.

En declaraciones a una emisora limeña, el militar retirado atizó el fuego diplomático bilateral al indicar que **hay 'claros indicios' que Chile se alista para un conflicto bélico con Perú** de perder el caso en los tribunales internacionales.

Puntualizó que la posibilidad de una conflagración militar se hará una realidad si la Corte de La Haya falla a favor de Perú, por lo que '*todos los peruanos, de manera particular sus Fuerzas Armadas, deben estar con el ojo avizor y los fusiles en ristre*'.

Perú recurrió a la Corte Internacional de La Haya para solucionar un diferendo que tiene con Chile por la delimitación de la frontera marítima, lo cual es desconocido por el gobierno chileno, el que argumenta que el tema fue zanjado por tratados bilaterales.

Esta semana Perú debe presentar ante la Corte su 'memoria', documento que incluye la cartografía y el sustento legal de la postura peruana sobre el diferendo con Chile y que, en este caso particular, está conformada por cuatro volúmenes de anexos y mapas.

Donayre insistió en que hay 'señales en el horizonte' respecto que Chile se alista para una aventura bélica contra Perú y basó su alerta en recientes declaraciones del recientemente nombrado canciller chileno Mariano Fernández.

'Así lo interpretamos, al decir (Fernández) que Chile defenderá sus derechos marítimos en todo terreno. "Qué significa eso?, "en el terreno de la vía violenta?, "en el terreno de un futuro conflicto bélico?', acotó el ex jefe militar peruano.

Donayre fue retirado a fines de 2008 del cargo de comandante general de las Fuerzas Armadas luego que apareciera en un video arengando a los militares a matar a los chilenos que ingresen a territorio peruano.

apr

FUENTE:

Notimex

GRÁFICO 98 A. FUENTE: *EL ECONOMISTA*.

Sin embargo, nada pasó. El mercado, en el 2009, se recuperó fuertemente en todos los países latinoamericanos. También hubo conflictos porque el Gobierno colombiano había violado espacio territorial ecuatoriano por el tema de matar líderes de la FARC. Ello puso al Ecuador con el apoyo de Venezuela en estado de alerta, y con la advertencia de que otra violación como la ocurrida podría motivar una guerra entre países.

Noticieros Televisa Internacional

Ecuador pudo declararle la guerra a Colombia

por: Agencia
Fuente: EFE

Advierte Rafael Correa que si hubieran muerto compatriotas en el ataque contra las FARC, Ecuador y Colombia 'estarían en guerra'; restableceremos relaciones cuando Uribe reconozca su 'cantinflada', dice

Rafael Correa pidió a Uribe que se comprometa a no 'repetir estas acciones'.
Foto: EFE

FOTOS: CRISIS DIPLOMÁTICA EN SUDAMÉRICA

VIDEO: ALERTA EN COLOMBIA, VENEZUELA Y ECUADOR

BRASILIA, Brasil, mar. 4, 2008.- El presidente de Ecuador, Rafael Correa, dijo este martes que si hubiera muerto algún ecuatoriano en el ataque de Colombia a las Fuerzas Armadas Revolucionarias de Colombia (FARC) en el que murió el guerrillero "Raúl Reyes" en suelo ecuatoriano, ambos países "ya" estarían "en guerra".

En una rueda de prensa celebrada a su llegada a Brasilia, el presidente ecuatoriano aseguró que se daría por "satisfecho" solo con un "rechazo categórico" de la Organización de Estados Americanos (OEA), aunque esto no afectaría a las relaciones con Colombia, que continuarán "rotas".

Correa indicó que sólo se restablecerán las relaciones con su vecino en el "muy improbable caso" de que el presidente colombiano, Álvaro Uribe, "pida excusas sin tapujos", se comprometa a "no repetir estas acciones" y que reconozca la "cantinflada" de intentar relacionar a Ecuador con las FARC.

GRÁFICO 98 B. FUENTE: NOTICIEROS TELEVISA INTERNACIONAL.

En Latinoamérica existen dos líneas bien diferentes y marcadas en los extremos: el Gobierno de Chávez de Venezuela y el de Colombia de Uribe. Chávez es líder regional de una forma de gobernar contestataria con EE. UU., con una política de estatización generalizada y de expropiación de la propiedad privada en nombre de los intereses del pueblo venezolano, que encuentra eco en Ecuador con el Gobierno de Correa, y adeptos con el Gobierno de Bolivia de Evo Morales. Colombia está bien en el otro extremo, con relaciones carnales con EE. UU., apostando por la economía de libre mercado y la propiedad privada, en la línea de otros países como México, Chile y Perú.

Brasil, Uruguay y Argentina, en mayor o menor grado, se mantienen más cerca de una u otra línea, pero así está planteado el panorama de pensamiento regional en Latinoamérica.

Brasil, por su asomo como gran potencia, siempre como mediador de posiciones muy radicalizadas, hace de equilibrio en la región, pero la división está planteada, y unos y otros han demostrado su poder en las urnas. Uribe lo ha hecho más de una vez: suena su candidato Santos como triunfador en las elecciones. En Chile ganó un empresario exitoso chileno de un partido de derecha las últimas elecciones; Chávez ganó sus elecciones, igual que Evo Morales y la izquierda uruguaya más moderada renovó su supremacía en las últimas elecciones.

Es difícil que, con la recuperación de los mercados observada en el 2009, en donde los países latinoamericanos fueron las vedettes de la recuperación con fuertes subas en las Bolsas, los conflictos que no estallaron en el cuarto trimestre del 2008 y primer trimestre del 2009 (entre Chile y Perú, Colombia y Ecuador, Colombia y Venezuela) se materialicen. Sin embargo, debería estar muy atentos a los Mercados de Valores: si éstos se desplomaran en el 2010 o 2011, ya sea por razones propias o exógenas (por los mercados centrales), esto ineludiblemente crisparía el humor social y podría llevar a que las arengas entre los países pueda ir a una escalada de violencia. Pero, con mercados en franca recuperación, es altamente improbable. Veremos lo que nos deparan los mercados en el año 2010, 2011, y lo sabremos. Fuertes caídas de mercados son requeridas para poner el humor social tan negativo que la exclusión como sentimiento y diferencias entre hermanos latinoamericanos lleven a una posible confrontación. La bonanza de los mercados anticipará por el contrario si se diera que las diferencias fuera limándose y que fuera improbable la confrontación.

CAPÍTULO VI. MERCADOS Y MANIFESTACIONES SOCIALES Y CULTURALES

VI.1. LAS SUBAS DE LOS MERCADOS GENERAN INCLUSIÓN; LAS BAJAS, EXCLUSIÓN

Las subas bursátiles anticipan cambio de humor, y humor positivo; generalmente bonanza en la economía, recuperación y crecimiento. Para verlo desde el punto de vista de psicología de masas, podría hacer un ejercicio personal. Si le fuera bien en su trabajo, su economía familiar funcionara bien, estuvieran creciendo sus negocios, seguramente se sentiría bien porque está en la parte positiva de su ciclo. Esto hace que tenga una percepción positiva del entorno que lo rodea (sus amigos, sus empleados, sus colegas), en donde estará contagiando su positivismo, su forma positiva de ver el futuro.

Agregue esa conducta a la masa. Siempre existen excepciones; no existe ningún sistema perfecto. Si decimos que la economía crece, que hay crecimiento, recuperación, crédito, seguramente la sociedad estará mejor. Esto no quita que haya hechos delictivos o que haya gente a la que no le está yendo bien: son las excepciones que confirman la regla. Si la economía está en bonanza, hay recuperación, hay crecimiento, y lo más probable es que el promedio del humor social esté positivo.

Todo ello está anticipado por los mercados, es decir, vemos Bolsas de Valores que suben (con el típico comportamiento de serrucho descripto) lo suficiente en el tiempo para que el humor social haya cambiado y sea positivo. La economía muestra indicadores de crecimiento: el empleo crece; los salarios en general también; también el consumo, el crédito y la inversión en toda la parte positiva del ciclo. Esto hace que al país y a los Estados les vaya bien.

En mercados tan globalizados, los mercados desarrollados con sus bonanzas y con sus crisis contagian a todo los otros mercados de la periferia. Entonces, si miramos hacia el Norte, tendremos la tendencia; que en la tendencia positiva puedan subir más las Bolsas latinoamericanas, o de otra región que las centrales, en realidad dará un modo o humor más positivo.

En general, cuando los mercados están subiendo, se producen muchos fenómenos que denominamos "de inclusión". ¿Qué es esto? El fenómeno de inclusión es aquel en donde la globalización, conjuntamente con la bonanza, produce que países históricamente enfrentados tengan relaciones amistosas y muchas señales de acercamiento. La gran suba de la Bolsa americana de toda la década de los ochenta y de los noventa produjo todo tipo de manifestaciones: el fin de la Guerra Fría entre Rusia y EE. UU. Gorbachov visitó EE. UU. y se establecieron relaciones amigables de dos históricos países enfrentados. Hay fotos muy emblemáticas de Ronald Reagan y Mijael Gorbachov, de Gorbachov hablando maravillas de EE. UU. y tratando de copiar el modelo capitalista, para cambiar el modelo comunista de la ex URSS.

Existieron, en estos 20 años de bonanza de mercados y de economía, muchos síntomas de inclusión. Otro bien manifiesto fue la histórica caída del Muro de Berlín y la unión de las dos Alemanias (la socialista y la capitalista), todo un emblema muy festejado en todo el mundo.

También existieron históricas reuniones de acuerdo entre Simon Pérez de Israel y Yaser Arafat de los Palestinos, con el presidente Bill Clinton como un privilegiado mediador de dos países enfrentados por territorio, por diferente religión y por múltiples razones.

Otra típica muestra del fenómeno de inclusión: los alemanes entraron a París, con un desfile militar, muy distinto de la invasión en la Segunda Guerra Mundial. Fueron aclamados por los franceses y por todo el mundo como un síntoma de que la historia había quedado atrás. Los otrora enemigos en la década del cuarenta, en la década del noventa demostraban al mundo manifestaciones de hermandad, de compañerismo.

En Latinoamérica, la década del noventa hizo que el gran boom del capitalismo, llevado por EE. UU. en su expansión gloriosa de 20 años, llevara a que el mote de imperialismo y de una política contestataria cambiara por las relaciones carnales como el modelo a seguir y a emular. Esto ocurrió en el gran mercado alcista de 1980 y que duró hasta el 2000 en Wall Street.

Hubo históricas reuniones del gran Papa que tuvimos (Juan Pablo II) con otros líderes de religiones, limando asperezas y buscando puntos de encuentro de diferentes religiones: los protestantes, los católicos, los musulmanes, los budistas.

La bonanza y el humor social positivo produce este fenómeno de inclusión; todos somos hermanos, las diferencias, si las había, se liman, y existen gestos muy festejados de unión de pueblos, unión en la bonanza. La economía funciona bien, los modelos se copian y dan bienestar a cada vez más parte de la población, los gobernantes gozan de más popularidad y entre los países se estrechan los lazos.

Las diferencias de raza, religión, política e ideologías se minimizan, se encuentran puntos de contacto y se tornan más amigables, dentro de la tendencia positiva del ciclo. Rusos y americanos con relaciones carnales; alemanes y franceses reconciliados. Surgen muchos intentos de unir países: la Comunidad Económica Europea es una realidad, y la Unión Monetaria es el corolario de esta unión con el nacimiento del euro en el 2000. Justo en el techo de las Bolsas, y en el mejor humor de los mercados, se unieron bajo esta moneda Alemania, Francia, Holanda, España, Italia. Sólo pocos países quedaron fuera del euro; países enfrentados 60 años como Francia, Alemania e Italia pasan a tener la misma moneda.

En la década del noventa, surgió el NAFTA, que se incorporó a México en 1993. Surgen tratados de cooperación entre países, el Mercosur.

Todas estas fueron manifestaciones de inclusión, reflejo de lo que generan los mercados en la bonanzas. (Ver gráficos 99, 99 A, 99 B, 99 C, y 99 D).

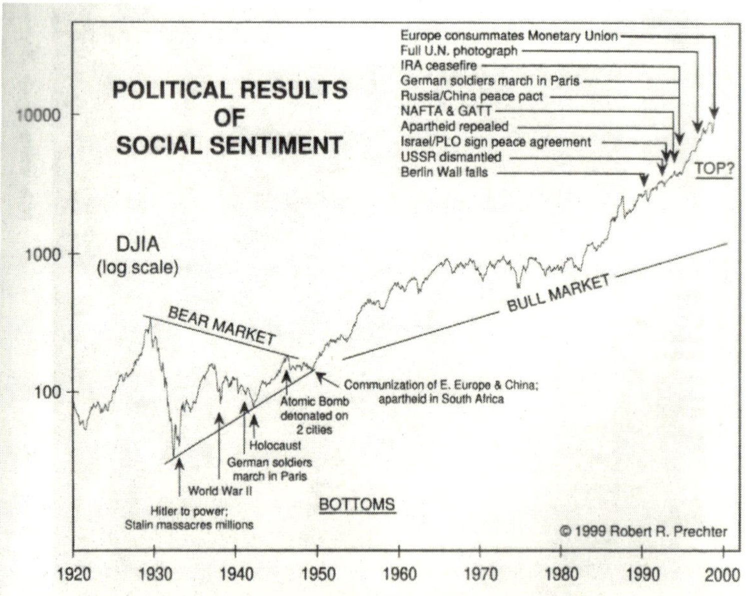

GRÁFICO NÚMERO 99. FUENTE: ELLIOTT WAVE INTERNATIONAL.

Peacemaking handshake between
Prime Minister Rabin of Israel and PLO President Arafat

GRÁFICO 99 A. FUENTE: ELLIOTT WAVE INTERNATIONAL.

UK and Ireland plan for peace

GRÁFICO 99 B. FUENTE: ELLIOTT WAVE INTERNATIONAL.

BREAKTHROUGH IN RUSSIA All is warmth

'no more war'
Jordan, Israel agree to seek permanent peace

GRÁFICO 99 C.FUENTE: ELLIOTT WAVE INTERNATIONAL.

Al revés, las caídas bursátiles fuertes y persistentes motivan los fenómenos de exclusión; esto es, las diferencias se hacen notorias entre ideologías, razas y religión, y se llega, en el peor de los casos, a resolver estas diferencias con conflictos armados o con violencia.

Desde la caída del 2000 (techo histórico de las tecnológicas en EE. UU.), a diferencia de la década del noventa en que toda Latinoamérica había apostado a relaciones carnales con EE. UU., existen dos líneas de pensamientos. En un polo, las contestatarias a la vieja usanza del imperialismo, guiadas por Chávez de Venezuela, seguida por Correa de Ecuador, por Morales de Bolivia. En el otro polo, Uribe (de Colombia), Calderón (de México) y Alan García (de Perú). García, que surgió en 1985 a 1990 como un líder socialista, regresó con un mensaje mucho más liberal 16 años después, justo en la bonanza de los mercados, desde el 2003 al 2007.

Argentina coquetea con Chávez, pero a la vez mantiene buenas relaciones con los otros líderes. Brasil emerge como gran potencia con su gran mercado alcista, y también se pone en árbitro de las diferentes corrientes con un socialismo capitalista, que pasa a ser el ejemplo a querer emular por muchos socios comerciales. Uruguay es socialista pero moderado, con Tabaré Vazquez y ahora con Mujica, que ganó en una histórica segunda vuelta. Llaman a la concertación con los otros partidos políticos para hacer un Gobierno de coalición.

En Chile Bachelet se fue con muy buena imagen y ganó las elecciones, en primera y segunda vuelta, Sebastián Piñera, un representante del pensamiento empresario. En Latinoamérica claramente surgen dos líneas de ideología o pensamiento: una encabezada por Chávez y otra por Gobiernos más alineados con EE. UU., como México, Colombia, Chile y Perú. Países como Brasil, Uruguay y Argentina son más moderados (aunque, en el caso de Argentina, muchos destacan las relaciones más carnales con Chávez).

El fenómeno de exclusión por razas, religiones e ideologías crece con los mercados bajistas. Ocurrió en la década del setenta, en que se dio la Guerra Fría en toda su magnitud entre EE. UU. y Rusia, y la guerra de Vietnam, en que indirectamente participaron ambos países, ayudando a uno y otro sector.

La peor manifestación de exclusión también es la guerra. Las diferentes ideologías pugnan por el control; no existe tolerancia entre unos creyentes y los otros, y sus diferencias se dirimen en conflictos.

La década del treinta y del cuarenta dio nacimiento al nazismo, y se cultivó el odio al judío. Se produjo el holocausto, la invasión alemana a Francia, la invasión alemana a Rusia, el ataque japonés alineado con Alemania e Italia a Pearl Harbour, y la Segunda Guerra Mundial en toda su magnitud. Luego, los aliados entraron a Alemania, devastaron al nazismo, y produjeron la caída y rendición de los alemanes, italianos y japoneses.

Ahora, con la caída de los mercados desde el 2000, se incrementó la desconfianza hacia la comunidad musulmana, involucrando a Al Qaeda con una guerra santa contra EE. UU. desde el terrorismo. Hubo invasión de Israel a la frontera de Gaza.

Es decir que, en los mercados bajistas, el humor social cambia, se altera, se crispa y se marcan mucho más las diferencias existentes en ideología, capitalismo, socialismo, comunismo, religiones (musulmana, católica, protestante, budista y otras) razas (aria, amarilla, negra y otras). Estas diferencias se van a acentuando y muchas veces depende del tamaño de la caída de los mercados. La crispación que genera la crisis, que es económica, política, con crecimiento de desempleo y con recesión, puede hacer que esto termine en conflictos armados, como ocurrió en muchos momentos de la historia y fue apuntado en segmentos anteriores (ver gráfico número 100).

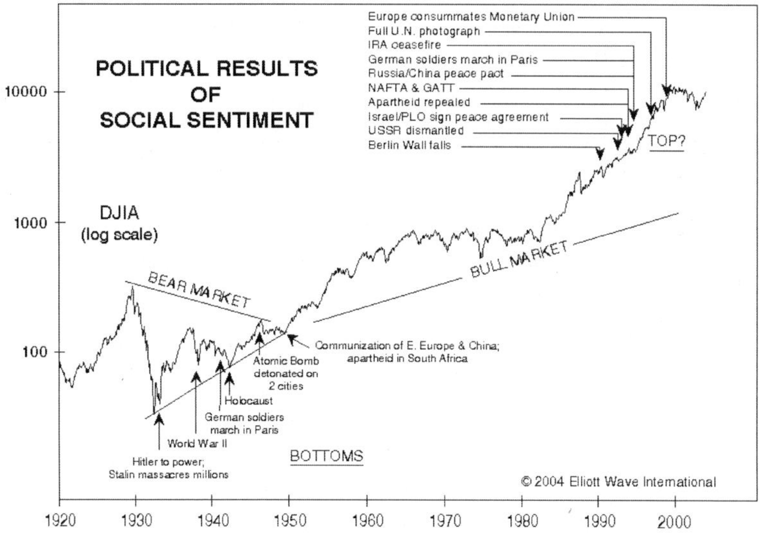

GRÁFICO 100. FUENTE: ELLIOTT WAVE INTERNATIONAL.

VI.2. LA POLLERA DE LAS MUJERES Y LA CORBATA DE LOS HOMBRES

"Dime cómo te vistes y te diré cómo te sientes". Esta frase tiene una gran verdad: muchas veces las modas de las mujeres y de los hombres van mutando. Sin embargo, la moda o la ropa debe expresar cómo se están sintiendo el hombre y la mujer.

Existen estudios que vinculan la corbata de los hombres con el humor imperante, y los colores que usa la mujer también con el mismo humor imperante. Si uno personalmente se siente bien, se siente seguro, parecería que puede usar un vestuario más osado en colores, algo que transmite la seguridad que no importa el que dirán. Yo me siento bien para usar esto y me pongo esta ropa, este color.

Al revés, si no se está sintiendo bien, se duda sobre el vestuario. Uno quisiera pasar desapercibido, no usar colores estridentes, usar ropa más formal, con menos colores. Esto refleja que, en realidad, como no me siento bien y estoy con muchas incertidumbres, "no quiero llamar la atención y no me siento capaz de vestir más osadamente con colores más estridentes".

Obviamente esto depende de las diferentes personalidades, pero en general existe una relación entre cómo uno se siente y cómo se viste. Estas conductas agregadas producen las modas. Los modistos tratan de leer las necesidades de la sociedad y del humor, para generar los nuevos diseños de ropa. Obviamente deben tratar de leer bien el estado de la psicología de masas porque quieren que su colección sea exitosa.

En el gráfico número 101, que a continuación se expone, usted puede ver la relación de los mercados y los colores y la falda de la mujer.

GRÁFICO 101. FUENTE: ELLIOTT WAVE INTERNATIONAL.

Fíjese en cómo, en el gran Bull Market de 1920-1929, la mujer usaba la falda o pollera hasta la rodilla y se animaba con colores claros. Observe cómo, en la fuerte caída en la Depresión de 1929 a 1932, la moda mutaba a una falda o pollera hasta el piso, donde la mujer no mostraba nada. Los colores de moda se iban a oscuros intensos, para reflejar una época oscura.

El gran Bull Market, la época dorada de todos los tiempos de EE. UU., la gran suba desde 1932 y 1942 hasta 1966-1969, generó, en los techos de 1969, la moda de la minifalda. Esta moda inclusive se propagó a Latinoamérica. En Argentina recuerdo haber visto a mujeres nacidas en 1950-1955 usar minifaldas desde fines de la década del sesenta y comienzos del setenta.

No importaba si la mujer tenía lindas piernas o no; la minifalda estaba de moda, la mujer demostraba la seguridad y confianza de la época, y muchas mujeres se animaban con las minifaldas.

Minifaldas muy cortas al extremo

Luego la caída de la Bolsa, desde 1970 a 1980, se registró el regreso de colores oscuros y de la falda hasta el piso en las mujeres, acorde con la caída bursátil. La época de crisis inseguridad, recesión, inflación, produjo que la minifalda fuera mal vista, y las mujeres volvieron a cubrir sus piernas y usar colores más oscuros.

El gran mercado alcista de las décadas de los ochenta y de los noventa hasta los techos de 2000 marcó nuevamente, cerca del techo, el regreso de la minifalda en la mujer (no al nivel de fines de los sesenta y comienzos de los setenta, que fue un clamor pero, del mismo modo, la minifalda volvió a las mujeres nuevamente, que mostraban las piernas, su seguridad de cómo se sentía).

En el gráfico no se aprecia pero, luego de la caída de las Torres Gemelas en el 2002, toda la moda que se impuso en Nueva York en las pasarelas fueron nuevamente colores lúgubres, negros, sin colores estridentes y maxifaldas, nuevamente con la falda hasta el piso en las mujeres.

Esta descripción suele ser muy graciosa en mis cursos. Rápidamente llegamos a la conclusión de que, si los Gobiernos conocieran esta relación de que los mercados buenos (con bonanza económica) coinciden con las polleras cortas de las mujeres, deberían instituir por decreto el uso de minifalda para todas las mujeres entre 21 y 40 años. De esta forma la bonanza económica y financiera de los mercados podría continuar.

Esto sería a modo de broma porque sabemos que la moda es consecuencia de cómo se siente el humor social; es decir, la moda es consecuencia. La pollera corta es consecuencia de que la sociedad se sienta bien en general y, dentro de ésta, la mujer muy segura se anima a ser más osada, mientras, en los mercados bajistas, ocurre el efecto contrario. En este caso, está mal visto mostrar, ser osada (siempre hay excepciones, pero éstas confirman la regla). Las inseguridades y los miedos terminan llevando la falda hacia el piso, y los colores son muchos más lúgubres.

VI.3. CORRIENTES FEMINISTAS O MACHISTAS

Curiosamente, en muchos países, el mercado financiero está dominado por hombres. los traders son hombres y son limitadas las mujeres que se acercan profesionalmente a los mercados. Esto es una estadística lamentable ya que creo que las mujeres podrían ser, con su intuición y muchas veces con su frialdad, muy buenas operadoras en los mercados financieros. Allí la frialdad, para no caer en la codicia y en la euforia, o en el temor y el pánico, es un requisito indispensable del éxito. Siempre remarco en mis cursos que los mercados con sus bonanzas y con sus crisis van definiendo cambio de roles en la mujer.

Algo muy simple y básico: en los mercados alcistas o positivos, los fenómenos de inclusión hacen que el talento más valorado sea la inteligencia, y la libertad existente y la tolerancia hacen subir el valor de la mujer a un nivel de igualdad con el hombre. La mujer puede ser tan o más inteligente que el hombre. Esto es algo que viene naturalmente y, por lo tanto, en los mercados alcistas, es donde se produce la aparición de mujeres en la escena de la economía, de la política de la sociedad y de las empresas.

Muchos especialistas en la corriente feminista dicen que ésta nace precisamente en 1974, piso de Wall Street, y ha crecido la participación de la mujer de la mano del gran mercado alcista y del mejoramiento de la economía, donde el talento más valorado es la inteligencia. Es así como surgen numerosas empresarias mujeres, muchas ejecutivas mujeres exitosas.

Lo contrario también es válido (y lo digo en numerosos cursos) en los mercados bajistas. El talento más valorado es la fuerza. Para poder contener el caos y la crispación social, se necesitan líderes fuertes. Muchas veces esta crispación desemboca en conflictos armados en mercados bajistas y, en los conflictos, es el hombre el que mayoritariamente forma parte de las fuerzas armadas que libran los combates.

La mujer en general, con raras excepciones en los grandes mercados bajistas, se refugia como eje familiar, en el cuidado de los hijos, mientras muchos de sus esposos están alistados en las reservas, o en el ejército, o directamente en el terreno de batalla. Es por ello por lo que los mercados alcistas benefician el rol de la mujer por su inteligencia, y la tolerancia y amplitud que existe en el humor social hace que más y más espacios se abran en su favor. Y lo hacen con gran eficiencia, demostrando que pueden ser tan o más inteligentes que los hombres.

Los mercados bajistas desvirtúan, lamentablemente, el rol de la mujer y también se produce la caída de los valores morales. Lo que está bien y está mal en una crisis es cuestionado y produce que las peores manifestaciones de crispación social coloquen al hombre en la violencia y en el conflicto, para defender sus intereses y supervivencia.

El poder y la fuerza surgen como los valores a tener dentro del caos reinante en una crisis severa y, en ese entorno, la mujer con su naturaleza pasa a ser más débil que el hombre. Esto se comprueba en los deportes, tenis, atletismo, etc. La naturaleza física del hombre es más fuerte que la de la mujer. Marcas de natación, de 100 metros, de levantamiento de pesas, en tenis, son indicadores de la naturaleza del hombre. Y entonces, en épocas en que la fortaleza física es requerida, el hombre gana posiciones en contra de la mujer.

Las corrientes feministas tienen su vigor en el mercado alcista y su apogeo, por su inteligencia, cerca de los techos y también su decadencia en los mercados bajistas y cerca de sus pisos. Argentina puede dar fe de ello: el gran mercado alcista de la Bolsa de 1992 y de 1994 dio aparición a las mujeres políticas que luego cayeron en desgracia con el mercado bajista. Pero, en 1994, techo histórico del índice General de Argentina, fue el mejor momento de Adelina Dalesio de Viola y de María Julia Alsogaray, prototipos de las mujeres inteligentes que llegaron a la cima del poder en el Gobierno de Menem.

El otro ejemplo notorio es la actual presidente de Argentina. En efecto, es elegida con amplia mayoría Cristina Fernández de Kirchner que, independientemente de las críticas que pudiera tener, siempre fue considerada desde sus actuaciones en el senado argentino como un prototipo de mujer inteligente. Ella es ungida presidente en el año 2007 en el Merval de 2300 puntos (700 dólares), la suba histórica, una de las más importantes de la Bolsa argentina, mucho más que la de Menem desde 1989 a 1994. Esta suba terminó con la elección de una dama en la presidencia por primera vez en la historia por el voto popular. El otro caso de una presidente mujer en Argentina fue heredada por la muerte del líder Perón; ella fue Isabel Martínez de Perón.

En Latinoamérica tenemos también el ejemplo de una presidente mujer en Chile. Bachelet fue ungida presidenta antes que Cristina Fernández de Kirchner. Bachelet es un ejemplo de un mandato exitoso. Se retira en Chile en el 2010, con un alto índice de aprobación y aceptación. Muchos dicen que, si se permitiera la reelección en Chile y se se presentaba, hubiera ganado por amplia mayoría.

VI.4. LAS MUJERES Y EL IDEAL DE HOMBRE

En algunas partes de mis cursos, que los alumnos suelen festejar, se ven las modas de las mujeres en el ideal de hombre. Generalmente les pido a los alumnos que pregunten a sus abuelas sobre las décadas del cuarenta, cincuenta y hasta del setenta en Argentina. Las mujeres, hablaban del general, el coronel, el teniente, es decir, de los militares en Argentina. En el piso del mercado de la década del setenta, en 1976, mis padres insistían en que estudiara en un colegio militar y que hiciera una carrera militar. En ese momento la institución militar gozaba de prestigio, y las mujeres consideraban buenos candidatos a los militares para casarse y también que sus hijos hicieran una carrera militar.

En épocas más recientes, una diva argentina, una de las más reconocidas y admiradas por su espontaneidad, es una buena muestra de las preferencias de las mujeres en la década del setenta (el gran mercado bajista). Fue pareja del pugilista más importante de todos los tiempos de Argentina, Carlos Monzón. Luego en la década del noventa, terminó casándose con un jugador de polo y después manifestó su preferencia por empresarios.

Es decir, la moda de la fuerza de los setenta hizo que los deportistas como boxeadores fueran famosos y tuvieran la predilección de muchas mujeres. También ocurría lo mismo con los militares. Cuando el mercado alcista cundió fuerte, las mujeres empezaron a valorar la inteligencia más que la fuerza.

En todo caso, las mujeres valoran el éxito en general. En los mercados bajistas, el hombre exitoso es el que representa la fuerza y el poder. En los mercados alcistas, el hombre exitoso es el empresario, el inteligente que, con astucia, puede hacer grandes negocios.

VI.5. LA DELINCUENCIA, LA PROSTITUCIÓN, LAS DROGAS Y LA RELIGIÓN EN LOS MERCADOS BAJISTAS

Los mercados bajistas fuertes anticipan que el humor social se pondrá muy negativo. Ello implica que la economía andará mal, habrá recesión económica y, con ello, el desempleo irá aumentando y existirá mucha incertidumbre. Puede existir o depresión económica o estanflación, esto es, estancamiento con inflación.

Cualquiera de estos escenarios hace que la oferta laboral se reduzca, aumente la demanda laboral y aumente el desempleo. El Estado no da abasto para aplicar políticas anticíclicas, con planes sociales, subsidios, y las mismas arcas del estado se encuentran amenazadas. En medio de este panorama, tanto el humor social como las noticias se encuentran muy negativas.

Los que tienen empleo están con incertidumbre acerca de éste porque las empresas no están funcionando bien. Algunas trabajan con pocas ganancias y otras con pérdidas. Por lo tanto, la incertidumbre gobierna hasta a los empleados, que toman medidas restrictivas de consumo, eligen no cambiar su auto, refaccionar su casa, comprar dólares, y la economía está en el circulo vicioso de un espiral de desconfianza.

En este contexto muy negativo, el desempleo y la incertidumbre del empleo produce una caída en los valores morales muy importante en la sociedad, y tiene directa implicancia en la delincuencia, la prostitución y las drogas.

En efecto, la caída de valores morales hace que los padres de familia, en un instinto de supervivencia, estén más proclives a cometer actos delictivos para poder sostener a su familia en algunos casos. Y en otros también fomentan que sus hijos lo hagan, para que no falte el pan en la mesa. El instinto de supervivencia hace que lo que está mal sea visto como algo necesario para la subsistencia y, por lo tanto, en grandes crisis, la delincuencia alcanza grados mayores que en épocas de bonanzas.

Adicionalmente, la crispación social hace que la delincuencia venga acompañada de violencia, porque la escasez de recursos, y también su mala distribución, genera antinomia y lucha de clases, con sentimiento de odio que afecta directamente la violencia que va en aumento.

Los índices de mujeres que se vuelcan a la prostitución también van en aumento. Su valor moral en muchos casos es dejado de lado para que no le falte el pan a su hijo o a su familia, y decide prostituirse para buscar una salida a la terrible situación por la que está pasando su familia y su hogar.

La droga y el alcohol producen fenómenos de escapismo de la realidad. Cuanto peor es la realidad, cuanto más honda es la crisis, más droga y alcohol se consume en la juventud y en gente adulta, para tratar de evadir la realidad. Lamentablemente, la crisis produce que las drogas más letales, las más baratas, aquellas que matan más rápido, se consuman; también que el alcohol que se consuma sean bebidas blancas con mala destilación, o con alto contenido etílico, con letales consecuencias para el que las consume.

La droga y el alcohol también hacen que el estado de la persona emocional esté apto para cometer delitos, y es la excusa para bajar su escala moral y animarse a hacer cosas prohibidas que de otro modo le costarían más. También esto suele suceder en el caso de la prostitución.

La peor escoria del comportamiento humano aflora en las crisis y es caldo de cultivo para que el espiral de las malas noticias siga propagándose en la sociedad. Este espiral empieza en la economía, en el desempleo, en las necesidades, y termina en delincuencia, violencia, drogas y prostitución, como medios de subsistencia en algunos casos, escapismo en otros, y coraje inducido para hacer algo prohibido o delictivo.

A nivel organizado, suele ocurrir que, en las crisis, el terrorismo se expande, y también la subversión. Encuentran mucha gente desempleada, enardecida por la situación y, por lo tanto, esto también es caldo de cultivo para que el terrorismo y la subversión surjan más y con mayor violencia. Esto es lo que potencia el estado de crispación social y humor negativo en la sociedad. El caos impera en fuertes caídas de mercados, con un contexto económico y social muy negativo.

Durante la década del setenta y comienzos de los ochenta, Latinoamérica puede dar fe de ese estado.

En Argentina, tuvimos los montoneros, y también el ERP, entre otros movimientos, con atentados muy seguidos, secuestros y luego, con el advenimiento de los militares, una verdadera guerra entre el Estado y la subversión. Ésta terminó con muchos desaparecidos.

En Chile también hubo Gobiernos militares, como el de Pinochet, que luego fue juzgado por sus actos en su época de Gobierno. Había, en la década del setenta, una crispación social importante en toda Latinoamérica. La época del estancamiento y la inflación en el mundo, liderado por el Norte en EE. UU., también se reproducía en las economías regionales y en los mercados entre 1967 y 1976 en algunos casos, y en otros registraban continuas pérdidas en sus cotizaciones con un humor muy negativo. Esto se trasladó a un humor social con violencia, inseguridad y caos.

En Perú tuvimos a Sendero Luminoso como protagonista de más de una década. En Perú la inseguridad y el caos de la subversión hacía que propiedades fastuosas fueran vendidas al 10 ó 5% de lo que normalmente valían. La gente que estaba bien económicamente decidía irse del país por la ola de inseguridad, de atentados, y el caos existente en todo Perú. Lima, su capital, no estaba exento de ésta.

En el caso de Colombia, tuvimos la guerrilla de la FARC, y la combinación con la feroz guerra con el narcotráfico. La imagen del narcotráfico, Pablo Escobar, llegó a ser parte del parlamento o congreso colombiano, y hubo momentos de mucha inseguridad, muertes, atentados, secuestros.

En estos países la década del setenta fue muy violenta y, en algunos, se extendió hasta bien avanzados los ochenta, en que la población necesitaba el orden dentro de tanto caos; un orden y una mano fuerte que luego fueron juzgados por las atrocidades que cometieron. Pero era una verdadera guerra para parar la ola de violencia, secuestros y atentados, que continuó por más de 10 años en algunos casos. La crispación social caracterizó a países como Argentina, Chile, Perú y Colombia.

La caída de los mercados, entre el 2000 y 2003 en Europa y en EE. UU., produjo tres atentados del terrorismo muy trágicos: el atentado a las Torres Gemelas, en septiembre del 2001; el atentado de marzo del 2003 en Madrid; y el atentado de julio del 2003 en Londres.

Lamentablemente, los mercados bajistas que duran en el tiempo siempre anticipan problemas, y esos problemas (cuando las caídas son grandes) van acompañados de una crispación social fuerte que lleva a violencia, subversión, terrorismo, delincuencia, inclusive a conflictos bélicos entre países, como nos ocupamos previamente en este libro.

Un tema aparte es la religión. Ante la crisis, la adversidad, el hombre puede elegir el escapismo a través del alcohol, la droga, verse incitado a delinquir a la violencia pero, por otro lado, también se da un fenómeno que acompaña los mercados bajistas y el humor social negativo. En este humor social tan negativo, hay gente que decide buscar refugio espiritual, y se da un verdadero boom de la religión. La gente que no quiere perder la esperanza en la crisis recurre a la religión (ya sea católica, evangelista, testigos de Jehová, mormones). Existen muchas posibilidades y la gente se vuelca a sus reuniones, se vuelca masivamente a San Cayetano a pedir por trabajo, que es el bien más necesitado y valorado.

La religión ayuda, en su recogimiento, con la esperanza de una mejor vida en el más allá, y que toda crisis es una prueba que debemos pasar y superar para tener el merecido premio en el cielo. En la trascendencia post mórtem. La religión suele ser una contención muy importante, para evitar que, en la crisis, el ser humano caiga en la delincuencia y en la violencia. Da una gran contención y fomenta la hermandad en épocas muy difíciles para la sociedad.

No es que en la bonanza la religión no tenga sus adeptos, sino que, en las crisis, existe mucha gente necesitada, desempleada, desesperada, crispada, que necesita una contención. La religión surge como una buena y sana contención. Sin embargo también hemos dicho cómo, en crisis muy severas en tiempos y en precios en los mercados, la crispación es tal que, entre las religiones, puedan existir diferencias y conflictos, y algunas religiones muy radicalizadas. Puede ser la excusa para realizar lo que se denomina una "guerra santa", como es la que pregonan los seguidores de algunos grupos terroristas musulmanes muy radicales, que buscan adeptos en la religión para justificar sus actos delictivos. También esto puede ocurrir y es parte del mismo fenómeno, la crispación social, que hace que cualquier catalizador de voluntades se use como excusa para recurrir al conflicto y a la violencia.

VI.6. EL CINE Y LOS MERCADOS

En el gráfico número 102, se muestra el índice Dow Jones ajustado por inflación y por la tendencia que ha habido en las películas de Hollywood. ¿Qué tienen que ver los mercados con Hollywood? Usted debería pensar que, si los mercados son un excelente barómetro para medir el humor social y para poder anticiparlo, entonces por allí empezará a encontrar el nexo existente.

En los mercados bajistas de la Bolsa de Valores, el humor social se empieza a poner negativo. Cuando estas tendencias duran mucho tiempo y son agudas, este humor negativo va en aumento hasta la crispación social. Es una época en que la sociedad está invadida de depresión, de miedos, de temores, de caos, de broncas, de reclamos, de disturbios.

En los mercados alcistas de la Bolsa de Valores, el humor social se empieza a poner positivo. Cuando estas tendencias duran mucho tiempo, el humor positivo se transforma en confianza; luego, en euforia, y son valores que se reflejan en la sociedad en el humor social.

El éxito o la taquilla de las películas dependen de que las películas puedan leer el humor social. En realidad, si leen correctamente el humor social, son éxitos en taquilla y si no, pasan desapercibidas. Por lo tanto, en las tendencias bursátiles diferentes, son diferentes las películas que suelen ser más taquilleras.

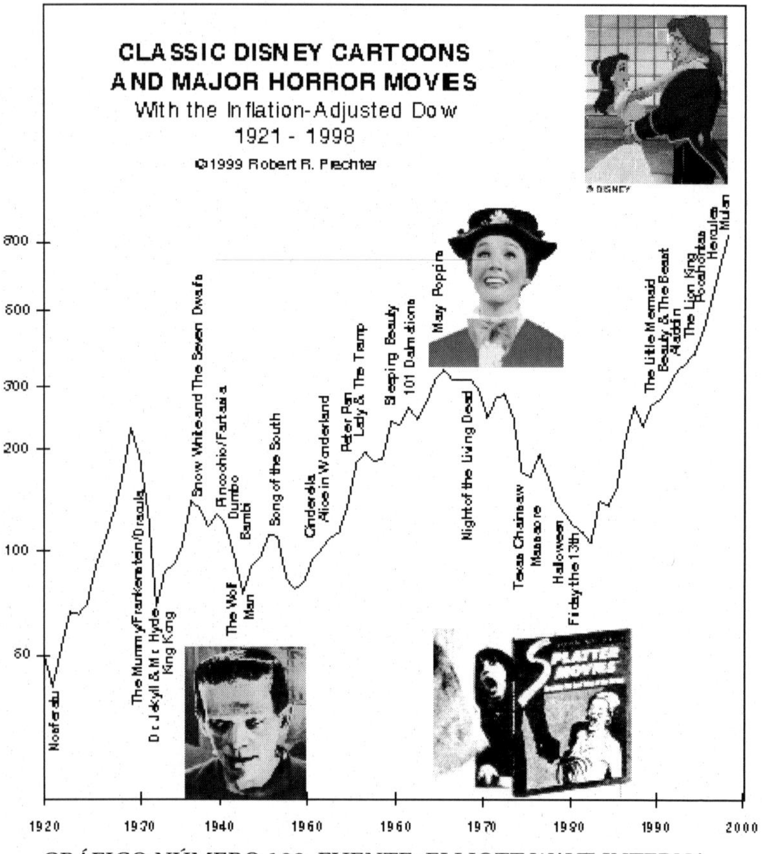

GRÁFICO NÚMERO 102. FUENTE: ELLIOTT WAVE INTERNATIONAL.

Elliott Wave International nos muestra cómo, en la gran caída de la Bolsa desde 1929 a 1932, con un mercado bajista de una caída del 95% y con un humor social que se mantuvo negativo hasta inclusive el fin de la Segunda Guerra Mundial, tuvimos películas de terror, de miedo, que fueron las más taquilleras.

Entre 1930 y 1942, tuvimos como películas más taquilleras *La momia, Frankenstein, Drácula, Dr. Jekyll y Mr. Hyde, King Kong* y *El hombre lobo.* Al ser la caída la más severa de la historia en Wall Street en donde el Dow pasó de 430 puntos a 40 puntos en sólo 3 años, la crispación social, el humor, fueron tan negativos que llegó la guerra como la peor manifestación negativa del humor social, la Segunda Guerra Mundial.

Entre 1930-1942, la sociedad vivía con grandes temores, con grandes depresiones, con gran crispación. Allí las películas de terror eran las que mayor éxito tuvieron en la sociedad. Inclusive, por única vez en 1932, todos dicen que el Oscar de Hollywood debió ser para un actor de una película de terror y, de hecho, estuvo nominado.

La segunda época de caída bursátil fue la década del setenta. Si bien no fue tan severa como la del treinta en términos de índice, sí lo fue en términos de índice Dow ajustado por inflación (porque la década del setenta marcó una gran y generalizada suba de precios en EE. UU.), la famosa estanflación, estancamiento con inflación. Allí también aparecieron películas de terror que tuvieron gran recepción y marcaron gran taquilla: *Masacre de Texas, Halloween,* y *Friday the 13th.*

En Elliott Wave International marcan cómo, en los mercados alcistas, las películas de caricaturas se ponen de moda y son las más taquilleras. Reflejan el cambio de humor en los mercados alcistas; ya no hay miedos, ya no hay pánicos, ya no hay depresión. Empieza a haber confianza, empieza a haber euforia, y entonces el humor social pide otro tipo de películas.

En la época dorada de Disney, en el gran mercado alcista (desde 1950 a 1968) se sucedieron *Peter Pan, 101 dálmatas, Bella Durmiente* y *Mary Poppins,* muy taquilleras en el mercado alcista. Luego, el gran mercado alcista desde 1982 al 2000 fue la época de *La Bella y la Bestia, Aladdin, el rey León, Pocahontas, Hércules* y *Mulán.* De nuevo los cartoons (dibujitos animados) de Disney tuvieron gran éxito.

Desde mi punto de vista, haría algunas observaciones acerca de Hollywood. ¿Cómo ve Hollywood a los extraterrestres y cómo ve Hollywood a los americanos?

En la década del setenta (que ya vimos fue una época difícil), una de las películas más taquilleras fue *ET*. En dicha película, Hollywood miraba a los extraterrestres como seres muy dulces, muy tiernos, que tenían una linda vida en otro planeta. Nos mostraba que lo malo que estaba acá en la Tierra contrastaba con lo bueno que estaba y venía de otra parte de la galaxia.

Ocurre algo muy distinto en 1994, con *La Guerra de la Independencia*, en donde los extraterrestres que nos invadían eran feos y malos, y que los americanos y todo el mundo se ponían detrás de ellos para salvar el planeta justo el día de la Independencia de EE. UU. Finalmente el presidente, subido en un avión, pudo derribar, con un héroe que allí forjó su vida, la nave insignia. El actor de la película es William Smith, el mismo actor taquillero de la película *Soy leyenda*, de comienzos del 2008, donde un virus había destruido a la humanidad y él quedaba como único habitante de la ciudad de Nueva York con su perro. En una película sobreviven él y todos los humanos (una imagen de confianza); en la otra de desolación, sólo él sobrevive.

En los últimos años, con la caída de Wall Street, hemos tenido muchas películas que muestran miedos, guerras. Las películas de guerra habían sido abandonadas y han vuelto por el humor social negativo. Hemos tenido películas como *2012*, que hablan del Apocalipsis, del fin del mundo. Es decir, son películas que reflejan que el mundo puede terminar acabándose, películas que reflejan violencia, películas que reflejan miedo.

Una película muy taquillera fue filmada con una cámara de video, con la que se muestra cómo un demonio persigue una chica *(Paranormal activity)*. Es decir, las películas de terror, guerra, y de tragedias han vuelto a ser las más taquilleras con la gran caída del 2008 y de parte del 2009. Recuerden que el humor social persiste una vez que el mercado ha empezado a recuperar, para recién, si la suba bursátil se transforma en tendencia, cambiar el humor de negativo a positivo. Una película muy emblemática y que marcó que el Oscar se diera a una película extranjera fue *La vida es bella*, con el actor reconocido Bellini. Esa película, si la ha visto, en realidad le enseña cómo en la adversidad, en medio de una guerra, en medio de una depresión, un padre desarrolla su gran amor por su hijo, crea una fantasía y termina trágicamente. Una película típica de nostalgia, de esperanza dentro de un escenario de depresión, típica de mercado bajista. Siempre recuerdo que es muy importante el *timming* de cuándo hacer las películas. Doy el ejemplo del actor Kevin Kostner, conocido por su película *Guardaespaldas* y por otras, y muy celebrado por la platea femenina. Él hizo dos películas muy depresivas que fueron un fracaso. Las hizo con el humor positivo de la década del noventa. Hizo *Waterworld*, donde la mayor parte de la película se pasa en el agua. El agua había copado la tierra. La otra película era *El cartero*, que que hablaba de una guerra que había devastado a EE. UU. Películas de corte negativo, nostálgico, de terror, de tragedias que seguramente hubieran triunfado si se lanzaban en el año 2008-2009 de humor negativo. Lanzadas en la década del noventa con gran humor positivo, cayeron en desgracia en taquilla. Si Kevin Kostner hubiera interpretado la frenética subida del Dow y hubiera caído en la cuenta de que ello reflejaba el humor positivo, quizás no hubiera lanzado sus dos producciones que fracasaron en la taquilla. Sólo era cuestión de esperar unos 10 años para su lanzamiento. Se adelantó demasiado en la nueva tendencia.

En el capítulo de la música, nos ocuparemos de ABBA, un conjunto sueco que dominó el mercado bajista de 1972 a 1982, con sus baladas suaves, pegadizas. Este grupo, que primero fue llevado a Broadway, se ha inmortalizado con un película muy taquillera en el año 2008-2009. Con el gran mercado bajista de Wall Street, salió esta película con actores reconocidos como Meryl Streep y Pierce Brosman, y tuvo excelente acogida en el espectador.

Otra película taquillera de mercado bajista o humor negativo es *Avatar*, que muestra un planeta similar a la tierra, en donde los humanos son los malos, mientras que los habitantes del planeta son seres tiernos, básicos, pero con conexión con la naturaleza, con un final donde un ser humano termina convirtiéndose en un avatar y quedándose en ese planeta. Todo un mensaje de una película que marcó record de taquilla.

Otra película para mencionar es *El libro de los secretos*, con el actor taquillero Denzel Washington. El protagonista es una persona ciega sobreviviente en una tierra llena de cenizas, de miseria, sin agua, y es portadora del mensaje del libro de los secretos la última Biblia. Todas películas con un claro mensaje bajista, de depresión de nostalgia, de miedos, de violencia.

Sobre el cine y los mercados habría mucho para investigar y para desarrollar. En realidad, si los mercados anticipan cambio de humores sociales importantes y se embarcan en tendencias importantes, en mercados bajistas, la depresión, los miedos, la crispación que existe hace que películas que reflejen lo que la sociedad siente tendrán éxito. Al revés, cuando las tendencias son positivas alcistas, cuando existe confianza y euforia, tendrán éxito las películas que reflejen esto. Las que reflejen el éxito, la confianza, son las que tendrán mayor preferencia por el espectador.

VI.7. LA MÚSICA Y LOS MERCADOS

Tenemos el tema de la música y de los mercados. El concepto es similar; dependiendo de cómo se sienta la sociedad (el humor social), es el tipo de música y los conjuntos musicales que logran masivos éxitos en la canción.

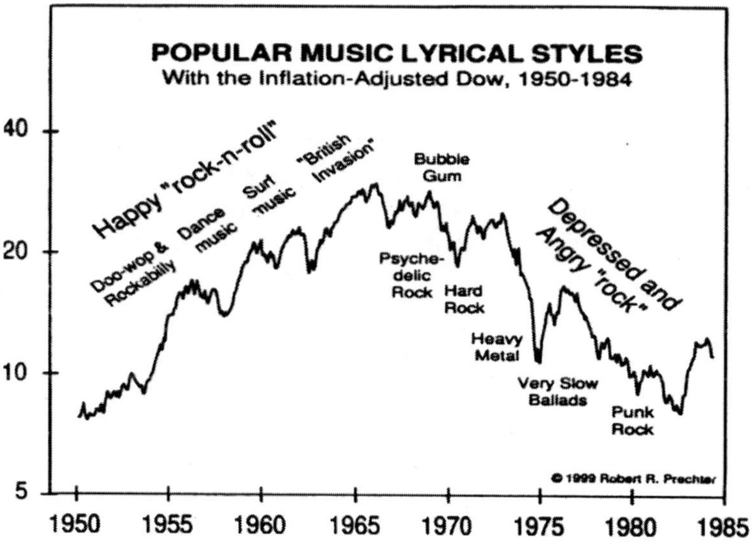

GRÁFICO NÚMERO 103. FUENTE: ELLIOTT WAVE INTERNATIONAL.

Como muestra el gráfico del Dow Jones ajustado por inflación (ver gráfico 103), vemos la gran tendencia alcista de la década del cincuenta y de la década del sesenta. Fue la época del rock n' roll feliz. Si es nacido desde 1940 a 1955, o si tiene parientes, consúltele la música de moda en esa época. Fueron los 20 años del rock n' roll, de la fiebre del rock "feliz" y de las minifaldas. Toda la década del sesenta, parejas bailaron al ritmo frenético del rock, pasando las parejas por debajo de las piernas, por arriba de la espalda a un ritmo muy rápido, con muchas mujeres con polleras cortísimas. Esto ocurrió entre 1960 y 1970, y es el furor de dicha época. Elvis Presley es el mejor exponente, que surge como el rey indiscutido del rock.

Justo cerca del techo histórico de la Bolsa porque demoró 17 años en superar los 1000 puntos, se dio el advenimiento de uno de los conjuntos más emblemáticos, los Beatles.

Algo que es una característica de los mercados alcistas es que, cerca de los techos, la confianza, el humor positivo, la sensación de que todo está bien hace que la música foránea sea aceptada, sea festejada. El más claro ejemplo de ello fue la euforia que produjo en EE. UU. la llegada de los Beatles. La Beatlemanía invadió EE. UU.; por eso en el gráfico se expresa como la "Invasión Británica". Los Beatles justo tomaron los últimos años del mercado alcista mundial y también su techo, y luego la primera parte de la caída del mercado.

El hecho de que un conjunto foráneo haya liderado todos los *rankings* americanos, es un símbolo de la complacencia, de la tolerancia, de la globalización, todos síntomas propios de un mercado alcista que genera eso: confianza, inclusión. Todos podemos ser iguales sin distinguir razas, religión, países y, por lo tanto, la música foránea es festejada y bienvenida, dejando de lado cualquier nacionalismo. En los techos el nacionalismo es dejado de lado, todos somos hermanos; el pensamiento se masifica y el humor social se pone muy positivo.

Usted mismo puede ver la transformación de los Beatles: ellos llegaron con su pelo corto, elegantemente vestidos, como algo típico de la década del sesenta, de la época dorada. Luego del techo de Wall Street, ellos empezaron a usar su pelo más largo. Después aparecen los problemas de drogas, y finalmente terminan con la separación del más emblemático de los integrantes: John Lennon (quien llegó a decir que la Iglesia Católica estaba en franco declive y que los Beatles eran más populares que Jesucristo).

A mediados de 1970, Paul Mc Cartney anunció la separación del grupo. Tuvieron 10 años de una fama impresionante; vendieron la mayor cantidad de discos de la historia y conquistaron EE. UU. en 1964. El techo de Wall Street fue en 1966, y allí empezó su declive. La banda terminó en 1970, cuando empezó el mercado bajista de los 70.

El más grande exponente del rock desde 1955 a 1964 fue Elvis Presley. Tuvo su regreso con gloria después de comienzos de los setenta, justo cuando los Beatles se separaban. Tuvo 3 años en donde su imagen de ídolo se convirtió en leyenda, y su techo de imagen personal fue marcado junto con el mercado de Wall Street, junto con el techo de Richard Nixon, a quien había visitado en la casa de Gobierno. Su techo o pico de popularidad fue el festejado concierto (el primero vía satélite) en Hawaii, que fue visto por 1500 millones de personas, "Aloha from Hawaii". Desde ese momento mágico, su momento más importante de reconocimiento y fama fue justo desde allí y junto con el mercado de Acciones americano, que su imagen, junto con el precio de las Acciones, se derrumbaron en 1974. Elvis Presley aceleró su caída con sus problemas de sobrepeso y de drogas; en los próximos años ya no podía cantar y falleció en 1977.

Las estrellas emblemáticas de la gran suba de 1955-1966 hicieron su techo y, en la gran caída de 1970-1976, cayeron en desgracia.

El techo del Dow Jones (Wall Street) de 1966 (luego el de 1969) anticipaba un cambio en el humor social, y ello se traduce en un cambio en la música. El rock pasó de ser el rock feliz al rock psicodélico de moda. Luego, en 1973, pasó a ponerse de moda el rock duro. Ya para 1974, con la renuncia de Nixon, el mercado en 570 puntos y, en términos con inflación en caída libre, se puso de moda el heavy metal. Empiezan a surgir bandas emblemáticas como Kiss, que se pintan, que se drogan, que en el escenario rompen sus guitarras y pisotean pollitos, un rock agresivo. En el fin del mercado bajista de 1982, en el piso del Dow ajustado por inflación, surgió el punk rock. Los cantantes, además de pintarse, se cortaban el pelo en forma extraña. La música pasó a ser violenta, contestataria, agresiva; reflejaba lo que el humor social sentía en aquellas épocas: miedos, depresión, bronca, nostalgia, síntomas propios de una gran caída de mercados y de un humor social negativo.

Un capítulo pequeño para la nostalgia. Entre 1972 hasta 1982, en todo el mercado bajista se pusieron de moda para otro público las baladas suaves, con su mayor euforia (entre 1975-1980 fue ABBA su grupo más emblemático). Canciones suaves, pegadizas de amor, de nostalgia, también fueron bien aceptadas en la década de caída desde 1972 a 1982. Este conjunto se separó en 1982, para nunca volver a juntarse, justo en el piso del Dow Jones ajustado por inflación.

Sin embargo, en los últimos años del 2007 al 2009 (mercado bajista de Wall Street), hizo furor nuevamente el remake de ABBA, con su obra *Mamma Mia*, en Broadway. Se hizo película y la interpretaron Meryl Streep y Pierce Brosnan. Una película de éxito de taquilla, que combina la nostalgia y el amor. De hecho, EE. UU. ha anunciado que el grupo en el 2010 será incorporado al Salón de la Fama.

Siguiendo con el mercado de Acciones, el gran mercado alcista del Dow Jones, tanto en términos nominales como ajustado por inflación, comienza en 1982. Este mercado alcista nace junto con otra leyenda de la música. Quién sino otro que el rey del Pop Michael Jackson. Es decir, en los mercados alcistas, se desarrolla el pop music como la música más exitosa. Muchas radios, una y otra vez, nos pasan los éxitos de los ochenta y de los noventa, según muchos, la época más gloriosa de la música.

Volviendo a Michael Jackson, ningún artista vendió desde 1982 hasta el 2000, en el gran avance de Wall Street, tantos discos como Michael Jackson, ganador de numerosos premios. Sus videos fueron cautivantes; sus bailes, únicos; y marcó todo una época: la época del pop music, que incluye subgéneros, como soul, funk, disco y dance.

Su disco *Thriller*, de 1982 (era el comienzo del gran Bull Market de Wall Street ajustados por inflación y llevaba 8 años de su mínimo), fue el álbum más vendido de la historia de la música. En 1993 Oprah Winfrey, la conocida entrevistadora americana, lo declaró como "el Rey del entretenimiento". En 1997, lanzó *Blood On The Dance Floor*, un álbum compuesto por cinco canciones nuevas y por ocho remixadas, procedentes del disco *History*. Vendió seis millones de copias y se convirtió en el álbum de remix más vendido hasta el momento. El disco llegó a la cima de las listas de éxito del Reino Unido. En los Estados Unidos, *Blood On The Dance Floor*, fue Disco de Platino y alcanzó el puesto 24 del Billboard 200. La famosa revista *Forbes* calculó los ingresos de Jackson entre 1996 y 1997 en 35 y 20 millones de dólares respectivamente.

En junio de 1999, Jackson participó de varios eventos caritativos, incluido un concierto benéfico organizado por Pavarotti, cuya recaudación fue utilizada para ayudar a los refugiados de Yugoslavia y a los niños más necesitados de Guatemala. Luego continuó realizando una serie de conciertos benéficos titulados "Michael Jackson & Friends", en los cuales participaron artistas reconocidos. Estos conciertos fueron en Alemania y en Corea, y la recaudación de éstos fue donada a la Cruz Roja y a la Unesco.

En octubre de 2001, Jackson publicó el álbum *Invincible*, su primer trabajo discográfico en seis años. Antes del lanzamiento realizó un concierto en el Madison Square Garden para celebrar su aniversario número 30 como solista, pocos días antes de los ataques del 11 de septiembre. *Invincible* debutó en la cima de las listas de éxitos de 13 países y vendió aproximadamente 13 millones de copias en todo el mundo y fue Doble Platino en EE. UU. Sin embargo, las ventas de *Invincible* fueron inferiores a las de sus anteriores trabajos, y el artista se vio envuelto en una serie de conflictos con Sony, ya que decidió suspender la promoción del disco a los dos meses de su publicación.

En octubre de 2001, Michael completó su trabajo en el nuevo sencillo para fines benéficos, titulado *What more can I give*, con la participación de otros artistas (al igual que *We are the World*), en respuesta a los actos terroristas del 11 de septiembre. Sin embargo, el sencillo no salió a la venta debido al abandono de Sony por parte de Jackson. Los conflictos con Sony continuaron y, finalmente, la Compañía disquera se rehúsó a renovar el contrato de Michael por haberse negado a realizar una gira prevista para 2002.

Como podemos apreciar, Michael Jackson (desde 1982 hasta el 2000) vivió sus épocas doradas. Después del 2000 y de la caída de Wall Street, arreciaron sus problemas. No es que no los tuviera antes: los tenía, pero no eran el centro de su atención. Entre 2001 y 2002, vemos que tuvo problemas con Sony y le rescindieron el contrato. En el 2006, se cerró su casa de ensueño: nuevamente habían arreciado las denuncias de abuso a menores.

En 2009, Michael Jackson anunció su despedida, con una serie de conciertos en Londres. El furor por el concierto hizo que se agregaran 40 conciertos a los programados en Gran Bretaña en Inglaterra. La muerte lo sorprendió en medio de sus planes de regreso en el 2009, y su tributo puede verse en la película *This is It*, en donde su puede ver cómo se preparaba para su regreso, que nunca se concretó. Esto es todo un símbolo del mercado alcista de Wall Street que cayó en desgracia junto con el mercado y ahora, lamentablemente para los amantes de la música, ha dejado de existir.

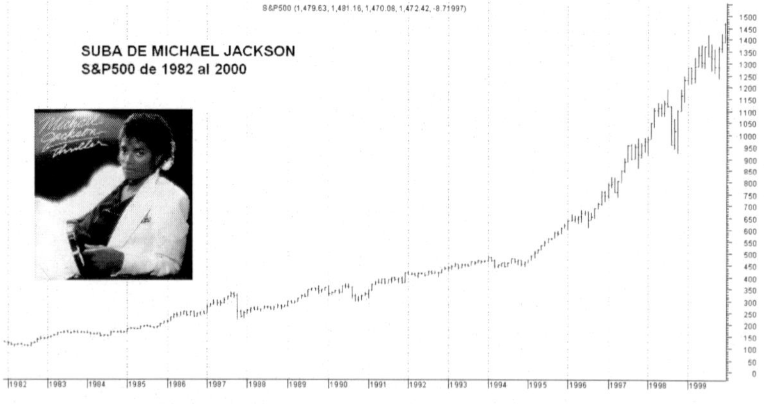

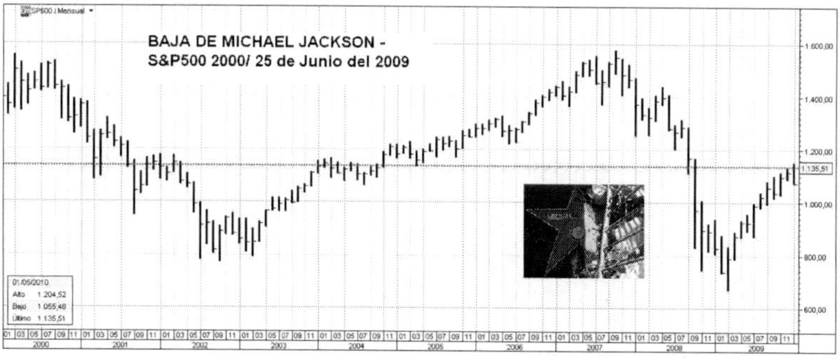

GRÁFICO NÚMERO 104. FUENTE: RUARTE'S REPORTS, SAXO BANK.

VI.8. MÚSICA Y MERCADOS EN LATINOAMERICA

Volviendo a los mercados y a la música, aquí también hay mucho para investigar entre la relación de los mercados, que anticipan el humor social, y cómo el humor social, con sus cambios de positivo, a muy positivo, a no tan positivo, a negativo, a muy negativo, de la euforia a la depresión y de la depresión a la euforia con humor muy negativo, no tan negativo, cauto, positivo, muy positivo, festeja y pone de moda a ciertos tipos de música y ciertos cantantes.

En el caso de Argentina, podemos incluir algunos ejemplos interesantes. La música que caracteriza a Argentina es el tango. Si bien es del Río de la Plata más que Argentina, miles de adeptos vienen año tras año a Argentina a aprender a bailar tango, a ver bailar tango, a escuchar tango. El tango se popularizó en las horas más difíciles del mundo. En la década del treinta y del cuarenta fue cuando tuvo su gran furor.

Carlos Gardel es el símbolo del tango argentino. Comenzó su carrera en Francia, donde triunfó rotundamente, y continuó su recorrido por Europa para grabar los cortometrajes que lo hicieron famoso (*Luces de Buenos Aires*). Entre sus idas y vueltas de Buenos Aires a Europa, continuó realizando giras y películas. A fines de 1933 viajó a EE. UU. y, en 1934. grabó sus películas *Mi Buenos Aires querido*, *Cuesta abajo* y *Tango en Broadway* y, en 1935, filma *El día que me quieras* y *Tango Bar*. En abril de ese año, se fue de gira por Latinoamérica y murió en junio en un accidente aéreo en Colombia.

Como podrán observar, el furor del tango fue tremendo. Entre 1929 y 1935, Carlos Gardel tuvo su pico de popularidad (su máximo exponente y reconocimiento mundial) hasta su trágica desaparición. En esos años se vivieron épocas oscuras en el mundo; la gran caída de la Bolsa de 1929 a 1932, con un 95% y un humor social negativo, encontraba en el tango contestatario y de nostalgia un gran éxito, que marcó a Argentina para siempre tanto en Europa como en EE. UU.

Si escucha las letras de tangos muy reconocidos ("El mundo fue y será un porquería"), concluirá que el tango es una música contestataria, música de nostalgia. Tuvo su surgimiento y alcanzó su gran éxito internacional a través de Carlos Gardel, cuando el humor social pedía precisamente eso en los años oscuros de 1929-1935. Y siguió con la Gran Depresión de los treinta. (Ver gráfico 105).

GRÁFICO NÚMERO 105. FUENTE: RUARTE'S REPORTS, ECONOMATICA.

Con respecto a la música de Argentina, podemos hacer notar los vaivenes del mercado, y la política, y su afectación en la música entre 1980 y 1982-1983 (gran mercado bajista). En las discos se escuchaba gran cantidad de rock nacional; la música foránea era muy difícil de encontrar y no era del agrado de la juventud, que prefería lo nacional, típico de los mercados bajistas (mientras que, con el mercado alcista, se pone de moda lo internacional o foráneo, que gana terreno y popularidad en desmedro de la música local).

Como último párrafo de las tendencias musicales, en el peor momento de la crisis de Argentina del 2001-2002, surgió la cumbia villera, y se puso de moda. Aparecieron varios grupos que pregonaban esta música contestataria y agresiva. El humor social lo pedía, y el humor social en ese momento lo aceptó; por eso fue un éxito.

El que quiera hacer un análisis de un conjunto argentino emblemático podría estudiar la historia de Soda Stereo. Soda Stereo fue una banda de rock argentina formada en Buenos Aires en 1982 por Gustavo Cerati, Héctor Bosio y Carlos Alberto Ficicchia. Claramente es una de las bandas argentinas más reconocidas y también es considerada la banda más importante de la historia del rock iberoamericano. Se disolvió por problemas personales y por diferencias de criterios artísticos entre sus integrantes. Pero, a fines de 2007, realizaron una única gira continental, que reunió a más de un millón de seguidores. Esta banda nació en el piso de 1982 con la Guerra de las Malvinas y se retiró en 1997. Es decir, nació en un piso importante de la Bolsa y se retiró en un techo muy importante de la Bolsa, el de 1997. Acompañó todo el mercado alcista argentino: nació en un piso, se fue en un techo (ver gráfico 106 y 107).

Curiosamente, Soda Stereo volvió en el otro techo del Merval. En la parte final del ciclo alcista del 2007, se reunieron e hicieron una maratónica despedida por toda América, denominada "Me verás volver". ¿Una burbuja en el tiempo? Toda una predicción: los agentes financieros estaban viendo volver al Merval a niveles cercanos a los de 1997. Su último recital, el 21 de diciembre del 2007, en River, coincide con los techos históricos del Merval antes de empezar la caída del 2008.

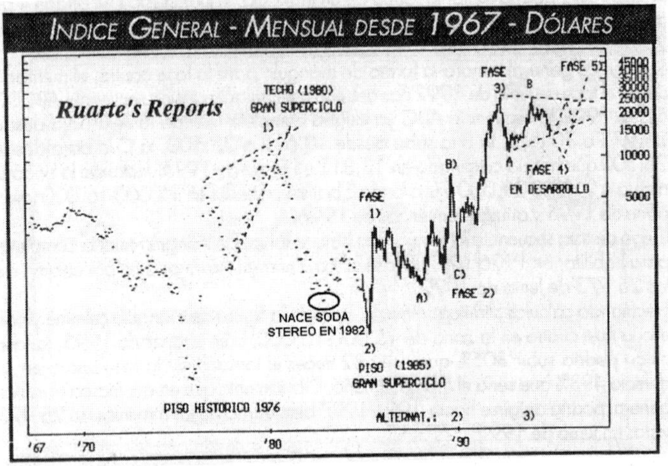

GRÁFICO NÚMERO 106. ÍNDICE GENERAL DE BOLSA DE ARGENTINA AJUSTADO EN DÓLARES Y NACIMIENTO DE SODA ESTEREO. FUENTE: RUARTE'S REPORTS.

GRÁFICO NÚMERO 107. ÍNDICE MERVAL DE ARGENTINA AJUSTADO EN DÓLARES Y SODA ESTEREO. FUENTE: RUARTE'S REPORTS, ECONOMATICA.

VI.9. EL DEPORTE Y LOS MERCADOS

Con respecto a los deportes, también podemos relacionarlos con el humor de los mercados. La gente elige a sus ídolos en función de su humor social; la gente elige su deporte preferido sobre la base de su humor social, y el humor social es anticipado por los mercados.

En EE. UU. existen analistas que vinculan uno de los deportes más populares con el mercado alcista. En los mercados alcistas, el deporte más popular que bate récords es el béisbol; en los mercados bajistas, el deporte más popular es el fútbol americano.

Sin embargo, en Latinoamérica, ambos deportes, salvo en contados países, en los que se incluye México por su cercanía, no generan muchos adeptos; ni siquiera son practicados. Resulta difícil en Argentina, por decir algún país, que haya una cancha de béisbol, y el fútbol americano tampoco existe, sino que se juega al rugby.

Pero un deporte que sí está relacionado con un humor social negativo, es decir cuando los mercados están bajistas por mucho tiempo, es el boxeo. Éste es un deporte que es venerado y tiene muchos adeptos. De allí surgen los máximos ídolos cuando hay humor social negativo.

En el boxeo en EE. UU., el boxeador más importante de todos los tiempos es Mohammad Ali o Cassius Clay. El segundo más importante de la historia es Joe Louis. Algunos dicen que fue Ray Sugar Robinson, pero Joe Luis fue el primer boxeador de color en la categoría más importante en que se destacó. Todos estuvieron en la categoría de pesos pesados. Fueron verdaderos ídolos en sus tiempos, e ídolos de todos los tiempos de los americanos.

En el caso de Argentina, el ídolo máximo fue Carlos Monzón en el boxeo. Compartió su categoría de ídolo máximo sólo con Fangio en automovilismo, con Vilas en el tenis y con Maradona en el fútbol. En México el ídolo máximo en boxeo fue Julio César Chávez, considerado el mejor boxeador mexicano de toda la historia y uno de los ídolos máximos.

Si repasamos la historia y el momento en que brillaron cada uno de los boxeadores, veremos que brillaron en épocas de humor social negativo y con mercados con tendencia bajista. Salvo Chávez, que estuvo en el mal humor de los mercados de 1987-1988 (gran caída de la Bolsa mexicana), tuvo el positivo y muy positivo de Salinas, y luego el muy negativo de 1994-1995. En 1995 fue el pico de su imagen; en 1996 perdió con De la Hoya y, a continuación, su imagen empezó a caer en desgracia por problemas de indisciplina. Es decir, Chávez ganó su primer campeonato en 1984; de allí coronó una campaña de 21 años de éxitos hasta 1995. En 1993, en su mejor momento, reunió a más de 130.000 personas en el Estadio Azteca y le propinó una paliza a Haugen, que dudaba de que Chávez pudiera juntar esa cantidad de personas y de que pudiera derrotarlo. Chávez fue el ídolo mexicano por 21 años; en esos 21 años tuvimos mercado alcista de 1982 a 1987, gran mercado bajista 1987-1988, gran mercado alcista 1988-1990, gran lateralización en 1990-1993, gran suba 1994 pico imagen de Salinas, gran caída 1994-1995. Es decir, tuvimos de todo y, en esos 21 años, fue ídolo indiscutido.

En donde la relación se hace muy directa es en el caso de los otros tres boxeadores. Empecemos por el más viejo, el Gran Joe Louis.

Comenzó como boxeador profesional en 1934. A partir de su primer combate (ganado en el primer asalto), su carrera no paró de crecer en ningún momento. Vence a una gran cantidad de boxeadores (a algunos contra todos los pronósticos) y comenzó a ganar popularidad e importancia. Se convirtió en un gran ídolo de las masas, en especial para la población afroamericana, que esperaba que un hombre de su raza fuera campeón de pesos pesados. Finalmente lo consiguió y lo mantuvo por 12 años (un récord de años). En 1948 pretendió retirarse como campeón, pero fue obligado a continuar para pagar las enormes deudas que tenía con el fisco y, en 1951, tuvo su último combate.

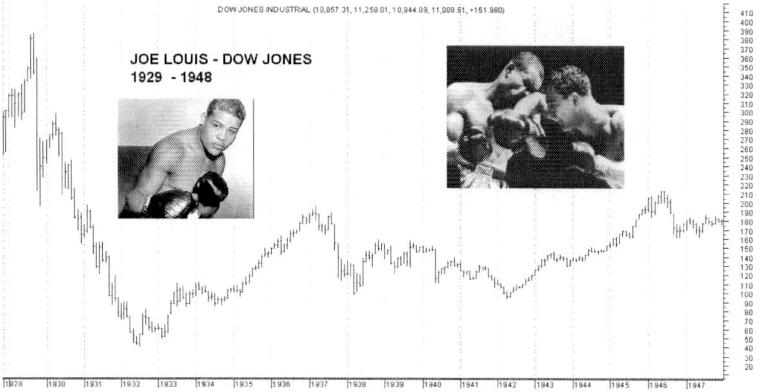

GRÁFICO NÚMERO 108. FUENTE: RUARTE´S REPORTS Y ECONOMATICA.

La Gran Depresión de los treinta tuvo su héroe: Joe Louis, conocido como el "bombardero de Detroit". Fue campeón mundial de los pesos pesados por 12 años, lo que fue todo un récord. Como podemos apreciar, fue el ídolo del humor social negativo desde 1932 a 1945 cuando finalizó la guerra. En los oscuros años de la Depresión y de la Segunda Guerra Mundial, la crispación social, los miedos, los temores, la depresión, la bronca, encontraban en el boxeo un deporte seguido y venerado y, en Joe Luis, el héroe que necesitaban.

El mercado, si bien bajó de 1929 a 1932 y luego empezó a recuperarse, se mantuvo sin tendencia alcista definida hasta 1941, y la Depresión de los treinta y de comienzos de los cuarenta hasta el fin de la guerra es muy conocida mundialmente. En el mercado bajista, el boxeo era popular y su ídolo tenía su nombre: Joe Louis.

La época de Muhammad Ali (Cassius Clay)

Cassius Clay (mejor conocido como Muhammad Ali) fue tres veces campeón de pesos pesados y es considerado una de las grandes figuras del boxeo. Participó en una serie de combates famosos y fue apodado "El más grande". En 1999 fue nombrado "El deportista del siglo" por la *Sports Illustrated* y "Personalidad deportiva del siglo" por la BBC.

Entre sus peleas más destacadas se encuentra la de Foreman, llamada "La pelea del siglo". A pesar de todos los pronósticos de los medios de prensa, Ali derrotó a Foreman, y su carrera se catapultó. Se volvió un gran activista de los derechos de las minorías. Luego de vencer a Frazier por knockout técnico, dejó de prestarle tanta atención a su carrera por considerar que no había oponentes de su nivel. Sin embargo, perdió el título ante un boxeador que llevaba sólo 8 combates profesionales. Finalmente, en 1981, se retiró tras ser derrotado en sus combates con Holmes (por el título mundial en 1980) y Berbick. De 61 combates, acumula 57 victorias y sólo 5 derrotas.

El más grande de todos los tiempos tuvo su mejor momento en 1974, justo en el piso del mercado americano de 574 puntos, y se retiró en 1980-1981, en el piso ortodoxo del índice Dow ajustado por inflación.

Tuvo dos épocas bien marcadas: la primera, desde 1960 a 1964, con un récord infernal de peleas, la mayoría ganados por knockout. Luego se negó a alistarse en el ejército en la Guerra de Vietnam y por eso fue juzgado y encarcelado. Sin dudas su gran popularidad cobró estados altísimos en la década del setenta, que lo tuvo como protagonista. En 1974, en la pelea del siglo, alcanzó su pico de popularidad: derrotó al invicto George Foreman en una batalla épica, que se escribe para los anales del boxeo.

En el gran mercado bajista de 1970, en donde el Dow se desplomó de 1000 a 574 puntos piso en términos nominales, y luego hasta el piso de 1982 contra inflación, el deporte dominante era el boxeo y su gran ídolo tenía nombre: Cassius Clay o, como él siempre prefirió, Muhammad Ali. En 1999 fue declarado el Deportista de la Centuria.

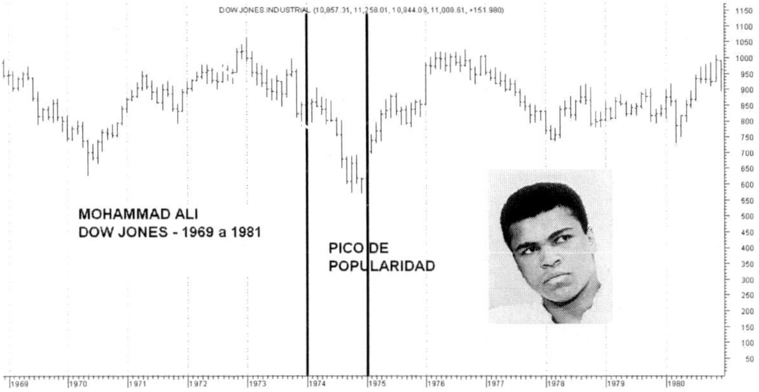

GRÁFICO NÚMERO 109. FUENTE: RUARTE'S REPORTS, ECONOMATICA.

Debemos darle un párrafo en el deporte del boxeo a Mike Tyson, el campeón de peso pesado más joven de la historia. Tuvo su época de gloria entre 1986 y 1988, tuvo tres años de ascenso meteórico, que coincidió con el crash de 1987. De hecho, 1987 fue el mejor año de su carrera, que fue meteórica, rápida, fulminante, para después caer en una picada impresionante junto con el Bull market de Wall Street. La gran suba desde 1988 a 2000 en forma invertida puede ser puesta para explicar la caída en desgracia de Mike Tyson, que tuvo tres años dorados.

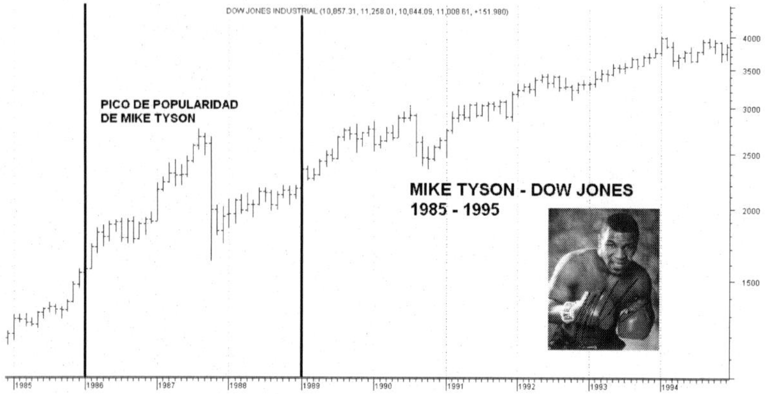

GRÁFICO NÚMERO 110. FUENTE: RUARTE'S REPORTS, ECONOMATICA.

Caso argentino

Ahora vamos con la Bolsa argentina y con Carlos Monzón. Monzón llegó a ser Campeón Mundial de la categoría mediano entre 1970 y 1977. Junto con Fangio y Maradona, es considerado como uno de los grandes exponentes del deporte argentino. Su carrera se catapultó luego de haber obtenido el Campeonato Sudamericano de los Medianos en 1969. En el 70 se disputó el Título Mundial en Roma contra Benvenuti. Luego de haber ganado el título, realizó 14 defensas, hasta su retiro en 1977. Incursionó en el cine en una película con Susana Giménez y comenzaron a tener un romance. Paradójicamente, el romance terminó poco tiempo después de su retirada del boxeo. A partir de allí comenzó a tener problemas con el abuso de alcohol y con malas compañías.

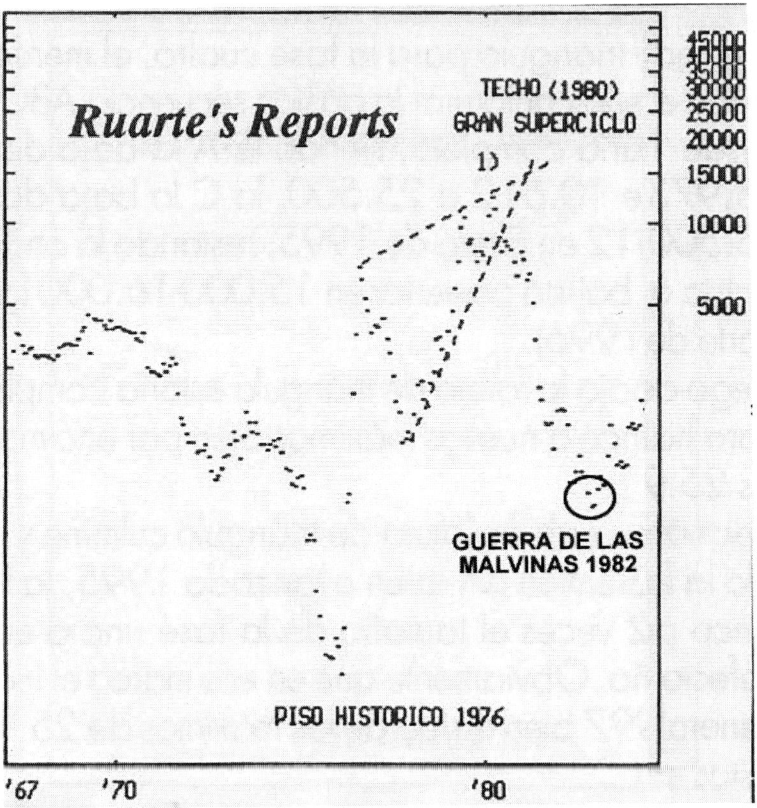

GRÁFICO NÚMERO 111. FUENTE: RUARTE'S REPORTS.

Como se puede apreciar, los peores años de la Bolsa argentina fueron desde 1967 a 1976. La Bolsa, medida por su índice general, se desplomó más de un 90%. La Bolsa hizo piso en el Golpe Militar de 1976, con el derrocamiento de Isabel Martínez de Perón. Épocas difíciles de gran crispación social, de subversión argentina, de gran caída económica. En ese humor social tan negativo, el deporte rudo, de fuerza: el boxeo, que era el elegido por muchos argentinos.

Carlos Monzón se retiró en su cima. En 1974 había protagonizado uno de los combates más esperados con el campeón que subió de peso, Mantequilla Nápoles, al que derrotó fácilmente. Luego, sus épicos combates de 1976 con Rodrigo Valdez y los de 1977 marcan el final de su carrera. Se retiró como campeón con 14 defensas y sin derrotas como campeón.

Luego, desde 1978, cayó en desgracia. Fue enjuiciado y encontrado culpable del homicidio de su pareja. Estuvo preso y, en enero de 1995, murió en un accidente automovilístico. En el caso de Argentina, el gráfico del índice general invertido podría coincidir con la historia y popularidad de Monzón. En efecto, la gran caída desde 1970 a 1976 coincidió con los años dorados de Carlos Monzón, en que su éxito, su popularidad, subieron inversamente proporcionales a cuando el índice general en dólares se desplomaba con uno de los malos humores de mercados más grandes de la historia.

En tendencias negativas del ciclo de los mercados, cuando éstos son muy importantes y marcan verdaderas exacerbaciones del negativo, y el humor social está muy negativo, los deportes más rudos de fuerza o de violencia se pueden poner de moda, y los ídolos de ese deporte pueden marcar hitos, como lo fue Carlos Monzón.

Finalmente, en el tema de los deportes, les entrego un caso para el análisis: Tiger Woods. El reconocido golfista conoció la gloria entre 1997 y el 2008. Marcó todo tipo de récords y, en el 2009, anunció su retiro indefinido de las canchas pero termina regresando en el año 2010. Todo un material de investigación de su relación con los mercados. Su ascenso meteórico y su caída en desgracia en el 2009 deben darnos un mensaje importante en los mercados, un ejercicio que les encargo para su análisis.

CAPÍTULO VII.
LA POLÍTICA Y LOS MERCADOS

En muchas oportunidades hemos escuchado o leído a muchos políticos declarar sobre la existencia de un golpe de los mercados financieros. Algunos políticos o gobernantes de turno asocian el mercado con algo que tiene una entidad para efectuar un golpe en su contra con su comportamiento. Es decir, fuertes caídas de los índices bursátiles crispan a los gobernantes (en realidad crispan a la sociedad), que no entienden cómo funcionan los mercados y los acusan de ser golpistas, de querer producir su salida, resignación o cambio de rumbo.

Luego de todo lo que hemos hablado al respecto en este libro, espero que esta humilde opinión o visión de los mercados, luego de estar hace más de 25 años con éstos, ayude a interpretarlos. En realidad, si uno piensa que los mercados son un barómetro, líder, o anticipador del humor social, en realidad tiene sus ventajas poder interpretarlos y de ese modo anticipar la clase de eventos que puedan suceder. Con la capacidad de gestión, el gobernante tendrá la capacidad de morigerar los efectos negativos de la tendencia negativa del ciclo de los mercados financieros y bursátiles, y también de potenciar los efectos positivos de la tendencia positiva del ciclo de los mercados financieros y bursátiles.

La parte positiva del ciclo hace que los académicos o fundamentalistas expliquen ello como que la economía y el Gobierno tienen viento de cola, que lo ayudará a que la economía esté bien y, por lo tanto, gozar de un Gobierno tranquilo, y tratar de convertir ese Gobierno tranquilo en algo muy bueno para el país y para la sociedad.

En general, con los mercados en alza, tendremos bonanza en la economía; la imagen del político irá en aumento, y gozará de una buena popularidad. Al revés, en los mercados en baja, tendremos crisis o caída en la economía y la imagen del político irá cayendo, bajando su popularidad. En efectos muy importantes de mercados en el alza, el político puede gozar de una popularidad que lo lleve a definirlo como el presidente más importante de décadas. Al revés, cuando los mercados caen fuertemente, el político pasa de héroe a villano y puede (en escenarios de crisis persistentes) llevarlo a sacrificar miembros de su gabinete y hasta su propia gestión. De ello hay muchos ejemplos en la historia tanto del mercado americano como de los mercados latinoamericanos.

VII.1 CASO AMERICANO

Casos de imagen positiva

Los presidentes con mejor imagen de EE. UU. que se retiraron de su mandato fueron Ronald Reagan (reaganomics) (1981-1989), que fue reelecto y se retiró con una alta imagen positiva; y Bill Clinton, que tuvo también dos mandatos entre 1993 y el 2001.

Ronald Reagan

El 20 de enero de 1981, asumió Ronald Reagan, de profesión actor. Subió con la gran responsabilidad de poner freno al flagelo de la inflación. La década del setenta, EE. UU. había sufrido una fuerte inflación, tasas de interés récord y, muchas veces, inflación con recesión (lo que se conoce como *stagflation*, estancamiento con inflación).

Adicionalmente, el índice Dow que alcanzó los 1000 puntos por primera vez en el primer trimestre de 1966 no había podido superar nunca consistentemente los 1000 puntos y llevaba 15 años sin hacerlo. La semana que asumió Ronald Reagan, el Dow cotizó con un mínimo de 940 puntos y cerró en los 970 puntos. En su primer mandato y luego de 16 años, en 1982 el Dow superó consistentemente los 1000 puntos; en 1984, en la reelección, el índice Dow estaba arriba de los 1200 puntos, subió un 30% y, por primera vez desde 1966, la Bolsa americana tuvo una tendencia positiva consistente. Reagan fue reelecto. Se puede observar el comportamiento bursátil en el primer mandato, que lo recibió en 940-970 puntos y, cuando terminó su primer mandato y empezó el segundo, el Dow estaba en niveles de 1280 puntos. Un crecimiento de punta a punta en el Dow de un 36%, un 7,2 % anual y crecimiento real, porque fue con una inflación en baja por primera vez en EE. UU. (Ver gráfico 112).

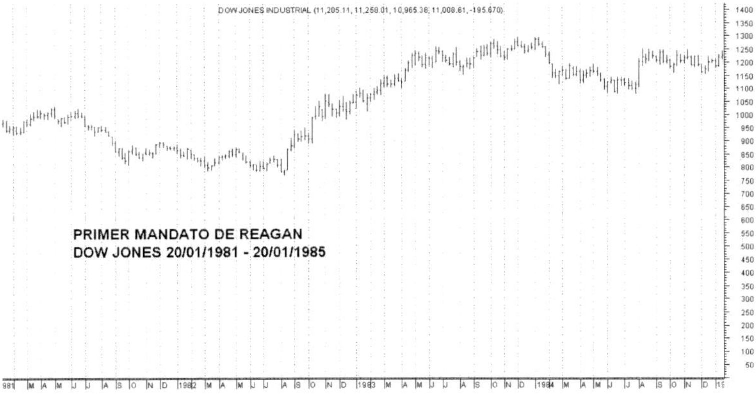

GRÁFICO NÚMERO 112. FUENTE: ECONOMATICA.

Su segundo mandato comenzó el 20 de enero de 1985, con un Dow Jones en 1280 y, en este mandato, se produjo un espectacular crecimiento de la Bolsa. En esta etapa se acentuó la caída de la inflación; era el auge de la corriente monetarista. Paul Volcker era la estrella de estos años de

Reagan (ya se denominaba el "reaganomics"') y, en agosto de 1987, el Dow Jones alcanzó un máximo de 2720 puntos. En 1987 Reagan debió soportar el crash de Wall Street. El índice bajó desde 2720 hasta los 1600 puntos en sólo 3 meses; el grueso de la caída ocurrió entre el 16 de octubre de 1987 y el 19 de octubre de 1987 pero, después de los niveles deprimidos de 1987, hasta dejar su mandato el 19 de enero de 1989, el Dow recuperó gran parte del terreno perdido y finalizó en niveles de 2226 puntos. Aun con crash incluido, este segundo mandato fue brillante en términos de crecimiento bursátil. La Bolsa subió un 74%, con un crecimiento anual de 18,5%, y esto en términos reales, porque la inflación fue derrotada por Reagan. (Ver gráfico 113).

GRÁFICO NÚMERO 113. FUENTE: ECONOMATICA.

Es decir, la bonanza bursátil llevó a una gran imagen a Ronald Reagan, que había subido con una buena fama como actor y con una desconocida fama como político. Dio una gran sorpresa positiva y pudo romper 16 años en que el índice Dow Jones no superaba los 1000 puntos. La inflación que había estado en dos dígitos bajó por primera vez para quedarse en un dígito; si bien tuvo el crash, su rendimiento de punta a punta en la Bolsa marcó un crecimiento desde 940 a 2226 puntos, un 136% en 8 años de Gobierno, una tasa del 17%. La Bolsa se transformó en sus años como la mejor inversión. Después de los años dorados de los sesenta, no se había visto este fenómeno. En toda la década del setenta, la Bolsa se había sumido en el ostracismo. Este buen comportamiento bursátil, en sus dos mandatos, anticipó que Reagan se haya retirado con alta popularidad de su Gobierno.

GRÁFICO NÚMERO 114. FUENTE: ECONOMATICA.

Bill Clinton

El 20 de enero de 1993, para sorpresa de muchos, subió al poder el candidato demócrata Bill Clinton que, con su carisma, había puesto fin a los sueños reeleccionistas del anterior presidente republicano Bush. En su primer mandato, llevó a EE. UU. a ser el protagonista del mundo, el modelo a seguir. Él logró el encuentro con Simón Pérez Y Yaser Arafat, todo un emblema en la época. La economía americana, por su parte, comenzó con lo que caracterizó a su Gobierno: un crecimiento con inflación controlada.

Recibió el índice Dow Jones en 3274 puntos de parte de Bush. En 1996, en oportunidad de las elecciones, se presentó para un segundo mandato, y el Dow se encontraba en niveles de 6300 puntos. Había subido un 86% en menos de 4 años de Gobierno y con una inflación baja. La Bolsa nuevamente era la estrella de las inversiones, y Clinton fue reelecto para un segundo mandato con gran popularidad.

Al finalizar su primer mandato, el Dow cotizaba 7067 puntos, un 115% arriba de cuando había asumido, y con una tasa de crecimiento del 28,75% anual. Todo un récord (ver gráfico 115).

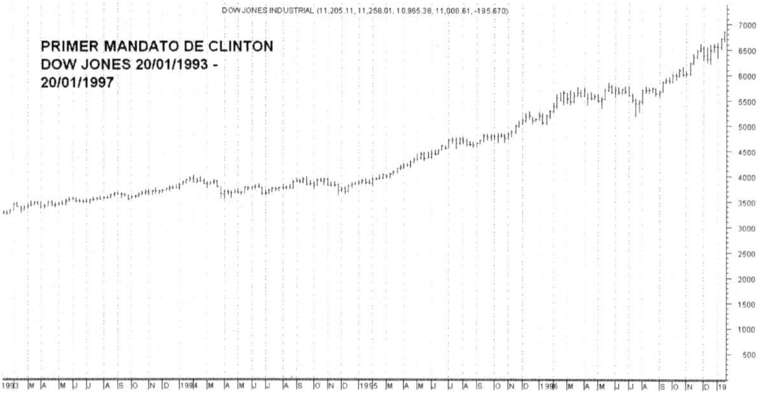

GRÁFICO NÚMERO 115. FUENTE: ECONOMATICA.

El 20 de enero de 1997, con un Dow en 7067 puntos, empezó el segundo mandato de Clinton. Si bien su segundo mandato fue manchado por su episodio con Mónica Lewinsky, la economía americana rompió récord tras récord de crecimiento. Logró que la economía americana siguiera creciendo muchos años, con una inflación controlada. Además pregonaba una política de superávit (entregó su Gobierno con un superávit récord). Al dejar su mandato, el Dow cotizaba 10650 puntos, esto es, un crecimiento del 50% en sus últimos 4 años de mandato. Su tasa de crecimiento era baja, pero igual era muy positiva. La Bolsa subió a un promedio del 12,5%, con una inflación cada vez menor. (Ver gráfico 116).

GRÁFICO NÚMERO 116. FUENTE: ECONOMATICA.

Como conclusión, en 1992 fue elegido presidente americano el candidato demócrata Bill Clinton, quien gobernó desde comienzos de 1993 hasta comienzos del 2001. Recibió el índice Dow Jones en niveles de 3274 puntos y lo entregó en 10.650 puntos. El Dow Jones subió a una tasa del 28% anual promedio, es decir, un 225% de punta a punta, superior a lo que consiguió Ronald Reagan más de una década atrás. (Ver gráfico 117).

Si extraemos la biografía de Bill Clinton de Wikipedia, William Jefferson "Bill" Clinton (19 de agosto de 1946) fue el cuadragésimo segundo presidente de los Estados Unidos en los períodos de 1993-1997 y 1997-2001. Fue el tercer presidente más joven de la nación. Previamente, fue Gobernador del estado de Arkansas entre 1983 y 1992. Venció a George H. W. Bush en 1992 y, luego, a Bob Dole en 1996 por las elecciones presidenciales para los períodos respectivos de esos comicios. Al final de su presidencia, Clinton y su administración dejaron la Casa Blanca con un superávit de 559.000 millones de dólares y con una aprobación de su gestión del 66%, la más alta para un presidente de Estados Unidos desde la Segunda Guerra Mundial.

Como se puede observar en una breve biografía, se retiró con el 66% de aceptación y fue el presidente después de la Segunda Guerra Mundial, que se retiró con la mayor aceptación en EE. UU. Tengamos en cuenta que la sociedad le indultó su muy conocido *affaire* con Mónica Lewinsky. El mercado positivo lo ayudó a terminar con la mejor de las imágenes. El mercado positivo anticipó todo ello, ¿fue causa o consecuencia? Luego de todo lo que remarcamos en este libro, espero que esté convencido de que sea causa de la popularidad de Clinton.

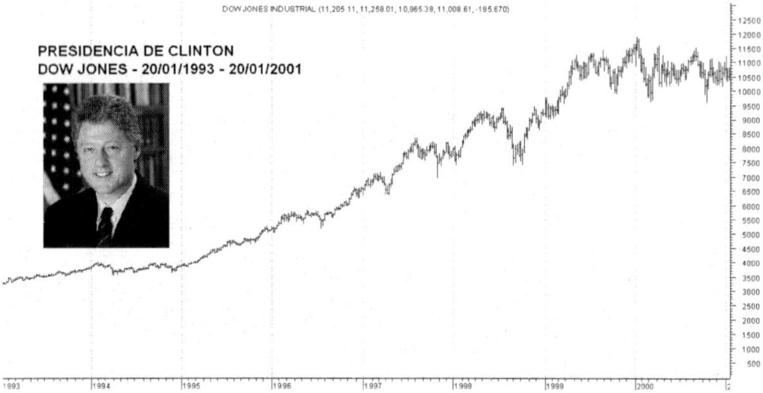

GRÁFICO NÚMERO 117. FUENTE: ECONOMATICA.

GRÁFICO NÚMERO 117 A. FUENTE: ESQUIRE

Casos de mercados en baja y baja popularidad

Caso Nixon

En 1968 fue elegido presidente Richard Nixon, quien asumió el 20 de enero de 1969, con un índice Dow Jones que golpeaba con los 1000 puntos, sin poder superarlo. Había alcanzado esa marca a comienzos de 1966 y se había estancado la Bolsa de Valores en dichos niveles. En su primer mandato recibió el índice Dow en niveles de 923 puntos. Cuando fueron las elecciones en 1972, se presentó a la reelección y el Dow se encontraba marginalmente arriba de los 1000 puntos en niveles de 1030 (ver gráfico 118). Daba toda la sensación de que esta vez el Dow iba a poder con su marca mística que no podía ser superada. Si bien su rendimiento en casi 4 años fue muy bajo, estaba la expectativa de una segunda y buena presidencia y de que esta vez el Dow sí iba a poder consolidarse arriba de los 1000 puntos durante su segundo mandato.

GRÁFICO NÚMERO 118. FUENTE: ECONOMATICA.

Richard Nixon obtuvo la reelección en 1972 y, en 1973, asumió con gran popularidad el segundo mandato mientras que el índice Dow Jones estaba intentando consolidarse arriba de los 1000 puntos. Cuando asumió su segundo mandato el 20 de enero de 1973, el Dow Jones se encontraba en niveles de 1020 puntos. Una manifestación de la alta popularidad de Nixon en dichos momentos, lo da el hecho de que fue elegido, junto con Henry Kissinger, como el Personaje del Año de la revista *Time* (ver gráfico 121). Sin embargo, desde el mismo inicio del mandato, el Dow Jones empezó una aguda tendencia bajista. En efecto, el Dow se desplomó entre 1973 y 1974, y apareció el fantasma de los videos escucha, que luego se denominaron "Watergate". El Dow seguía cayendo, la inflación empezaba a subir y el desempleo también. La recesión golpeaba a EE. UU., y la popularidad de Nixon se caía a pedazos con el mercado, en niveles de 760 puntos. Agobiado por la crisis, en agosto de 1974, renunció. Es el único presidente americano que dimitió.

GRÁFICO NÚMERO 119. FUENTE: ECONOMATICA.

Recibió el Dow Jones en niveles cercanos a los 1020 puntos y se fue con un Dow de 760 puntos, una caída del 25% de punta a punta a un año y medio de su segundo mandato. Con un mercado negativo, su popularidad se destruyó, y el Watergate obligó a su renuncia. Uno de los presidentes con mayor coeficiente intelectual terminó dimitiendo en medio de los escándalos de escuchas y, fundamentalmente, con una economía en recesión, desempleo e inflación en aumento.

GRÁFICO NÚMERO 120. FUENTE: RUARTE'S REPORTS. MEDIO DE PRENSA: *TIME.*

GRÁFICO NÚMERO 121. FUENTE: RUARTE'S REPORTS. MEDIO DE PRENSA: *TIME.*

GRÁFICO 121 A. FUENTE: *NEWSWEEK*.

GRÁFICO NÚMERO 122. FUENTE: ECONOMATICA.

George W. Bush: primera presidencia

En el 2000, fue elegido George W. Bush (candidato republicano), en unas controvertidas elecciones, donde fue el candidato con más electores, pero con algo menos de votos que Al Gore y, además, con las idas y vueltas que ocasionó el recuento del estado clave de Florida.

Este presidente recibió el índice Dow Jones de parte de Bill Clinton en niveles de 10587. En su primer mandato, el mercado empezó la baja, y debió padecer, el 11 de septiembre del 2001, el atentado a las Torres Gemelas. Este atentado crispó a la sociedad americana. Bush captó el mensaje y generó dos guerras: la de Afganistán y la de Irak, para derrocar a Sadam Husseim. Curiosamente, en los primeros momentos, la mayoría de los americanos apoyaba dichas intervenciones y, de hecho, la popularidad de Bush logró un aumento sobre la base de tales decisiones.

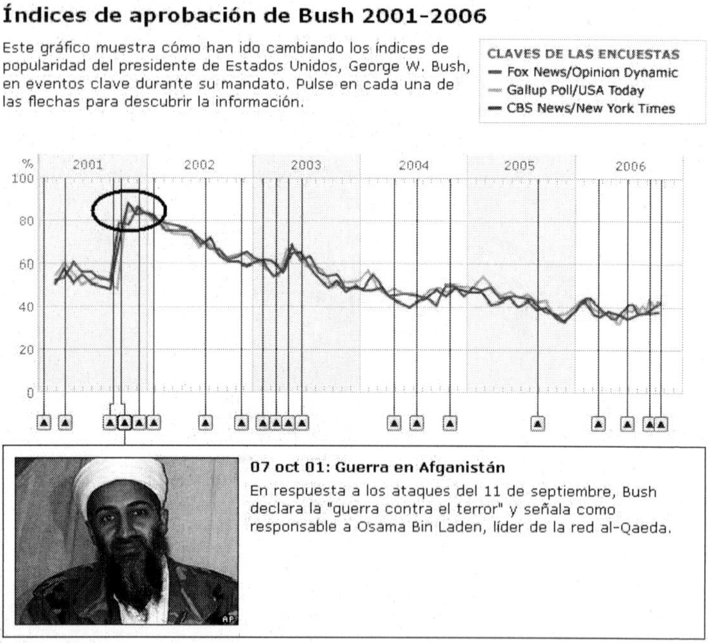

La mayoría dice "Sí"

BBC MUNDO.com

Sábado, 18 de enero de 2003 - 18:24 GMT

Pese a estas manifestaciones, las encuestas siguen mostrando que la mayoría de los estadounidenses sí aprueba un ataque a Irak.

El 67% apoya una operación militar para desarmar y remover al líder iraquí Saddam Hussein, según un sondeo de Fox News/Opinion Dynamics publicado esta semana.

Sin embargo, es verdad que el apoyo baja considerablemente si se incluyen otros factores en la pregunta.

> **"El 67% respondió que apoya una operación militar para desarmar y remover al líder iraquí Saddam Hussein, según un sondeo de Fox News/Opinion Dynamics publicado esta semana"**

Por ejemplo, según una encuesta de CNN/USA Today, sólo el 23% da el visto bueno a un ataque si no se muestra públicamente algún tipo de evidencia sobre los supuestos programas de destrucción masiva de Irak.

GRÁFICO: 122 A. FUENTE: *BBC MUNDO.*

Volviendo al Dow Jones, luego de una fuerte caída por la tragedia y atentado de las Torres, en medio de los conflictos bélicos, el Dow Jones comenzaba su recuperación y, en oportunidad de las elecciones del año 2004, el Dow estaba en los mismos niveles que Bush lo había recibido. El mercado se había recuperado de las pérdidas y Bush fue reelecto para un segundo mandato. (Ver gráfico 123).

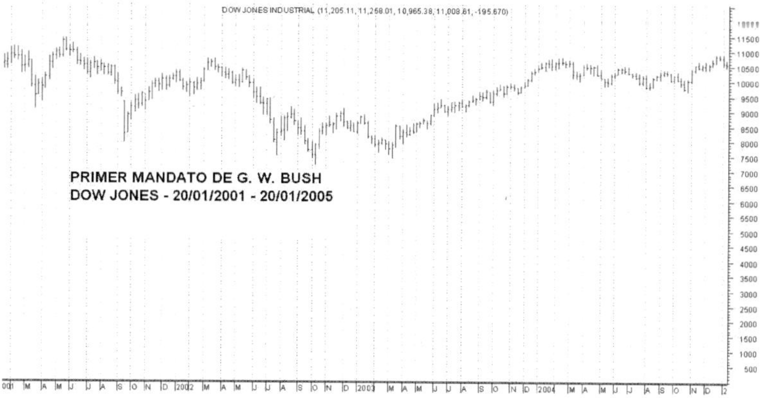

GRÁFICO NÚMERO 123. FUENTE: ECONOMATICA.

George W. Bush: segunda presidencia

El segundo mandato de Bush empezó con un Dow en los 10.554 puntos el 20 de enero del 2005. Esto es, en niveles similares en que lo había recibido en el primer mandato. Luego de dos años de bonanza, en donde el Dow llegó a subir hasta un máximo de 14.190 puntos en octubre del 2007, vino la gran caída del Dow. La economía americana entró en recesión en el 2008 (caída de Bear Stearn y de Lehman Brothers; rumores de caídas de más Bancos, como el Citi Bank —emblema americano— que llegó a cotizar 1 dólar; otra Compañía emblema americana, como General Motors, cerca de la bancarrota). En el 2008 su candidato Cheeney fue derrotado claramente por el demócrata Obama. El Dow estaba en 8000 puntos; se desplomó un 24% en su gestión y, desde sus máximos de 14.190, un 43%. Cuando entregó su mandato el 20 de enero del 2001, el Dow esta en niveles de 8070. Es decir, mantenía una pérdida del 24% en su segundo mandato, y también un mismo 24% para los dos mandatos de 8 años, algo muy similar a lo que ocurrió con el mandato de Richard Nixon (ver gráfico 124 y 127).

GRÁFICO 124. FUENTE: ECONOMATICA.

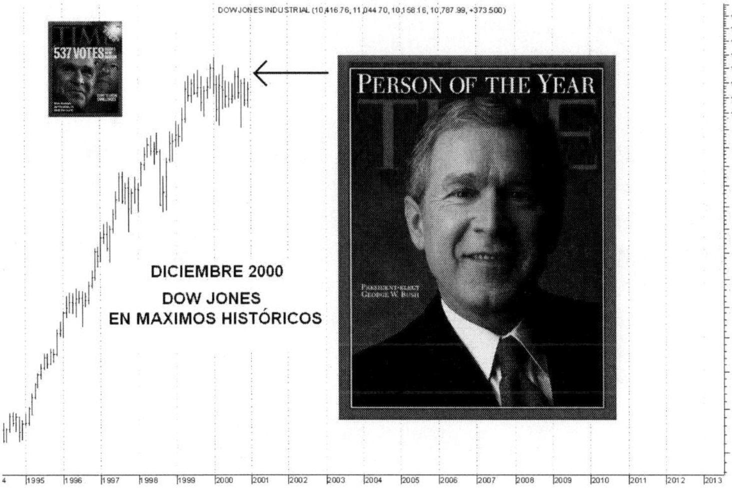

GRÁFICO NÚMERO 125. FUENTE: RUARTE'S REPORTS. MEDIO DE PRENSA: *TIME.*

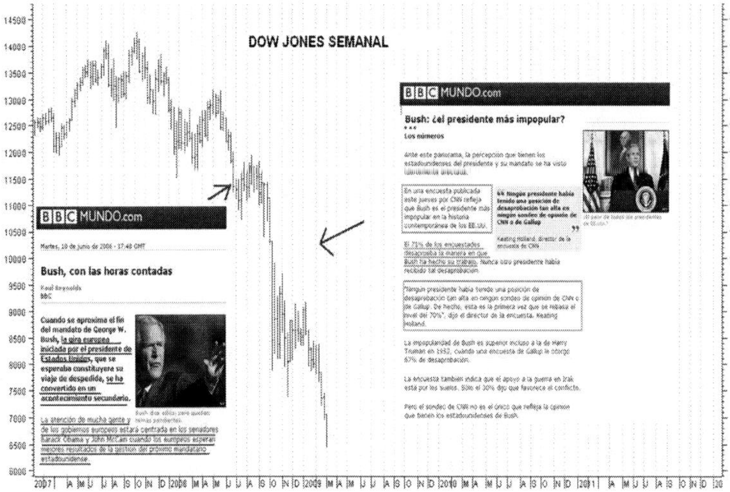

GRÁFICO NÚMERO 126. FUENTE: RUARTE'S REPORTS. MEDIO DE PRENSA: *BBC MUNDO.*

Observe el gráfico número 126. Bush se retiró como el presidente más impopular de la historia, con un índice de desaprobación del 70%. Mire qué curioso y cómo los mercados lo anticipaban: una caída del mercado del 25% produjo la renuncia de Nixon, con una alta impopularidad y con una presión social para hacerlo por el Watergate. En el caso de Bush, en que el mercado cayó un 25%, se retiró como el más impopular de la historia con una desaprobación del 70%. En ambos casos, la desgracia de los presidentes fue anticipada por la caída de los mercados, en este caso, del Dow Jones, uno de los principales índices accionarios de EE. UU.

GRÁFICO NÚMERO 127. FUENTE: ECONOMATICA.

Conclusión

Hemos comprobado cómo las grandes subas bursátiles de la década del ochenta y las del noventa hicieron populares a Reagan y a Clinton. Este último, que tuvo la gran suba del Dow, se consideró el presidente más popular desde la Segunda Guerra Mundial. Pudo sobrellevar el caso Lewinsky y se retiró como el presidente más popular.

Ahora, estimado lector, fíjese en este contraste: el techo histórico de las Acciones tecnológicas ocurrió en el 2000, el último año de Clinton. Fue el año de la euforia máxima del mercado americano. El piso del mercado del Nasdaq ocurrió en noviembre del 2008 y el piso del Dow, en marzo del 2009, en medio de la salida de Bush en enero del 2009.

El mandato del presidente más popular de la historia desde la Segunda Guerra Mundial, Bill Clinton, coincidió con una de las euforias más importantes del mercado bursátil. El del presidente más impopular de la historia, George W. Bush, coincidió en su salida con una de las caídas bursátiles más importantes de la Bolsa americana.

Un tema para reflexionar para los gobernantes: "Mira los mercados y te diré como andas".

Nuevamente el mercado es un excelente barómetro de cómo está el humor social. Grandes tendencias positivas hacen que los políticos estén y se retiren con alta popularidad. En el caso de grandes tendencias bajistas, anticipan baja popularidad y alto rechazo. Esto que es válido para grandes mercados y para grandes países (con las economías más importantes del mundo) es válido también para Latinoamérica.

VII.2. CASO MÉXICO

La presidencia de Carlos Salinas de Gortari
01-12-1988/01-12-1994

Empezaremos en México con el sexenio de Carlos Salinas de Gortari. Carlos Salinas de Gortari asumió el 1 de diciembre de 1988, luego de unas controvertidas elecciones, donde hubo acusaciones de fraude de parte del opositor Cuauhtémoc Cárdenas. El PRI se alzó con una victoria muy cuestionada.

Si observamos el gráfico del IPC (principal índice bursátil de México) en dólares (ver gráfico número 128), vemos lo que valía el índice IPC de México cuando asumió Carlos Salinas de Gortari. El cierre semanal más cercano a su asunción era de 97,61 dólares. Se había recuperado de una gran caída, la de 1987, gran coletazo del crash de Wall Street. Desde 97,61 dólares de diciembre de 1988, el IPC produjo una espectacular subida que nos llevó a los techos de 925 dólares en febrero de 1994, mejor momento de Salinas de Gortari. Desde la asunción de Salinas hasta su techo de comienzos de febrero de 1994, el índice subió 847% en dólares, una de las subas más importantes de la historia. En sólo 5 años, el índice subió a una tasa del 169% en términos de dólares. Como ocurre siempre, el mercado anticipa, con su subida, buenos momentos y el humor social, que tiene un rezago con el humor de los mercados, recibe toda la prosperidad de la suba en la última parte. En efecto, todo lo bueno parece sucederle a México en el último semestre del 1993 y a comienzos del 1994.

Una noticia de gran impacto fue la aprobación, en el Congreso americano, del ingreso de México al NAFTA (Tratado de Libre Comercio que contaba como miembros sólo a EE. UU. y a Canadá). En las fiestas de la Navidad y de Fin de Año de 1993, el autor Andrés Oppenheimer, en su libro *México en la frontera del caos*, refleja cómo se sentía Salinas de Gortari. Él lo describe como totalmente exultante; era considerado por los mexicanos el presidente más importante de la historia por las reformas impulsadas.

México crecía en todos los sectores y hasta estaba de moda en el arte con Frida Kahlo y Diego Rivera; en el deporte mundial, con Chávez, que además era héroe nacional. Hasta la maratón de Nueva York había sido ganada por un mexicano. Todo estaba excelente en México para dichas fiestas, y Salinas de Gortari era candidato para presidir la Organización Mundial de Comercio, luego de finalizar su mandato a fines de noviembre de 1994.

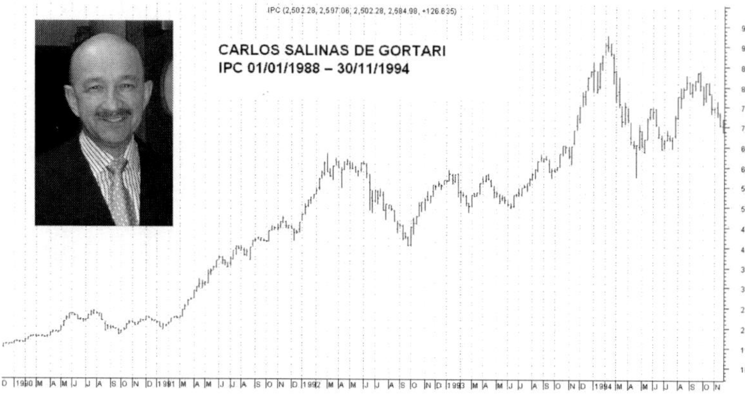

GRÁFICO NÚMERO 128. FUENTE: ECONOMATICA.

En febrero de 1994, justo con el techo del IPC que llegó a 925 dólares, la imagen de Salinas de Gortari era altísima. Luego, desde febrero de 1994, empezó la gran caída del IPC hasta marzo de 1995. El índice pasó de 925 dólares a un piso de 200 dólares en la primera quincena de marzo de 1995. En ese período se cometieron los asesinatos de Colosio (candidato a presidente del PRI) y del secretario general del PRI (Francisco Ruiz Masiú); se devaluó el peso y una crisis denominada "Tequila" se disparó en diciembre de 1994, a días de la asunción de Zedillo, el sucesor de Salinas.

El costo político de la crisis lo pagó en su totalidad Carlos Salinas de Gortari y luego lo pagará, en el 2000, el PRI, que perdió en dicho año, por primera vez en 71 años, unas elecciones presidenciales. Recordemos que el PRI gobernaba ininterrumpidamente desde 1929 en México.

Luego de haber tocado máximos de 925 dólares en febrero de 1994 y 2985 puntos sin ajuste, el índice IPC se desplomó en dólares hasta su mínimo valor de 200 dólares en marzo de 1995, una caída del 78% en dólares y a niveles de 1448 puntos, sin ajustarlo por dólar. Salinas de Gortari pasó de héroe a villano; en el techo de la Bolsa en febrero de 1994, era un héroe, el presidente más importante, el de mayor imagen positiva. En el piso de marzo de 1995, se había convertido en un villano que se tuvo que ir del país como responsable de haber llevado a México a una de las crisis más grandes. Antes de haber abandonado México, Salinas fue protagonista de una huelga de hambre que no surtió efecto y, cuando dejó el país, lo hizo conjuntamente con el piso histórico de 200 dólares del IPC.

El costo político de la crisis fue primero para Salinas en 1995, 4 meses después de haber dejado su mandato, y luego para el PRI, en las elecciones presidenciales del 2000.

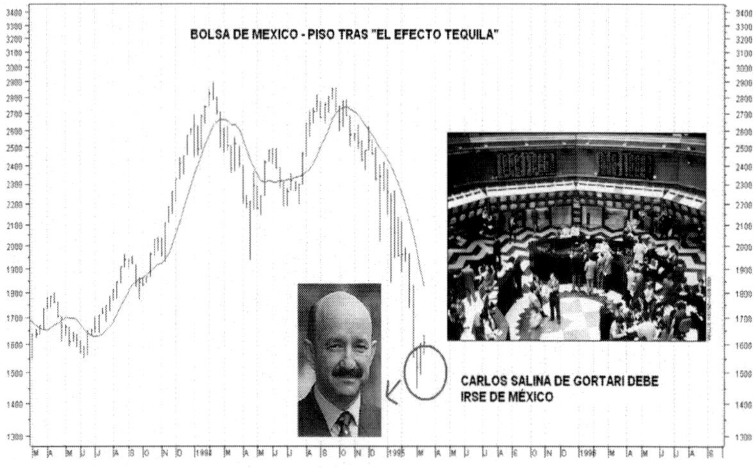

GRÁFICO NÚMERO 129. FUENTE: RUARTE'S REPORTS.

Presidencia de Ernesto Zedillo 01-12-1994/30-11-2000

El presidente Ernesto Zedillo tomó el IPC en dólares (el 01 de diciembre de 1994) en niveles de 733,80 dólares. Estas elecciones no fueron cuestionadas; se consideraron transparentes y llevaron, en septiembre de 1994 (justo en el techo secundario del IPC de 2865 puntos), a decir a *Wall Street Journal* que México, con unas elecciones transparentes, se había consolidado como un país serio. Agregaba que avizoraba años de pujanza para el mercado mexicano. Sin embargo, apenas asumió su gestión Zedillo, a mediados de diciembre de 1994, se produjo la devaluación del peso, que tomó por sorpresa a los inversores. En su gestión, el índice IPC en dólares (se cayó el IPC y subió mucho el dólar) se desplomó a 200 dólares con la devaluación. El peor momento fue la primera quincena de marzo de 1995. En enero de 1995, Clinton había habilitado un paquete de 50.000 millones para apoyar a México pero, recién en marzo de 1995, el IPC en dólares colocó su piso, coincidentemente con la salida al exilio de Carlos de Salinas de Gortari.

Desde marzo de 1995, México, hecho anticipado por su Bolsa, empezó su recuperación, a pesar de muchos agoreros que decían que podía haber más devaluaciones, no pago de deudas, hiperinflación, otro Tequila. 1996 y 1997 fueron los mejores años de la recuperación. Esto hizo que, al final de la gestión de Zedillo, el IPC acabara en 646 dólares y creciera un 223% del peor momento del Tequila, pero un 12% debajo de cuando lo había recibido (ver gráfico número 130). Es decir, en sus 6 años de mandato, la Bolsa, si bien se recuperó, terminó un 12% debajo de los valores que comenzó, o sea, ni bien ni mal (teniendo en cuenta la crisis del Tequila, en que llegó a perder 78% el índice). Aun así, el PRI perdió sus elecciones por primera vez en manos de Vicente Fox, un empresario que llevó al PAN al Gobierno y cortó 71 años de hegemonía priísta.

GRÁFICO NÚMERO 130. FUENTE: ECONOMATICA.

Presidencia de Vicente Fox
01-12-2000/31-11-2006

Vicente Fox asumió el 1 de diciembre del 2000, con un mercado en 646 dólares. En su período se produjo un excelente rally del índice desde 646 a niveles de 2243 dólares. El índice creció un 247% en sus 6 años de Gobierno, a una tasa del 41%. Este hecho es muy meritorio, teniendo en cuenta que EE. UU. tuvo una caída bursátil importante entre 2000 y 2003. Sin embargo, la recuperación de EE. UU. desde el 2003 hasta su ida del Gobierno hizo que el índice terminara positivo con un crecimiento de 247% de punta a punta, muy buen rendimiento, aunque muy lejos del tan amado y odiado Salinas. Salinas había logrado un 825% en cinco años y elevado su popularidad notablemente en la ciudadanía mexicana; luego se dio un desplome del 78% en dólares. Esto le produjo un costo político: cayó dramáticamente su popularidad y terminó exiliado.

Volviendo a Vicente Fox, este presidente surgió de extracción empresaria. Había sido ejecutivo de una de las Compañías multinacionales más importantes. Terminó su

Gobierno con buena imagen, aunque sin euforia. Pero su buena gestión hizo que el candidato de su partido, Felipe Calderón, ganara las elecciones del 2006. En cuanto al índice bursátil, su gestión fue positiva. En oportunidad de las elecciones presidenciales del 2006, el IPC estaba arañando los 2000 dólares mientras que, cuando entregó su mandato al también panista Felipe Calderón, estaba en 2243 dólares.

En México los analistas políticos suelen decir que el partido mejor armado y estructurado a nivel nacional siempre para las elecciones es el PRI por su historia. Nuevamente el PRI (a pesar de ser el partido mejor armado) volvió a perder elecciones. Creemos que el buen comportamiento del mercado que avaló la gestión de Fox tuvo mucho que ver con ello.

GRÁFICO NÚMERO 131. FUENTE: ECONOMATICA

Presidencia de Felipe Calderón
01-dic. 2006

Felipe Calderón asumió el 1 de diciembre del 2006 y recibió el índice IPC en niveles de 2269 dólares de parte de Fox. Dentro de su gestión, el índice tuvo un gran rally hacia los 3095 dólares. Es decir que tuvo un año y medio de euforia en la Bolsa, y de gran comportamiento. No obstante, la gran caída del 2008 de Wall Street arrastró a México que, luego de haber alcanzado máximos históricos de 3095 dólares, produjo una gran caída hacia niveles de 1090, vistos a comienzos del 2009 con la crisis americana. En el 2008 tuvimos una gran devaluación del peso, en donde el dólar pasó de niveles de 9,90, que alcanzó a fines de julio del 2008, a niveles de 15,25 en marzo del 2009.

A pesar de este contagio por la crisis americana (como México es un gran socio comercial, esto afecta al mercado mexicano), desde el peor momento de la cotización en dólares de 1090 dólares, el mercado intentó una recuperación y, el 1 de enero del 2010, se encontraba en niveles de 2580 dólares.

Si hiciéramos un balance preliminar hasta el primer día de enero del 2010, en 3 años y un mes, durante la gestión de Calderón, el IPC ha registrado un 15% de crecimiento, una tasa del 4,67% anual, mucho menos que con su antecesor Fox. De hecho, la devaluación del peso tan fuerte, que ocurrió en el 2008, y la caída de la Bolsa afectó para que en las legislativas del 2009 el PAN hubiera perdido posiciones con el partido tradicional, el PRI.

GRÁFICO NÚMERO 132. FUENTE: ECONOMATICA.

Como conclusión, México, medida por su Bolsa, en sus últimos 22 años de historia, tuvo un espectacular crecimiento entre 1988 y 1994, en la época de Salinas, que lo catapultó como héroe, el presidente más popular, el más importante de la centuria. México tuvo su gran crisis con la devaluación de diciembre de 1994 con su pico más bajo en marzo de 1995, y cayó un 78% en dólares. El IPC en dólares se desplomó a niveles de 200 dólares desde niveles de 925 dólares. El costo político lo pagó básicamente Salinas (pasó de héroe a villano), y luego el PRI, que perdió las elecciones en el 2000.

Luego Zedillo se fue con un índice 12% debajo del que lo había recibido (se recuperó la Bolsa, pero no del todo por la crisis). Su retiro fue sin pena ni gloria, pero fue capaz de recuperar desde los niveles tan caídos de marzo de 1995. Durante el Gobierno de Fox, los mercados mejoraron su humor a una tasa que, en cualquier lugar del mundo, es excelente, pero para Latinoamérica es una tasa no tan espectacular como para retirarse con gran imagen. Por lo tanto los mercados despidieron a Fox con positivismo (de hecho ganó Calderón del Pan), pero sin ninguna euforia. Sin la euforia que había producido Salinas en sus primeros cinco años.

Calderón se encontró con una tasa de crecimiento del 15% en sus tres años y un mes de gestión, es decir, una tasa mucho menor que la de Fox. Veremos los próximos tres años que indican los mercados; el ritmo de crecimiento debe acelerarse para llegar mínimamente a los niveles de Fox para poder tener éxito el PAN en sus presidenciales del 2011. El mercado lo dirá; por lo pronto, con el bajo crecimiento del mercado, el PAN perdió en el 2009 las legislativas en manos del PRI, que ha recuperado protagonismo.

Por ahora los mercados no han tenido un crecimiento tan extraordinario como para generar la exacerbación positiva del gobernante; tampoco caídas fuertes para exacerbarlo en forma negativa. Pero, a este ritmo, el PAN correrá riesgo en las elecciones del 2011. Durante 2010 y parte del 2011, si acelera el mercado, el PAN puede revertir las legislativas del 2009 en las presidenciales del 2011. Si no, su suerte estará echada.

VII.3 CASO BRASIL

Si uno observara el caso de Brasil, del comportamiento de su Bolsa más importante de San Pablo y su índice el Bovespa medido en término de dólares, el mercado ha tenido buenos y malos momentos dentro de cada presidencia. Analizaremos los últimos 25 años del mercado y la política.

Presidencia de José Sarney Costa
21-04-1985/15-03-1990

Comenzamos con José Sarney, que gobernó entre 1985 y 1990. En realidad, Sarney fue candidato a vicepresidente en las elecciones. Lo que sucedió es que, con la muerte del presidente Das Neves, debió completar el mandato del presidente fallecido.

Sarney se caracterizó por el combate contra el gran flagelo de la inflación, característica distintiva de su Gobierno. En su Gobierno salieron los planes cruzados, el Plan Verano, entre otros. Su objetivo central fue la lucha contra la inflación, pero terminó su mandato sin resolver dicho problema. También fue acusado de corrupción, aunque no hubo enjuiciamiento formal de su mandato.

El Bovespa en dólares en su mandato comenzó en niveles de 702,16 y lo devolvió en 1420. El Bovespa terminó con un crecimiento del 102% en cinco años de mandato, a una tasa del 20,5% anual. En su Gobierno el Bovespa alternó buenas y malas, como se puede apreciar. Tuvo momentos buenos en dólares desde 1985 hasta comienzos de 1986. Luego, una gran caída de 1986 y 1987 y una recuperación en 1988, hasta mediados de 1989, en que fue perdiendo momento, para colapsar a comienzos de 1990 en medio de una gran hiperinflación. Pero el Bovespa terminó con saldo positivo, aunque con un rendimiento pobre, teniendo en cuenta la excesiva volatilidad observada (muchos altibajos o vaivenes de subas y bajas), como puede apreciarse en el gráfico número 133.

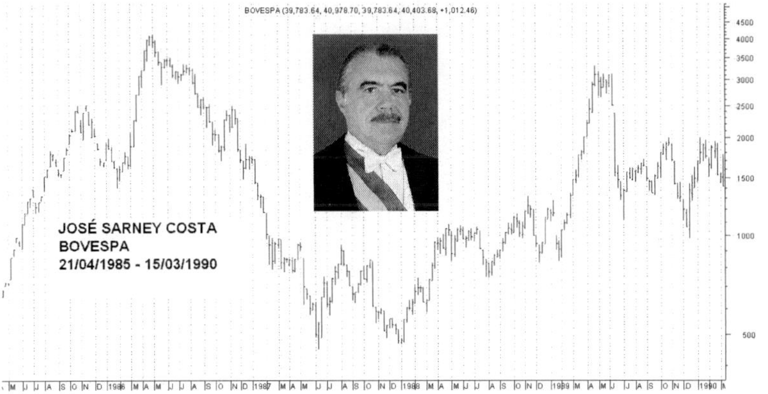

GRÁFICO NÚMERO 133. FUENTE: ECONOMATICA.

Presidencia de Fernando Collor de Mello 05-03-1990/02-10-1992

En 1990 ganó las elecciones Fernando Collor de Melo y asumió el 5 de marzo de 1990 con un índice Bovespa en 1420 dólares. Era un joven carismático de extracción periodística, con una muy buena oratoria, y que tenía como meta general el cambio en Brasil. La Bolsa de San Pablo inicialmente se desplomó con Collor de Melo hasta marzo de 1991. Desde allí tuvo una gran recuperación hasta mayo de 1992, hasta los 3000 dólares (ver gráfico número 134). Luego vino el colapso de la Bolsa con una caída muy pronunciada: en sólo dos meses el Bovespa se desplomó un 50% en dólares. Entonces empezaron los problemas políticos, en los que quedó involucrado el presidente Collor de Melo, en el llamado "Collorgate". Este conflicto lo obligó a renunciar; su salida se produjo el 2 de octubre de 1992, y asumió el vicepresidente que lo había acompañado en su fórmula. El saldo del Bovespa durante su gestión fue positivo: lo recibió en 1420 dólares y lo entregó con su renuncia en niveles de 1927 dólares aunque, en el momento álgido de la crisis, llegó a estar en 1500. Como balance, el Bovespa creció 35% en 31 meses de gestión, un promedio de un 13,5% anual, nuevamente paupérrimo comparado con la volatilidad observada.

GRÁFICO NÚMERO 134. FUENTE: ECONOMATICA.

Presidencia de Itamar Franco
2-10-1992/31-12-1994

Itamar Franco, el vicepresidente de la fórmula ganadora de 1990, debió hacerse cargo de la presidencia luego del escándalo del Collorgate, que hizo renunciar a Collor de Melo. Muy pocos auguraron que Itamar Franco iba a terminar su mandato; se lo veía como un presidente de mucha edad, que no podría resistir la gran problemática de Brasil, sumido dentro del gran flagelo de la inflación. Sin embargo, para sorpresa de muchos, el presidente que había subido con menos popularidad (porque Sarney y Collor, cuando subieron, lo hicieron con aceptación popular) lograría sacar a Brasil de la crisis.

Itamar Franco terminó su mandato el 31 de diciembre de 1994 y entregó el Bovespa en 5135 dólares (lo había recibido en niveles de 1927 dólares), una suba del 166% en sólo 26 meses de gestión, es decir, una tasa de crecimiento de 77% anual. Recuerdo que Itamar Franco se fue del Gobierno brasileño con gran aprobación. Fue el hombre que mostró el camino de Brasil y lo sacó de la crisis (ver gráfico número 135).

GRÁFICO NÚMERO 135. FUENTE: ECONOMATICA.

Presidencias de Fernando Enrique Cardozo
Primera presidencia: 01-01-1995/01-01-1999
Segunda presidencia: 01-01-2003

En septiembre de 1994, fue electo presidente Fernando Enrique Cardozo. Artículos de *Wall Street Journal* publicados en septiembre de 1994 destacaban la formación de Fernando Enrique, como se lo conoció. Los medios de prensa proyectaban que este presidente sería el que iba a llevar a Brasil a relaciones más carnales con EE. UU. y a un modelo más neoliberal. Su elección fue muy festejada y subió en medio de un gran respeto por parte de toda la comunidad financiera local e internacional.

Sin embargo, Fernando Enrique Cardozo asumió el 1 de enero de 1995. Recibió un Bovespa de Itamar Franco en 5139 dólares. En su mandato debió sufrir los coletazos de la crisis de México, el otro gigante de Latinoamérica, que tuvo la peor parte de su crisis en el primer trimestre de su mandato de 1995. Luego tuvo en 1997 el efecto Arroz, con la caída y devaluación de los Tigres Asiáticos; más tarde, el efecto Vodka con la crisis rusa. Finalmente la crisis le estalló en su propio país, al terminar su primer mandato y asumir el segundo mandato en enero de 1999. Brasil debió devaluar su moneda en enero de 1999, curiosamente en el mismo instante que devaluaba, el Bovespa hizo saltos enormes para recuperar el efecto de la devaluación, para recuperar lo perdido en dólares, y luego empezó a tener fuertes ganancias en dólares. En efecto, de sus pisos de comienzos de 1999, el Bovespa subió en un año en dólares casi 200% de su valor. Pero, en el mejor momento del Bovespa, una nueva crisis se generó: vino la gran caída del 2000 al 2002 de EE. UU., la caída de las Torres, la Guerra de Afganistán y de Irak. Es decir, fue el presidente que más crisis debió padecer en sus mandatos, además de la gran crisis de Argentina, que tuvo su peor momento en el último trimestre del 2001 y la primera mitad del 2002.

En su Gobierno tuvo todas las crisis: Tequila, Arroz, Vodka, y finalmente Tango. Es bueno notar que, en las elecciones de 1998, le ganó a Luis Lula Da Silva, el candidato de extracción obrera que en esos momentos despertaba mucha desconfianza en los mercados. Cardozo era el candidato heterodoxo, y el mejor para manejar todas las crisis exógenas y las propias que sufrió Brasil. Así pensaba la ciudadanía, y por eso fue al segundo mandato.

En resumen, en sus 8 años de mandato y con todas las crisis mencionadas, terminó, el 1 de diciembre del 2003 su mandato con un Bovespa de 3180 dólares, que había recibido en niveles de 5139 dólares, con una caída de 39% en dólares (ver gráfico 136).

Si bien fue muy respetado, Cardozo no se retiró con gran popularidad. La caída de los mercados dan esa explicación: sólo tantas crisis exógenas que tuvo que padecer y una propia le dieron cierta indulgencia a su Gobierno. Algunos sostienen que fue el que marcó el camino.

GRÁFICO NÚMERO 136. FUENTE: ECONOMATICA.

Primera presidencia de Luis Ignacio Lula da Silva

En medio de temores por su extracción obrera y sindicalista, subió Luis Ignacio Lula da Silvia el 1 de enero del 2003. Este presidente, que subió al poder con popularidad de los votantes, en sus comienzos fue recibido con mucha apatía y con mucha desconfianza de parte de la comunidad financiera local de Brasil y también con bastante preocupación en el concierto internacional por las políticas demagógicas que podía aplicar, teniendo en cuenta su extracción sindical. Basta retrotraerse a los comentarios de fines del año 2002 y todo el 2003, y ver los actuales a comienzos del año 2010 para ver cómo ha sido fantástica la mutación de la opinión pública nacional e internacional. Aquella persona de la que se desconfiaba, con baja estatura y con un discurso popular, se transformó en el personaje más emblemático, junto con Álvaro Uribe, para los mercados latinoamericanos de los últimos 8 años.

Ahora tome nota de los valores que recibió Luis Lula da Silva al índice bursátil: el Bovespa valía 3172 dólares el 1 de enero del año 2003. En el 2006 se presentó para la reelección Luis Lula da Silva. ¿Cuánto valía el Bovespa en el 2006, cuando eran las elecciones en Brasil? 16.800 dólares. Es decir que, en 45 meses de mandato, la Bolsa de San Pablo había subido 429%, esto es, una tasa del 114% por año. ¿Alguna duda de que Lula sería reelecto para los mercados? No. En efecto, fue reelecto con gran mayoría para el mandato 2007-2011. Cuando asumió su segundo mandato, el Bovespa valía, el 1 de enero del 2007, 20800 dólares. Es decir que completa sus 4 años de Gobierno con una suba del Bovespa del 555%, a una tasa de crecimiento del 138,75 % (ver gráfico número 137).

GRÁFICO NÚMERO 137. FUENTE: ECONOMATICA.

Segunda presidencia de Lula da Silva
01-01-2007 hasta la actualidad

Luis Ignacio Lula asumió su segundo mandato el 1 de enero del 2007 con un Bovespa en 20.800 dólares. Aún le queda un año de mandato pero, en tres años de mandato, al 1 de enero del 2010, El Bovespa ha crecido casi un 100%; estamos en los 40.000 dólares, es decir, más de un 30% por cada año de Gobierno. Aun con una gran crisis como la del 2008 en EE. UU., el Bovespa ha crecido. Si tomamos como referencia el momento de escribir este libro (comienzos del 2010) que el Bovespa vale 40.000 dólares y Lula recibió el Bovespa en niveles de 3172 dólares 7 años atrás, quiere decir que, en el período de Lula de Silva, la Bolsa en dólares subió 11,6 veces su valor, 1160% en dólares, en casi 7 años de gestión de Lula, a una tasa de 165% anual en dólares.

Con estos guarismos tan positivos es hasta natural ver cómo Lula en particular y Brasil como país, teniendo en cuenta su tamaño, son mundialmente reconocidos como los grandes modelos a seguir.

GRÁFICO NÚMERO 138. FUENTE: ECONOMATICA.

A fines del 2009, este presidente de extracción sindicalista fue declarado por una importante revista francesa como el Personaje del Año. Es el presidente más carismático de Brasil, el mejor de todos los tiempos, el que llevó a Brasil a ser una gran potencia, "el Cristo Redentor", declara *Newsweek* en 2009. No hace falta que le ponga adjetivos; usted lo ha leído en cuanto medio de prensa y revista se le ocurra. Es el que generó el Milagro Brasileño, el que llevó a Brasil a ser una gran potencia, el que consiguió que Brasil fuera sede de la Copa Mundial de Fútbol en 2014 y de los Juegos Olímpicos en el 2012.

Es el presidente que supo ganarse el respeto de propios y de extraños, es el nuevo fenómeno de estudio, es el presidente que todos quieren tener. En Argentina y en otros países, pululan esos comentarios que elogian al gran Luis Ignacio Lula da Silva.

Es natural que, con tamaña suba del mercado, como ocurrió con Salinas de Gortari en sólo 5 años de mandato, Lula, con 7 años de mandato, pase a ser considerado el mejor presidente de la historia de Brasil. Todos quieren un presidente como Ignacio Lula da Silva, el presidente que subió en el 2003 con los miedos propios de los empresarios por ser una persona de extracción obrera, generó la suba bursátil más importante de la historia en Brasil y, claramente comparado con los otros presidentes, ha sido el que los mercados más han festejado.

Sólo Itamar Franco tuvo un festejo de los mercados. Tanto Sarney, Collor de Melo como Cardozo tuvieron altibajos en la Bolsa, y sin movimientos significativos. Pero a Lula, el hacedor del milagro, el mercado lo premió con tamaño crecimiento de 11,6 veces su valor. Entonces el mercado anticipó su reelección y también la alta popularidad de la que goza en su país y, fundamentalmente, con esas tasas de crecimiento, cómo Brasil ha ganado lugar en los últimos dos años, como una potencia mundial líder en Latinoamérica, y muy respetada en el concierto internacional y mundial.

GRÁFICO NÚMERO 139. FUENTE: ECONOMATICA.

El mercado lo anticipó, el mercado lo explicó, el mercado lo festejó y hoy Ignacio Lula da Silva goza de tamaña popularidad, pero lo que da el mercado lo puede quitar, como sucedió con los ejemplos de Salinas de Gortari justo en su último año de su primer mandato y también con Fujimori en Perú, en el primer año de su tercer mandato consecutivo. O puede seguir dándoselo como ocurrió con el fenómeno de Putin en Rusia. Aunque Putin quedó como primer ministro de un presidente de su riñón (no era su tercer mandato como presidente). Si se fija, en la Bolsa rusa, el crecimiento que tuvo durante las dos presidencias de Putin, comprenderá que estamos hablando de fenómenos muy parecidos entre Rusia y Brasil, ambos con grandes crecimientos bursátiles y con sus países y gobernantes con gran prestigio mundial.

BREVE RESEÑA DE RUSIA

Fíjese en el gráfico número 140 que se acompaña. Cuando asumió Putin en Rusia, el índice ruso en marzo del 2000 se encontraba en niveles de 2200 puntos.

GRÁFICO NÚMERO 140. FUENTE: RUARTE'S REPORTS.

Ahora fíjese en cómo en junio del 2006 (ver gráfico 141) lo que ha subido su índice luego de haber alcanzado niveles de 24.000 puntos cotiza arriba de los 22.000 puntos. Es decir, la Bolsa subió hasta su máximo 1000% en sólo 6 años de Putin. O sea que la Bolsa rusa ha subido a un promedio de 167% anual desde el 2000 al 2006, la misma tasa a la que subió la Bolsa en los 7 años de Lula. Ahora vea el gráfico 141, donde Putin es la tapa de la revista *Time* de EE. UU., ¿cuánto falta para que Lula sea tapa de *Time*? Ya ha sido personaje del año de varias revistas de Francia, España y Argentina, entre otros países. Lula sigue los mismos pasos de Putin.

GRÁFICO NÚMERO 141. FUENTE: RUARTE'S REPORTS. MEDIO DE PRENSA: *BBC MUNDO*.

FUENTE: *TIME*.

Conclusión del fenómeno de Brasil y de Lula Da Silva

El mercado entra en el 2010 en el último año de mandato de Lula da Silva y dará su veredicto. Si mantiene su tendencia positiva, podrá darle la posibilidad de un tercer mandato. Muchos empresarios, políticos, financieros, y hasta el pueblo, lucharán para ello seguramente. Lula se verá tentado para ser el mismo candidato por un tercer mandato, o podrá hacer algo similar a lo de Putin, poniendo a alguien de su total confianza para continuar la obra, con él dentro o fuera del Gobierno, pero de su confianza. Los admiradores fanáticos de Lula seguramente verán en Rusia y Putin el ejemplo a seguir.

Sin embargo, si el mercado del Bovespa cambia su humor en el 2010 (depende de cuán dramático sea el cambio), puede sucederle lo de Salinas en el final de su mandato o lo de Fujimori si va a un tercer mandato, como hizo el líder peruano. Será un caso muy interesante a seguir porque claramente, en Brasil, existe euforia y humor social muy positivo, signos muy claros de techos muy importantes de mercados. Además, Lula está pregonando a los cuatro vientos que el 2010 será un gran año en todos los órdenes para Brasil.

Pero es el mercado el que primero lo detectará y, recién bastante después, el humor social cambiará. Habrá que seguir, este 2010, el Bovespa en dólares, que dará su veredicto. Uno tiende a extrapolar linealmente, y los mercados no son así. Hoy la situación en Brasil es de euforia, gran confianza y un muy buen humor social; en el 2010 veremos lo que dice el Bovespa en dólares, que será el primero que hará techo, y detectará el clímax de esta euforia el gran país de Brasil y su gobernante Ignacio Lula Da Silva. Yo me preguntaría qué pensarán de este momento Salinas de Gortari en su exilio en Irlanda y qué pensará en su cárcel Alberto Fujimori, otrora líderes indiscutidos y venerados en sus países. Seguramente dirán: "Esta historia yo ya la viví... y sé cómo termina".

También deberá preguntárselo Luis Lula da Silva si se retira como lo hizo Clinton y Reagan con gran popularidad, o sigue los caminos de Putin con una persona de su riñón, sin que le agiten los fantasmas de que pueda sucederle lo de Fujimori de Perú que, en el tercer mandato, cayó en su primer año, o lo de Salinas en México, en cuyo último año de mandato, se disparó la crisis. Ambos, Fujimori y Salinas, pasaron de héroes a villanos. La tentación es grande, el poder atrae. La decisión la tendrá Lula y el pueblo brasileño pero, sin dudas, el Bovespa mostrará el camino como un indicador líder del humor social.

GRÁFICO NÚMERO 142. FUENTE: ECONOMATICA.

LaNación.cl

PAPEL DIGITAL

Miércoles 13 de Enero de 2010
Hora actual 19:37
El Tiempo: Santiago 34° Máx.

Inicio | País | Política | Vida Hoy | Economía | Internacional | Deportes | Cultura | Entretención | Lector LN | Blogs

| Portada Internacional | Noticias del Mundo | Corresponsales | Ediciones Anteriores | Búsqueda Avanzada

Lula da Silva es el hombre del año para Le Monde

/ AFP

Recomendar | Resultado ★★★★★ 1 voto | 2 comentarios | COMPARTIR | A+

Jueves 24 de diciembre de 2009 | Actualizada 10:50 | Internacional

El Presidente de Brasil, Luiz Inacio Lula da Silva, fue elegido "hombre del año" por la redacción del diario francés Le Monde porque "a ojos de todos, encarna el renacimiento (...) de un gigante".

"Abanderado de los países emergentes, pero también del mundo en desarrollo del que se siente solidario" el Mandatario brasileño, de 64 años, "ha colocado decididamente a su país en una dinámica de desarrollo", afirmó la revista de Le Monde publicada el jueves.

El Jefe de Estado brasileño, que a fines de 2010 dejará la presidencia sin haber intentado modificar la Constitución para acceder a un tercer mandato, "supo seguir siendo un demócrata, luchando contra la pobreza sin ignorar los motores de un crecimiento más respetuoso de los equilibrios naturales", agrega.

"Presidente de Brasil desde el 1 de enero de 2003, al cabo de dos mandatos habrá dado una nueva imagen a América Latina", afirma la citada revista al explicar la elección de Lula como "personalidad del año 2009".

"La consagración de Lula acompaña la renovación de Brasil", dice el artículo firmado por Jean Pierre Langellier, corresponsal en Río de Janeiro.

Carismático, de sonrisa fácil y jovial, Lula, nacido el 27 de octubre de 1945 en el estado de Pernambuco (noreste de Brasil), ex tornero y sindicalista, convirtió a "Brasil en actor esencial de la arena internacional".

"Diplomacia, comercio, energía, clima, inmigración, espacio, droga: todo le interesa y le concierne", afirma el artículo acompañado por fotos de Lula en Brasil o en el extranjero, como la que está junto al Presidente estadounidense.

Lula fue el primer Mandatario latinoamericano al que Barack Obama recibió en la Casa Blanca.

Líder en el seno del G20, aspirante a un escaño permanente en el Consejo de Seguridad de la ONU y primer socio comercial de China son algunos logros de cara al exterior.

"Lejos quedó la época en la que el sindicalista Lula con gorro proletario y micrófono en mano gritaba: 'Fuera el FMI'", dice el texto. "Hoy ya no es el FMI el que ayuda a Brasil, sino a la inversa", agrega.

Pero en el balance también hay una "parte oscura".

Lula redujo la pobreza y millones de brasileños pasaron a la clase media, "pero Brasil sigue siendo uno de los países más desiguales del mundo (...) dividido entre un sur rico y dinámico y un norte arcaico y desheredado".

Y entre las asignaturas pendientes figuran: una educación primaria y secundaria "mediocres", un sistema de salud "deficiente", una burocracia "pesada", una policía "ineficaz" y una justicia "perezosa".

El diario español El País declaró semanas atrás a Lula como el "personaje del año" y la revista británica The Economist dedicó un número especial a Brasil con una portada más que elocuente: el Cristo Redentor, una de las imágenes emblemáticas de Río de Janeiro, despegando cual cohete hacia el espacio.

GRÁFICO 141 A. FUENTE: *LA NACIÓN*.

VII.4. CASO PERÚ

Presidencia de Alan García
28-07-1985/28-07-1990

En julio de 1985, Alan García asumió el Gobierno peruano hasta 1990. En el gráfico que se muestra en dólares del principal índice de Lima el IGBVL, tenemos datos desde 1986 (ver gráfico 143).

GRÁFICO NÚMERO 143. FUENTE: ECONOMATICA.

El Gobierno de Alan García subió con una receta mucho más izquierdista que la que ostenta el actual Gobierno desde el 2006. Alan García solía visitar Argentina por cuestiones familiares. Recuerdo que cada visita de él en el entonces Gobierno de Alfonsín generaba una gran admiración allá por 1985-1989. Algunos memoriosos recordarán que reconocidos líderes sindicales y algunos miembros de partidos políticos argentinos, en voz alta, y en publicidades, decían: "Yo quiero un presidente como Alan García".

De buen y carismático discurso, resultaba un personaje pintoresco para los argentinos y había conquistado a muchos en ese primer Gobierno de 1985 a 1990. Lo que habría que preguntarse es si había hecho lo mismo con los peruanos.

Si nos guiamos por el mercado, su balance no fue positivo (a pesar de que tenemos información de cuatro de los cinco años de su mandato). Tenemos datos de que el índice, en medio de su Gobierno, cotizababa 60 dólares y se desplomaba a 6 dólares, una crisis que bien podría haberle costado el puesto. Sin embargo, desde 1988 hasta 1990, el mercado logró recuperarse y alcanzó los 45-55 dólares. Al no contar con la información desde el principio sino con una parcial, diremos que terminó el índice al 90% del valor de comienzos de 1986 y se fue sin tener buena popularidad. Regresó con un discurso mucho más moderado 16 años después. El 28 de julio de 1990, entregó su Gobierno a un personaje que marcaría la historia peruana, un ingeniero japonés, Alberto Fujimori, que tenía doble ciudadanía: peruana-japonesa.

Presidencia de Alberto Fujimori 28-07-1990/21-11-2000

Cuando miremos el comportamiento del Mercado de Valores de Lima en dólares, nos daremos cuenta y entenderemos por qué Alberto Fujimori fue considerado casi un semidiós, igual que el Salinas de Gortari de 1988-1994, que el Uribe y Lula actuales.

Fujimori gobernó Perú dos mandatos y fue reelecto inclusive para un tercer mandato, que no pudo concluir.

En efecto, a partir de 1990, empezó la serie de mandatos de Fujimori, mandatos de 5 años en Perú, a diferencia de los 6 años de México, los 4 de Brasil, de Argentina y de Colombia. El 28 de julio de 1990, en momentos de la asunción de Alberto Fujimori, el índice de la Bolsa de Lima (IGBVL) valía 48,80 dólares, para elevarse a 668 dólares en oportunidad de su segundo mandato de 1995. En su primer mandato de 5 años, la Bolsa subió 13,7 veces su valor, es decir, un 1268% en dólares. Sin duda, fueron los 5 años dorados de Fujimori, donde la Bolsa lo recompensó con una suba espectacular, con una tasa de crecimiento del 253% por año en dólares, algo impresionante (ver gráfico número 144). La explicación de tamaño crecimiento en términos de moneda dura, o dólares, es que se trataba de un mercado muy deprimido que, en las décadas del setenta y del ochenta había sufrido la subversión de Sendero Luminoso con numerosos secuestros y atentados, que hacían de Perú un país no seguro para vivir para las clases media y alta. Fujimori, en sus primeros cinco años, consiguió el milagro peruano y su prestigio se catapultó a las nubes. Fue reelecto con gran popularidad para su segundo mandato desde 1995 al año 2000. En su segundo mandato, el amor del mercado con Fujimori se terminó en julio del año 1997 con un techo muy importante de 867 dólares. Julio de 1997 es comparable a febrero de 1994, con Salinas de Gortari. El crecimiento del mercado de Perú, que venía de niveles muy deprimidos, fue superior al mexicano. En su mejor momento el mercado había subido 1676% entre julio de 1990 y julio de 1997 en 7 años, a un promedio anual de un 239%. Desde julio de 1997 la Bolsa peruana empezó a ver con distintos ojos el Gobierno de Fujimori. Anticipando problemas propios y ajenos, la Bolsa se desplomó hasta un mínimo de 380 dólares a enero de 1999, y cayó un 55%. Es decir, el efecto de los Tigres Asiáticos, de Rusia y de Brasil se hizo sentir fuerte en el segundo mandato de Fujimori. Recién la Bolsa de Lima consiguió su piso en enero de 1999 con la devaluación de Brasil.

Desde enero de 1999 a enero del 2000, el mercado se recuperó hasta un máximo de 546 dólares, un 42%. Parecía que volvía el amor de los mercados con Fujimori. En el 2000 surgió la crisis política en Perú. El mercado, que había alcanzado en enero niveles de 546 dólares, mes a mes empezó a desplomarse. Cuando asumió su tercer mandato, ya el mercado se encontraba en 400 dólares, con una caída del 27% en dólares. El mercado anticipaba tiempos turbulentos.

La caída siguió hasta un mínimo de 335 dólares (ver gráfico 144), que es el momento en que se había ido de gira, se regufia en Japón y presenta por fax su dimisión. Así terminó oficialmente la época de Fujimori el 21 de noviembre del 2000, y asumió interinamente Paniagua.

Del mismo modo que ocurrió con Salinas de Gortari, su personaje, que se subió a la estratósfera de popularidad y de ejemplo de gobernabilidad, cayó en desgracia en el 2000. El mercado lo había anticipado desde 1997 y, en el momento de escribir este libro, el otrora presidente poderoso de Perú, luego de ser extraditado, enfrenta numerosos cargos en la justicia, habiendo confirmado la justicia 25 años de prisión.

Esto es lo que hablamos de los ciclos y de la ciclotimia; héroe latinoamericano en 1997, villano a fines del 2000, muy similar a Salinas de Gortari. Aunque Fujimori, 8 años después, fue juzgado y condenado a 25 años de prisión.

Es decir, el ciclo no falla y, cuando hace su techo, sobreviene la caída, y con ello la caída en la desgracia. En los techos de los mercados bursátiles, como en 1994 en el IPC de México, y en 1997 en el de Lima, los gobernantes tenían una alta imagen positiva. Y, cuando las subas (como ocurrió en México y en Perú) son tan grandes, esa imagen crece muchísimo con calificativos de "Mejor presidente de la historia", "El Gobierno ejemplar", "El héroe que hizo el milagro mexicano y el héroe del mercado peruano". El mercado es cruel: cambió el ciclo y produjo una caída. Así ambos héroes pasaron a villanos cuando el ciclo les fue adverso, cuando el IPC en dólares se derrumbó un 78% de su valor desde enero de 1994 a marzo de 1995 y cuando el índice de Lima en dólares hizo lo propio en un 62%, desde el techo de 1997 hasta noviembre del 2000, en oportunidad de la renuncia de Fujimori. Allí asumió un Gobierno de transición, Valentín Paniagua, hasta que, a mediados del 2001, asumió el presidente electo Toledo.

GRÁFICO NÚMERO 144. FUENTE: ECONOMATICA.

Presidencia de Alejandro Toledo Manrique 28-07-2001/28-07-2006

El presidente Alejandro Toledo recibió el mercado, con motivo de su asunción, el 28 de julio del 2001, en niveles de 378 dólares (ver gráfico 145). Toledo enfrentó la caída de las Torres Gemelas en EE. UU., la caída de Wall Street, el contexto global mundial negativo, y el mercado peruano cayó sin desplomarse hasta niveles mínimos de 315 dólares, que registró en octubre del 2002. Desde octubre del 2002, la Bolsa peruana inició una gran tendencia positiva, ayudada por la coyuntura del mejoramiento de los mercados y, fundamentalmente, del gran crecimiento de los metales. Desde el 2002 al 2006 fueron grandes años para la plata y para el oro, que son dos commodities que Perú produce y exporta. Es así como la Bolsa de Perú en dólares se multiplicó varias veces y avanzó desde 378 dólares desde cuando asume Toledo hasta niveles de 2624 dólares al finalizar su mandato. Es un crecimiento del 594% en sus 5 años de mandato, lo que nos da un crecimiento del 116% anual en promedio. Toledo terminó su Gobierno con muy buena imagen. Si bien había asumido como un líder populista, su Gobierno moderado fue festejado por el mercado. Si bien su tasa de crecimiento anual fue la mitad de los siete años dorados de Fujimori, la Bolsa tuvo un espectacular rendimiento, y Toledo se retiró de su mandato con buenos índices de aprobación de su gestión.

La elección del 2006 fue muy reñida entre el candidato Humala, apoyado por Chávez (presidente de Venezuela), y el candidato Alan García. Creemos que el hecho de que el mercado haya estado bien favoreció que asumiera un líder más moderado. Sin embargo, Humala fue el que ganó en primera vuelta y, en segunda vuelta, fueron a la competencia Humala y Alan García. Alan García, el otrora contestatario de la década de la ochenta, en ese momento era un moderado, contra el contestatario Humala. No es casualidad que, viendo el comportamiento del mercado, el electorado peruano le haya dado el triunfo a Alan García (que no se había ido con buena popularidad 16 años atrás). Pero su cambio de discurso más moderado, en contraposición con el de Humala, finalmente decidió al electorado peruano por Alan García.

GRÁFICO NÚMERO 145. FUENTE: ECONOMATICA.

Presidencia de Alan García
28-07-2006- actualidad

Alan García, que finalmente derrotó en segunda vuelta a Humala, asumió el 28 de julio del 2006 y tiene mandato hasta el 27 de julio del 2011. Alan García recibió el índice de la Bolsa de Lima en dólares en niveles de 2624 dólares. Al 1 de enero del 2010, la Bolsa de Lima en dólares cotiza en 4896 dólares. Ha crecido en 41 meses un 86,58% a una tasa del 25,34% anual. Hasta el momento, el mercado manifiesta su confianza en el Gobierno, si bien el primer año fue el más brillante, en que el índice subió de 2624 a casi 7638 dólares (techo de octubre del 2007, una suba del 191%). La caída de Wall Street del 2008 hizo que el índice volviera a niveles mínimos de 2000 dólares, para desde allí, el 2009, realizar una vigorosa recuperación y encontrarnos en niveles de 4896 dólares todavía lejos de su mejor momento de 7638 dólares, pero con un crecimiento del 86% desde el comienzo del mandato (ver gráfico 146). A Alan García, al momento de escribir este libro, todavía le queda un año y medio de mandato. Si la recuperación del 2009 persistiera a diferencia de lo que ocurrió 20 años atrás, Alan se retiraría con alta imagen y con posibilidad de una reelección o de que alguien de su entorno continúe su mandato. El mercado dará su veredicto en este año y medio; por lo contrario, si el 2010 y lo que queda el 2011, el mercado vuelve a mostrar la baja que mostró desde el 2007 a fines del 2008 y comienzos del 2009, Alan García se retirará con menor popularidad, quizás en forma similar a como ocurrió 20 años atrás.

Está claro, del análisis de Perú, que los guarismos más altos de crecimiento se produjeron en la época de Fujimori, lo que permitió la reelección y hasta un tercer mandato. También, que la caída importante desde el 1997 lo llevó al ostracismo, de héroe a villano, de gran acumulación de poder a ser extraditado en el 2007 desde Chile y, en el 2009, condenado por la justicia peruana a 25 años de prisión por una de las numerosas causas que se le siguen.

Después de Fujimori, en el mandato de Toledo (ayudado por la gran suba de los metales), los mercados festejaron su gestión para hacerlo retirar con muy buena imagen. Con Alan García veremos qué nos depara el índice de la Bolsa de Lima en dólares en el 2010 y hasta julio del 2011.

GRÁFICO NÚMERO 146. FUENTE: ECONOMATICA.

GRÁFICO NÚMERO 147. FUENTE: RUARTE'S REPORTS. MEDIO DE PRENSA: *PERÚ 21*.

VII.5. CASO COLOMBIANO

Si observamos el gráfico de Colombia en dólares, contamos con datos fidedignos del índice de la Bolsa de Colombia en dólares desde la última parte de la presidencia de Gaviria, que se fue del poder el 6 de agosto de 1994 y dejó un índice en dólares de Colombia en niveles de 1,4 dólares. El electo presidente del Partido Liberal fue Ernesto Samper, quien había sido ministro de Gaviria y, además, Embajador de España.

Presidencia de Ernesto Samper
07-08-94/07-08-98

Samper asumió la presidencia de Colombia el 7 de agosto de 1994, con el índice IGBVC (Índice General de la Bolsa de Valores de Colombia) en niveles de 1,4 dólares. Su llegada al Gobierno se produjo con rumores y acusaciones de que su campaña había sido apoyada por uno de los carteles de la droga. Durante su mandato, Colombia atravesó una de sus peores crisis institucionales de las últimas décadas. Creció el poder de las guerrillas y de los paramilitares, con la consiguiente muerte de víctimas inocentes y desplazamiento de familias campesinas de sus tierras, que superó el millón de personas. El Gobierno estadounidense de Bill Clinton no quiso incluir a Colombia, ni en 1996 ni en 1997, entre los países con "certificado" de lucha contra el tráfico de drogas, por considerar que no había hecho lo suficiente contra este flagelo. En febrero de 1998, Clinton decidió levantar las sanciones que habían sido impuestas al país por tal motivo, aunque siguió considerando al Estado excluido de la lista de aquellos que poseían el mencionado "certificado". Al término de su mandato, Samper fue sucedido por el conservador Andrés Pastrana, vencedor de las elecciones presidenciales de junio de 1998.

El mercado estuvo, durante la mayoría del Gobierno de Samper, con fuerte humor negativo. Desde su asunción empezó el índice una tendencia negativa en dólares, para hacer piso en noviembre de 1995 en 0,762 dólares. Así marcó un 45% de caída en 15 meses de mandato. Desde noviembre de 1995, se produjo una importante recuperación, pero lo único que hizo esta recuperación fue alcanzar, en septiembre de 1997, tres años después de su mandato, el mismo valor con el que había asumido; el índice en septiembre de 1997 se encontraba en 1,38. Desde septiembre de 1997 hasta finalizar su mandato nuevamente, se desplomó el índice IGBVC, que llegó a niveles de 0,86 en el momento en que Samper entregaba su mandato. Esto es una caída del 38% desde los máximos de septiembre de 1997 en menos de un año, y su saldo en 4 años de mandato fue de una caída del 39% en el índice bursátil en dólares de Colombia (ver gráfico 148). Es por ello por lo que se retiró con baja popularidad, y los años de su mandato fueron oscuros para el mercado bursátil del país y para Colombia en general.

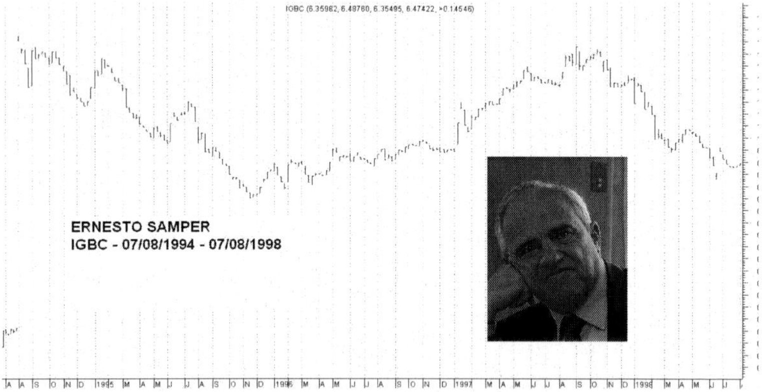

GRÁFICO NÚMERO 148. FUENTE: ECONOMATICA.

Presidencia de Andrés Pastrana Arango
07-08-1998/07-08-2002

EL 7 de agosto de 1998, se registró el cambio y asumió Andrés Pastrana Arango. Puso fin a tres Gobiernos del partido liberal en Colombia. Juró a su cargo el 7 de agosto, aseguró que la mejora de la economía sería una de sus prioridades e invocó a los grupos guerrilleros para poner fin a un conflicto que duraba ya más de 30 años. El 2 de mayo de 1999, llegó a un acuerdo con el máximo comandante de las Fuerzas Armadas Revolucionarias de Colombia (FARC), Manuel Marulanda (Tirofijo), para que cuatro días más tarde dieran comienzo las negociaciones de paz entre el Estado y la más numerosa y antigua guerrilla del país.

Para fomentar el desarrollo económico y social de las zonas afectadas por el cultivo de coca e intentar poner fin a la producción y tráfico de droga, Pastrana diseñó e impulsó, a lo largo de 2000, el denominado "Plan Colombia". Durante el mes de julio de ese año, fue presentado por su Gobierno y también resultó respaldado en Madrid (España) por el denominado "Grupo de Apoyo". Este último estaba integrado por 26 países y por 7 entidades supranacionales que se encargarían de su promoción y financiación. En este aspecto, debían jugar un papel fundamental Estados Unidos (cuya contribución se destinaría a usos militares, principalmente a la fumigación de cultivos ilícitos y a la destrucción de laboratorios clandestinos) y la Unión Europea (que condicionó su ayuda económica a que se reinvirtiera en programas sociales). La puesta en marcha del Plan Colombia fue una de las causas aducidas por las FARC para romper el diálogo con el Gobierno de Pastrana en noviembre de 2000, en tanto que el grupo guerrillero afirmaba que concedía a Estados Unidos la posibilidad de intervenir militarmente en el país. No obstante, Pastrana y Tirofijo se reunieron en San Vicente del Caguán (Caquetá) en febrero de 2001 y acordaron desbloquear y retomar las conversaciones y negociaciones de paz.

GRÁFICO NÚMERO 149. FUENTE: ECONOMATICA.

Pastrana heredó de Samper un mercado bursátil en caída libre, en niveles de 0,86 dólares. Esta caída no pudo revertirse durante su Gobierno hasta el 9 de noviembre del 2001, en que continuó el malhumor de los mercados, y el índice en dólares alcanzó un valor mínimo de 0,3370 en noviembre del 2001, un 61% de caída en dólares. Desde allí el mercado intentó una recuperación hasta el fin de su mandato. Entregó el índice en niveles de 0,45 dólares, esto es, un 33% arriba de los mínimos, pero un 48% debajo de donde lo había recibido (ver gráfico 149).

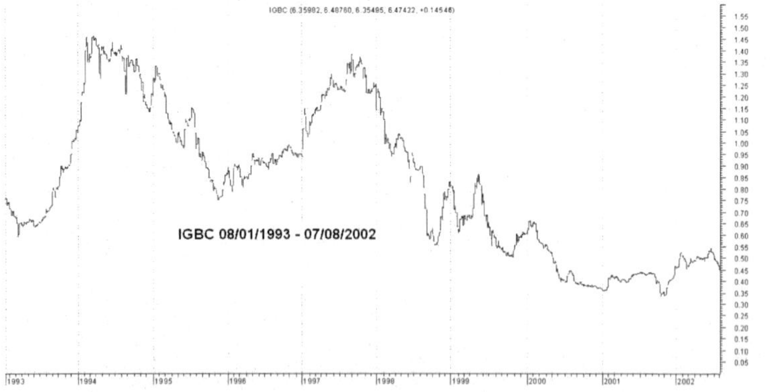

GRÁFICO NÚMERO 150. FUENTE: ECONOMATICA.

El mensaje del mercado era claro: ninguno de los tres mandatos (ni el de Gaviria, ni el de Samper ni el de Pastrana) habían logrado torcer la historia de 30 años de guerrillas, conflictos, guerras de carteles de la droga, ni que EE. UU. apoyara a Colombia por considerar que este país no hacía esfuerzos para combatir los carteles de droga.

Pero, en el 2002, llegó la otra estrella de los presidentes latinoamericanos, que aún hoy tiene luz y brillo propio, con altos índices de aceptación, el presidente Álvaro Uribe.

Primera presidencia de Álvaro Uribe
Primer mandato: 07-08-2002/07-08-2006
Segundo mandato: 07-08-2006/07-08-2010

Álvaro Uribe asumió el 7 de agosto de 2002 y recibió el índice bursátil de Colombia en niveles de 0,45 en término de dólares. Tuvo unos primeros cuatro años de mandato espectaculares con gran festejo de los mercados. El índice colombiano pasó de niveles de 0,45 a niveles de 4 dólares en sólo 4 años, un crecimiento fenomenal en dólares de 788% a una tasa de 197% por cada año de su mandato. Una gran y espectacular recuperación de la Bolsa.

GRÁFICO NÚMERO 151. FUENTE: ECONOMATICA.

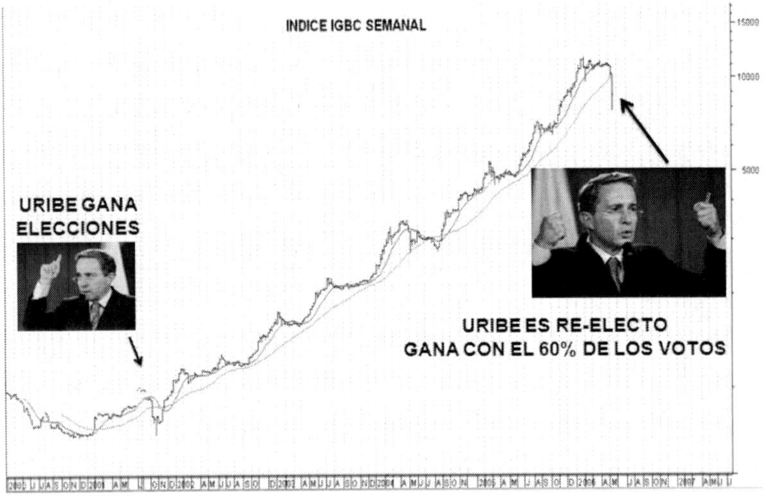

GRÁFICO 152. FUENTE: RUARTE'S REPORTS

En el 2006 fue reelecto. Cuando asumió su segundo mandato, el índice cotizaba en niveles muy cercanos a los 4 dólares. En 41 meses del segundo mandato, el índice a comienzos de enero del 2010, cotiza en 5,90 dólares. El índice ha crecido un 48% en 41 meses de mandato, un promedio anual de 14% que no tiene nada que ver con el espectacular crecimiento de su primer mandato. Sin embargo, el índice se encuentra hoy en nuevos máximos históricos en término de dólares. Y hay que tener en cuenta que, desde el segundo semestre del 2007 hasta el primer trimestre del 2009, tuvo que soportar una gran crisis en la economía más importante (la americana). Lo importante es que el 2010 es su último año de mandato, y el índice se encuentra en niveles máximos históricos en niveles de 5,90 dólares contra los 0,45 dólares en que estaba el índice en dólares cuando asumió. Esto es un crecimiento de 1211% en 88 meses de mandato, lo que da un 165% de crecimiento promedio anual en su mandato. Oberve qué curiosidad: a los tres grandes líderes, al momento de escribir este libro (comienzos del 2010), hoy con imagen muy alta, sus Bolsas de Valores lo premiaron con un ratio anual similar de crecimiento. Putin en Rusia, Lula de Silva en Brasil y Álvaro Uribe en Colombia generaron esos ratios promedio en cada año de su Gobierno en el Mercado de Valores.

Uribe es respetado en EE. UU.; tenía relaciones carnales con el Gobierno de Bush y ahora con el de Obama. Esto es por su cooperación con la lucha contra el narcotráfico, por la recuperación económica de Colombia, que pasó a no depender solamente de la producción de cocaína. Se celebraron diversos acuerdos de incentivo tanto con México con EE. UU. y con otros grandes países, con grandes incentivos fiscales y de aranceles, para que los colombianos puedan desarrollar empresas e industrias. La industria de la moda y de textil de Colombia es muy reconocida en los últimos años.

Toda esta bonanza económica, este sentimiento de seguridad que existe hoy en Bogotá hace que los índices de apoyo y de popularidad de Uribe se hayan mantenido altos, tanto en su primer mandato (que fue una explosión bursátil) como en su segundo mandato en que, si bien la Bolsa ha morigerado su avance notoriamente, se encuentra en nuevos máximos históricos en términos de dólares.

GRÁFICO NÚMERO 153. FUENTE: ECONOMATICA.

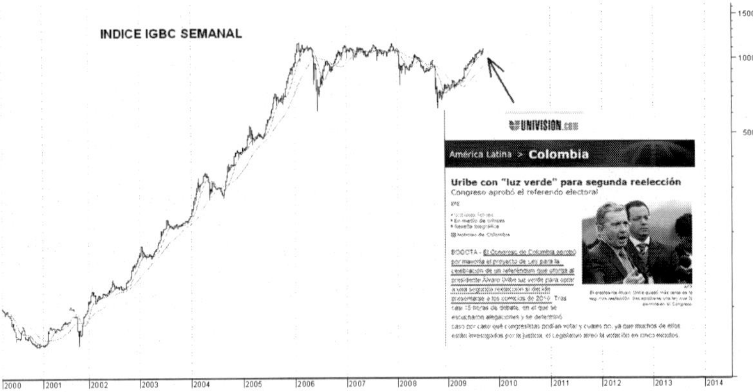

GRÁFICO NÚMERO 154. FUENTE: RUARTE'S REPORTS. MEDIO DE PRENSA: *UNIVISION.*

Todo esto hizo que, en el 2009, Uribe estuviera soñando que podía presentarse para un tercer mandato por los altos de índices de popularidad (ver gráfico 154), en donde el Congreso colombiano ya habilitó el referendo por si se quiere presentar para un tercer mandato. Sin embargo, la Corte Suprema de Colombia, a comienzos del 2010, ha fallado en contra de un tercer mandato de Uribe. En cualquier caso, una decisión de un tercer mandato debe ser muy bien pensada. El único tercer mandato que tenemos en Latinoamérica es el de Fujimori, del que ya explicamos que había tenido años de gloria y de gran poder, pero que no pudo terminar el tercer mandato. Podemos citar el caso de Putin pero, en realidad, si bien está en el Gobierno, se quedó como primer ministro, y el presidente pasó a ser alguien de su confianza. Sin embargo, según dicen, todavía maneja los hilos del Gobierno ruso.

Los grandes personajes con gran aceptación de los Gobiernos latinoamericanos a comienzos del año 2010 son Lula de Silva en Brasil y Uribe en Colombia. Quizás, por el tamaño de Brasil, es mucho más reconocido a nivel internacional Lula con todo tipo de galardones. Pero los dos enfrentan su último año de mandato dentro de la más alta popularidad. Los mercados y los números por ahora lo premian, pero esto no es garantía porque los mercados pueden quitar la confianza de un momento a otro por los niveles de suba que han mostrado.

En los casos de Uruguay y de Chile, no mostramos gráficos bursátiles, pero nos los podemos imaginar ya que tanto Tabaré Vázquez como Bachelet se retiraron con índices de alta aprobación y ni siquiera se tentaron por su reelección. Esto hace que los candidatos se retiren en el pico de popularidad y seguramente así serán recordados, como Bill Clinton en EE. UU. La decisión no es fácil; la tentación es grande, y nadie puede asegurar que los mercados sigan festejando un tercer mandato, tanto en Brasil como en Colombia, de estos presidentes tan populares que han guiado a grandes bonanzas a sus países.

VII.6 CASO ARGENTINA

Cuando hablábamos de cómo aplicar los ciclos y de los Fibonacci, hicimos un repaso de la historia argentina con sus momentos buenos y malos, la tendencia positiva del ciclo y la tendencia negativa. Aquí, para seguir la misma línea de análisis de los otros países latinoamericanos, mostraremos los diferentes Gobiernos y la calificación y anticipación de los índices bursátiles.

El índice bursátil en dólares hizo un techo muy importante en 1967 en su índice general en dólares. Este techo fue con el Gobierno de facto de Juan Carlos Onganía y cuando era básicamente ministro de economía Krieger Vasena. Desde allí, 1967, el índice general tuvo fuertes caídas casi sin interrupciones con los otros Gobiernos de facto de Levingston y de Alejandro Agustín Lanusse. En 1973 el general Lanusse llamó a unas controvertidas elecciones, en un momento en que Juan Domingo Perón estaba proscripto. Aun así, en 1973 volvió la democracia y ganó el peronismo sin Perón ("Cámpora al Gobierno, Perón al Poder" era el lema escuchado). Cámpora asumió al Gobierno el 25 de mayo de 1973 y duró hasta el 13 de julio de 1973, cuando renunció tras haber perdido el apoyo del líder Juan Domingo Perón. Interinamente asumió Lastiri, quien levantó la proscripción de Perón, llamó a elecciones, y ganó la fórmula Perón-Perón.

Juan Domingo Perón asumió su tercera presidencia el 22 de octubre de 1973; sin embargo, la muerte lo sorprendió en su mandato el 1 de julio de 1974 y fue sucedido por su esposa Isabel Martínez de Perón. Ésta permaneció en el poder desde el 1 de julio de 1974 hasta el Golpe Militar del 24 de marzo de 1976.

La Bolsa anticipó, con su humor muy negativo, una etapa negra de la historia argentina desde 1967 a 1976. En efecto, el índice general en dólares desde 1967 hasta 1976 se desplomó 90%, una de las caídas más importantes de la historia. Marcó 9 años de una caída continua, con una breve interrupción entre 1968 y 1970 y en 1973. Fueron caídas sin distinción de gobernantes militares o de los democráticos de Cámpora, Perón e Isabel. La caída se tornó mucho más dramática, en caída libre, entre 1974 y marzo de 1976, en los dos años de Isabel de Perón. Tamaña caída bursátil anticipó un humor muy negativo de mercados, un humor social muy negativo, y también las eclosiones sociales, políticas, y económicas que se desencadenaron. Eclosión social en la violencia y con la subversión. Eclosión económica, con la devaluación de la moneda continua contra el dólar. Eclosión Política que terminó con el Golpe de Estado y derrocamiento de Isabel Martínez de Perón en medio de un gran caos económico, político y social (ver gráfico número 155).

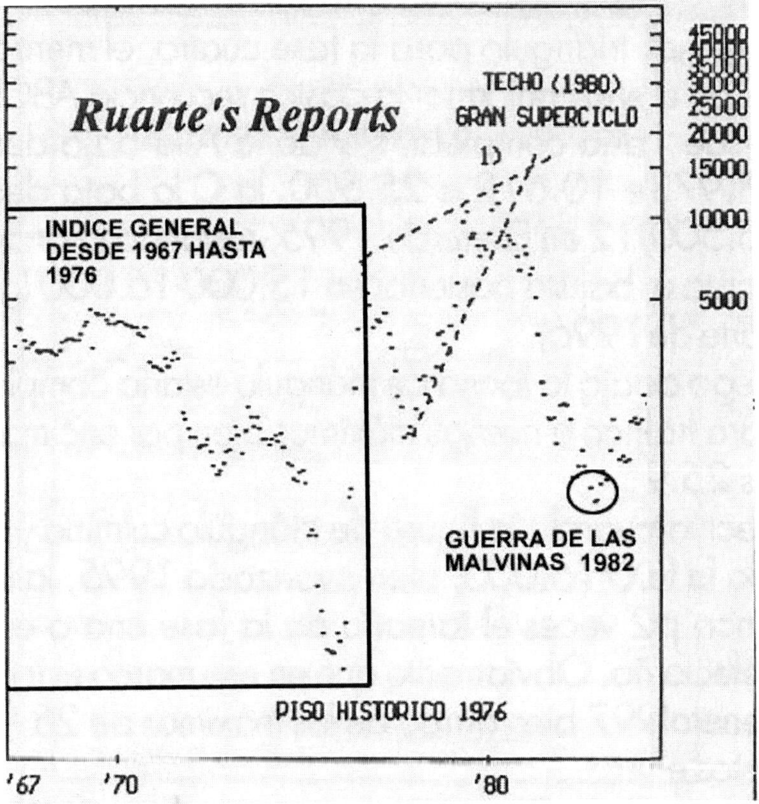

GRÁFICO NÚMERO 155. FUENTE: RUARTE'S REPORTS.

Gobiernos de facto: junta militar
1976-1983

El índice general bursátil hizo su piso histórico en 1976, en niveles de 342 dólares. Desde 1976 hasta 1980, se produjo la suba bursátil más grande y espectacular de su historia. En sólo 4 años el índice general subió 33 veces en dólares desde 342 a los máximos de 11.252 de 1980. El furor de la economía militar llevó a 4 años de bonanza, y alcanzó su clímax cuando Martínez de Hoz era ministro de economía.

De la misma forma que ocurrió con Perú, la subversión, el caos reinante hasta 1976 había hecho que todos los valores en términos de dólares se encontraran muy deprimidos. La Bolsa, que es el indicador líder, fue la primera que lo registró, que lo sufrió con una tremenda caída de 1967 a 1976 del 90%, y la que primero reaccionó con 4 años de suba pocas veces vista en algún país latinoamericano. 3200% de suba en sólo 4 años es un promedio de 800% anual. Tanto subió que, en esos cuatro años, superó los valores de 1967 de Juan Carlos Onganía. La Bolsa, en 4 años, subió más de lo que había caído en los 9 años oscuros desde 1967 a 1976.

La confianza que les habían dado los mercados a los militares se desplomó rápidamente junto con las cotizaciones. La Bolsa, desde 1980 a 1982, perdió 80% de su valor hasta hacer piso en 1982 con la Guerra de las Malvinas.

Allí fue el piso; luego de la desventura de la Guerra de las Malvinas y de la llegada de Alfonsín, la Bolsa recuperó posiciones.

Del mismo modo que ocurrió con Salinas de Gortari y con Fujimori, los militares protagonizaron, desde 1976 a 1980, una de las subas más importantes de la historia bursátil argentina. Tuvieron cuatro años de gloria y de bonanza, que llevó a darles aceptación en sus primeros años de junta militar pero, a diferencia de Fujimori, y quizás más parecido a Salinas de Gortari, la caída fue inmediata y severa. En dos años se perdió el 80% del valor en dólares de su índice bursátil, como pasó en México en un año y medio, en que se perdió un 78%. La misma sanción que el humor social y la sociedad hicieron a Salinas de Gortari, que se tuvo que exiliar del país para nunca más volver la dio el humor social y la sociedad con los militares, salvando las grandes diferencias entre un Gobierno democrático como el mexicano (aunque cuestionado por supuesto fraude en las urnas) y el Gobierno surgido de un golpe militar. Lo que no cambia es que la violenta y rápida caída de la Bolsa fue similar. En el caso de los militares, los sacaron del Gobierno para no volver nunca más. Aún hoy, 27 años después, los militares gozan de una baja aceptación en la sociedad argentina. En el caso de Salinas de Gortari, 14 años después, también se le sigue endilgando la culpa de la crisis que México sufrió en 1994-1995.

Los militares pasaron de héroes a villanos aunque, al ser la suba mucho más corta (sólo 4 años), duró muy poco lo de héroes. La gran caída posterior del mercado con humor muy negativo, incluyendo una guerra, miles de desaparecidos, hizo prevalecer la famosa frase de "Nunca más". (Ver gráfico número 156).

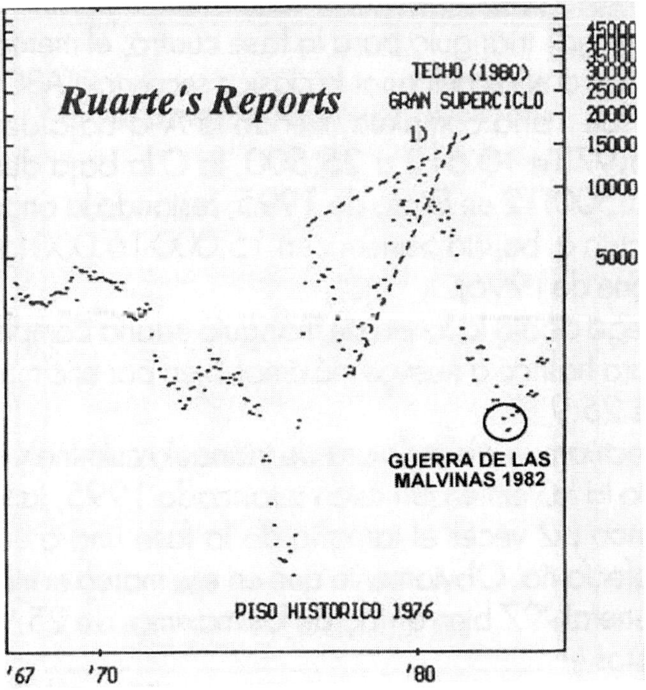

GRÁFICO NÚMERO 156. FUENTE: RUARTE'S REPORTS.

Presidencia de Raúl Ricardo Alfonsín
10-12-83/8-7-89

Y empezamos con los Gobiernos democráticos. La UCR (Unión Cívica Radical) dio la nota con la vuelta de la democracia en 1983. El candidato carismático Raúl Ricardo Alfonsín le ganó al peronismo, representado por Ítalo Argentino Luder. Muchos indican que el acto final del peronismo, en donde hubo una quema de un ataúd con las iniciales de la UCR, terminó de inclinar al electorado por Alfonsín.

En su Gobierno, Raúl Ricardo Alfonsín dio prioridad a tratar de defender al país del flagelo de la inflación, y económicamente, salió el Plan Austral y luego el Plan Primavera. Durante su gestión desfilaron ministros de economía como Sourouville, Grispun y Machinea. Sin embargo, cuando se acercaba el fin de su mandato, estaba claro que no podía vencer a la inflación.

Su Gobierno marcó el retorno de la democracia, el retorno a las instituciones. Muchos dicen que sacó buenas notas en lo que fue la parte institucional y un reprobado en economía. Alfonsín se tuvo que ir antes del poder en medio de un espiral inflacionario que no se podía contener, suba del dólar y saqueos a supermercados. Alfonsín devolvió el índice general un 20 o 25% debajo de los niveles que lo habían recibido y, si el mercado pusiera notas, ello sería un reprobado en la parte de economía. Aunque, luego de su fallecimiento y de la multitudinaria despedida del pueblo argentino, se magnificó su figura como el paladín de la democracia argentina (ver gráfico número 157).

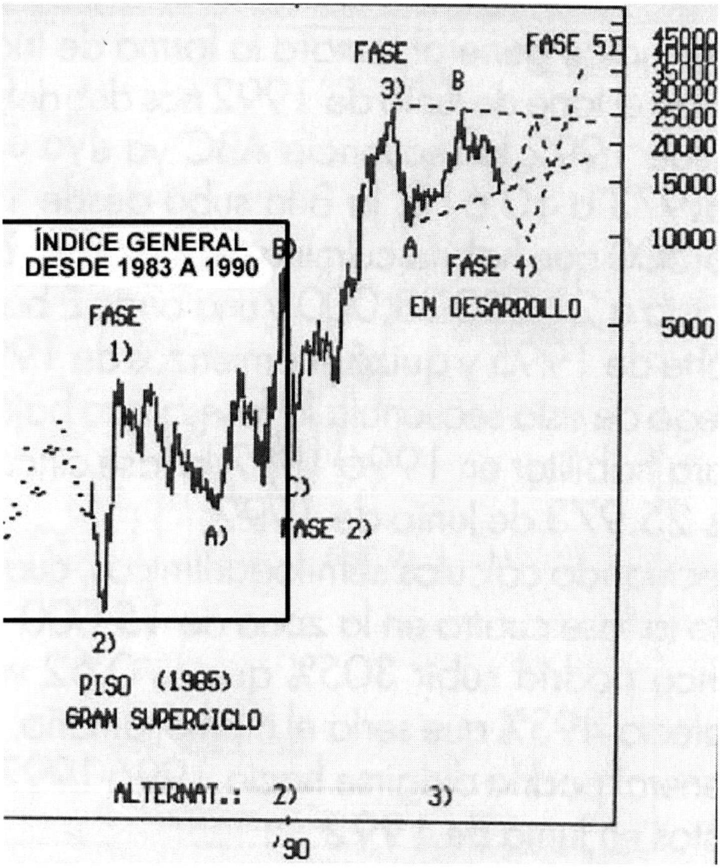

GRÁFICO NÚMERO 157. FUENTE: RUARTE'S REPORTS.

En mayo de 1989, surgió Carlos Saúl Menem, que superó en las elecciones a Eduardo Angeloz. De campera algunas veces, de poncho otras, con patillas largas, subió el caudillo riojano, que evocaba al Tigre de los Llanos. Con su carisma hizo campaña con su lema de la Revolución Productiva. El índice bursátil, que había caído en la gestión de Alfonsín, también explica el triunfo del peronismo y la derrota del radicalismo.

Carlos Saúl Menem
Primera presidencia (08-07-89/10-12-95)
Segunda presidencia (10-12-95/09-12-99)

El presidente electo Carlos Saúl Menem dio un vuelco a lo que pregonaba en su campaña, y empezó a aplicar recetas neoliberales. Hizo una alianza con el grupo Bunge Born, que colocó el ministro de economía Miguel Roig. Éste, lamentablemente, falleció en su gestión y luego fue sucedido por Rapanelli.

En 1989, La Bolsa de Valores festejaba la alianza con B. B. (Bunge Born), pero luego se desplomó todo lo que había avanzado en 1990 cuando renunció Rapanelli y se rompió el acuerdo. En el primer trimestre de 1990, la Bolsa estaba por los pisos y asumió Herman González como ministro de Economía. Nuevamente la Bolsa tuvo su remontada, para caerse a finales de 1990 y enero de 1991 y hacer piso en niveles de 120 dólares ya del índice Merval.

Desde los pisos de 120 dólares, con la renuncia de Herman González al Ministerio de Economía y la llegada de Domingo Cavallo, explota el Merval y surge el Plan de Convertibilidad: un dólar, un peso. En marzo de 1991, surgió la convertibilidad, que se mantuvo en Argentina casi once años, hasta su salida en enero del 2002.

En el Gobierno de Menem, se privatizaron numerosas empresas. Las más importantes fueron la Compañía telefónica y la Compañía YPF, que eran estatales. Todas estas medidas fueron festejadas por los mercados que, luego de fuertes altibajos, terminaron dando un crecimiento hasta el techo de su imagen en 1997 en su segundo mandato.

Menem recibió un índice Merval (ahora nos basaremos en el índice Merval) en 80 dólares y en un golpe de confianza con la alianza con Bunge Born, el Merval trepó a niveles de 300-320 dólares; la Bolsa, en sólo 6 meses de Menem, trepó un 275% en dólares. Sin embargo, la Bolsa hizo techo en octubre-noviembre de 1989, y luego se desplomó, anticipando el fracaso del plan B. B. Volvió a los niveles deprimidos de 80 dólares que había recibido su Gobierno. En el primer trimestre de 1990, asumió su persona de confianza, Herman González (riojano) y se produjo una parcial recuperación del mercado hacia mediados de los noventa, hacia niveles de 230-240 dólares. Parecía un nuevo voto de confianza del mercado, pero nuevamente una crisis con el dólar que subía, con la inflación que trepaba fuertemente, produjo una nueva caída del Merval, que alcanzó, a comienzos de 1991, niveles de 120 dólares.

Desde allí comenzó la gran suba de la Bolsa argentina que, de 120 dólares, alcanzó su máximo hoy histórico en dólares de 900 dólares en 1992. En sólo dos años, el mercado subió 650% a una tasa del 325%. Los 900 puntos del Merval eran 900 dólares ya que, en 1992, regía a pleno la convertibilidad: un dólar era un peso.

Ninguno de los mercados latinoamericanos analizados ha producido los vaivenes, idas y vueltas, y volatilidad de la Bolsa argentina. Rápidamente pasó de la depresión a la euforia y de la euforia a la depresión. Lo que a otros mercados les tomaba 3 años o más, a Argentina le tomaba meses, con ratios de crecimiento y caídas monstruosos, lo más parecido a una montaña rusa. Obviamente, estamos considerando aquí dos variables: el índice y el dólar. Lo que estamos analizando es el cociente del índice sobre el valor del dólar. Entonces, cuando caía la Bolsa, se daba una corrida del dólar. La caída del índice en dólares era impresionante y, al revés, cuando se recuperaba, subía la Bolsa y el dólar se desplomaba, retroalimentando y expandiendo muchísimo el movimiento alcista de la Bolsa en dólares.

En 1994 fue el techo del índice general, que nuclea más Acciones que el índice Merval. En 1994 Menem, con el Pacto de Olivos, logró la posibilidad de reelección con un mandato de 4 años. Se modificó la Constitución en 1994 (se aprueba la reelección y el mandato baja de 6 a 4 años). Carlos Menem, en 1994, tenía alto consenso en su Gobierno. Había pasado de ser el caudillo con poncho y campera a un seductor de etiqueta e impecablemente vestido y presentado. Como muchos decían, se lo veía como un rubio de ojos azules al final de su primer mandato.

En 1995 fue reelecto y la dupla Menem en la presidencia y Cavallo como su ministro fuerte subieron al poder nuevamente el 10 de diciembre de 1995. El mercado allí valía 470 dólares, una suba de 487% en sus 6 años de mandato, a un promedio de 81,1% anual, con muchos vaivenes, pero con rendimiento muy interesante. En 1994-1995 Menem tuvo su pico de popularidad; por eso logró la reelección. Los mercados estaban claramente mostrando su apoyo a su gestión.

En el segundo mandato de Menem, empezaron las complicaciones. En 1996, la pelea con su ministro fuerte, Cavallo, hizo que éste renunciara. Aun así, el mercado siguió subiendo hasta alcanzar su pico en septiembre de 1997 en niveles de 867 dólares. Es decir que, 5 años después, el Merval rasguñaba su techo histórico de los 900 dólares, pero no pudo superarlo. Menem alcanzó su apogeo en 1997 y, desde allí, empezó su declive. El mercado lo anticipó y, al final de su mandato, el Merval estaba en 526 dólares, un 40% menos que su techo de 1997 y también del de 1992. Pero Menem culminó los dos mandatos dejando un saldo positivo muy importante en la Bolsa (ver gráfico 158). Sin embargo, la caída que se inició en 1997 y se agudizó con De La Rúa, unido a su identificación con la convertibilidad, hizo que la caída de 1999-2001 también lo salpicara. Inclusive luego de la salida de su Gobierno, Menem fue juzgado y encarcelado: su imagen había caído en desgracia. Por lo tanto, como ocurrió con Salinas, en forma no tan severa (Menem aún hoy es Senador y cuenta con sus adeptos y memoriosos), la crisis le dañó la imagen positiva de sus años dorados de 1994-1995.

GRÁFICO NÚMERO 158. FUENTE: ECONOMATICA.

Septiembre de 1997, con grandes inversiones de un reconocido fondo de inversión que compró muchas empresas argentinas, marcó el mejor momento de los mercados bursátiles argentinos durante el segundo mandato del presidente Menem. El Merval llegó a colocarse en 867 dólares y arañó los 900 dólares de 1992 postanuncio convertibilidad. Ese techo secundario de septiembre de 1997 fue el clímax del Merval, su segundo mejor momento máximo en dólares, que aún hoy se mantiene, y desde allí comenzará la Bolsa Argentina una de las caídas más fuertes en precios y en tiempos de la historia. Esta caída sólo es comparable en tamaño con la registrada entre 1967 y 1976, aunque en un tiempo menor de 5 años (en lugar de los 9 años de la década del setenta).

En efecto, el índice Merval en dólares protagonizó una de las caídas más severas de toda la región que se tenga registrada, la caída desde 1997 al 2002. En 5 años el índice Merval desde los 867 dólares cayó a 74 dólares, a los mismos niveles de 1990 y de 1989 cuando había entrado Menem, una caída del 92% de su valor en dólares, una crisis bursátil sólo comparable con el crash de 1929-1932 de Wall Street y con la ocurrida en la misma Bolsa argentina entre 1967 y 1976 en su índice general.

Presidencia de Fernando de La Rúa
10-12-1999/20-10-2001

Fernando de la Rúa había sido intendente o alcalde, como se lo conoce en algunos lugares de Buenos Aires, y había surgido como el líder de una alianza que contaba con el radicalismo como protagonista. Derrotó al candidato del peronismo, Eduardo Duhalde.

Fernando de la Rúa fue la gran víctima del colapso de los mercados, recibió el índice Merval en niveles de 525 dólares en diciembre de 1999. El mercado sólo tuvo un festejo parcial e hizo un techo en 645 dólares en marzo del 2000. Desde allí empezó el gran desplome bursátil (ver gráfico número 159). El índice Merval cayó a 425 puntos en diciembre del 2000. En un año de mandato, mostró una caída del 20% de su inicio, y un 31% de su mejor momento del mismo año 2000, pero el 2001 fue el año de la caída en espiral de Argentina, de sus índices, y el año de la crispación social al extremo. En octubre del 2001, el Merval tocó los 200 dólares y marcó un 62% de caída. Desde octubre se sucedieron los problemas de vaciamiento de Bancos; se mantuvo la convertibilidad, pero los Bancos fueron vaciados por el retiro de depósitos, lo que obligó a Cavallo a formar un corralito, para limitar la salida de depósitos.

La caída fue tan severa y el humor negativo tan malo que el humor se crispó a tal nivel que De La Rúa, sin apoyo, debió presentar su renuncia el 20 de diciembre del 2001. En enero del 2002, Argentina declaró su cesación de pago de la deuda externa; entre diciembre del 2001 y enero del 2002, hubo cinco presidentes en Argentina y, finalmente, devaluó su moneda, y salió del Plan de Convertibilidad. Caos político económico y también social.

Corralito, no devolución de depósitos a los ahorristas, emisión de Bonos, Bancos blindados por la protesta de la gente, heridos por manifestaciones, saqueos, violencia, reflejan que el año 2001-2002 fueron los años de mayor crispación social desde el retorno de la democracia. La caída bursátil desde 1997 al 2002 fue una de las más importantes de la historia; fue mayor que la de 1980 a 1982, que se llevó a los militares y nos llevó a la guerra con Inglaterra, y comparable a la registrada entre 1967 y 1974, que se llevó el Gobierno de Isabel de Perón. También es comparable con el crash de Wall Street entre 1929 y 1932.

La Bolsa argentina cayó 92% en dólares y volvió a los valores en dólares de 13 años atrás. En 5 años perdió todo lo que había ganado en 8 años: el 100 %.

GRÁFICO NÚMERO 159. FUENTE: ECONOMATICA.

En medio de un caos político, con 4 renuncias presidenciales, con devaluación de la moneda, con no pago de deuda, se dio la oportunidad histórica más importante de compra de la Bolsa argentina.

Como veremos, el Gobierno de Duhalde mostró el camino pero, fundamentalmente, el Gobierno de Néstor Kirchner marcó la recuperación de Argentina y fue testigo y principal beneficiario de la vigorosa recuperación del índice Merval en dólares.

Presidencia de Eduardo Duhalde
2-01-2002/25-05-2003

El Gobierno del Presidente Eduardo Duhalde, desde enero del 2002 hasta el 25 de mayo del 2003, convalidó una devaluación de facto que ya se había perpetrado días atrás con algunas monedas como el argentino, que murió antes de nacer. A Duhalde le tocó vivir el piso del índice Merval en dólares, que fue en junio del 2002. En aquellos momentos, se publicaba la caída más importante en 10 años del PBI Argentino (Producto Bruto Interno) y la población hacía filas para comprar el dólar a 4 pesos que vendía el Banco Nación. Duhalde, con sus ministros de economía, y fundamentalmente con Roberto Lavagna, debió navegar en aguas muy turbulentas. La crispación social continuaba, se llamó a elecciones para ceder el poder. En las elecciones se presentó Carlos Menem, claramente enemistado con Eduardo Duhalde, y Duhalde seleccionó como el representante de su riñón a Néstor Kirchner. Él era gobernador de Santa Cruz y su esposa, una por entonces bien reconocida legisladora peronista. Empezaron a tener el protagonismo de Argentina.

Las elecciones mostraron a un Carlos Menem ganador en primera vuelta, pero sin la diferencia necesaria para ser ungido presidente. Era obligatorio ir a una segunda vuelta. Menem, salpicado por la caída del mercado de 1997-2000 y por el tema de la convertibilidad, generaba un gran sentimiento de rechazo. Si bien tenía sus adeptos, parecía claro que, en una segunda vuelta, el antimenemismo triunfaría, y no se presentó entonces. Surgió como presidente Néstor Kirchner en Argentina.

Duhalde recibió el Merval aun sin la devaluación en 283 dólares y lo entregó, después de la devaluación, en niveles de 235 dólares al presidente Néstor Kirchner (ver gráfico 160). El índice en dólares estaba 17% debajo de donde lo había recibido en dólares, aunque en pesos el índice había ganado mucho terreno. Es un terreno árido juzgar si es correcta o no esta medición, porque la devaluación que ocurrió en el Gobierno de Duhalde era algo que venía asumido desde la renuncia de De La Rúa; pero, en términos de cotizaciones, ésos son los guarismos que le quedaron a Duhalde. De lo que no quedan dudas es de los guarismos de Néstor Kirchner.

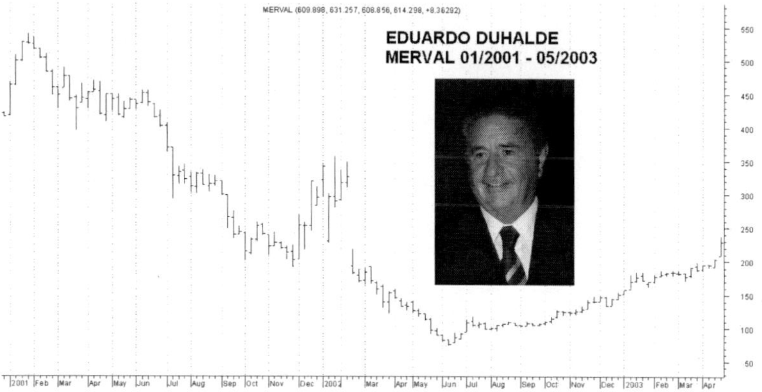

GRÁFICO NÚMERO 160. FUENTE: ECONOMATICA.

Presidencia de Néstor Kirchner
25-05-2003/10-12-2007

En mayo del 2003, comenzó la presidencia de Néstor Kirchner. Asumió con el 21% de los votos. Subió con el karma de ser el presidente con el menor apoyo popular de la historia. Ello se debió a que Carlos Menem, quien había ganado la primera vuelta, no se presentó a la segunda. Según Menem, no se presentó porque no existían las garantías, pero las encuestas mostraban que el sentimiento antimenemista haría que radicales y gente de otros partidos apoyaran al santacruceño, que era el candidato, o delfín, de Eduardo Duhalde.

Fíjese en los titulares acerca de la llegada de Néstor Kirchner (ver gráfico 161).

GRÁFICO NÚMERO 161. FUENTE: RUARTE'S REPORTS. MEDIO DE PRENSA: *BBC EN ESPAÑOL.*

Este presidente, como dice el titular, tenía el desafío de edificar su poder, ya que había llegado con el menor respaldo electoral de la historia de Argentina: sólo el 21% de los votos. Este presidente, que debía edificar su poder como gran desafío, vaya si lo hizo. Ello es bien evidente en Argentina al momento de escribir este libro pero, 7 años atrás, no lo era en lo más mínimo.

Muchos sostienen que Néstor Kirchner supo usufructuar, con su gestión, los vientos a favor de los mercados y de la economía, la suba de los commodities en el mundo. Argentina, desde el 2003, fue una de las economías que más crecía y lo hacía a tasas chinas. Así fue en el 2003, en el 2004, en el 2005, en el 2006 y 2007. Muchos sostienen que tanto se había caído la economía que el efecto rebote iba a ser fuerte, pero más de uno se sorprendió por tamaña recuperación. La Bolsa fue la que primero lo anticipó: cuando asumió su mandato, el índice Merval estaba en 235 dólares. En noviembre del 2007, el índice Merval alcanzaba niveles de 745 dólares y entregaba su mandato en niveles de 700 dólares. El mercado subió casi 200% en su gestión de 4 años y medio de Gobierno, con una tasa de crecimiento cercana al 50% de cada año. El Merval pasó de 235 a 700 dólares (ver gráfico 162).

Con esta gran suba de la Bolsa y con la gran recuperación económica, Kirchner edificó un gran espacio de poder y, de una aceptación del 21%, en el 2007 su gestión tuvo picos de aceptación cercanos al 70%. Aprovechando esa imagen positiva, lanzó a su esposa de candidata, y Cristina Kirchner alcanzó una cómoda victoria. Su imagen también rozaba la de su marido en el 2007. A diferencia de su marido, que subió con escasa aceptación o imagen positiva, ella asumió con una gran imagen positiva y con un poder que supo edificar Néstor Kirchner, pero recibió la Bolsa en los niveles altos de 700 dólares.

GRÁFICO NÚMERO 162. FUENTE: ECONOMATICA.

GRÁFICO NÚMERO 163. FUENTE: RUARTE'S REPORTS. MEDIO DE PRENSA: *BBC MUNDO.*

Cristina Fernández de Kirchner

Cristina Fernández de Kirchner (o, como suelen escribir, "CFK") asumió con gran popularidad. De hecho, en el 2005 lo había demostrado al ser electa senadora y principal candidata con récord de votos. También ganó claramente las elecciones del 2007 (ver gráfico 163).

El 10 de diciembre del año 2007, recibió de su esposo un índice Merval en niveles cercanos a los 700 dólares. Sin embargo, el mercado y las crisis no la dejaron respirar. El 2008 fue un año de fuerte caída en los mercados mundiales. Todo el viento a favor que se tenía de commodities y de bonanza bursátiles en el mundo en el Gobierno de su esposo cambiaron dramáticamente y pasaron a ser vientos de frente en su presidencia. Adicionalmente, surgieron problemas domésticos: la crisis agraria y el famoso Decreto 125 con el voto no positivo del vicepresidente en el Senado de la nación. Esa crisis se llevó a su jefe de gabinete Alberto

Fernández. Por problemas propios y ajenos, el Merval, a tono con lo que pasaba en el mundo, se desplomó hasta alcanzar su piso en 241 dólares, en 818 puntos sin ajuste por dólar, una caída en dólares del 65% de su valor. Sin embargo, allí hizo su piso el índice Merval y, junto con la recuperación de todos los índices latinoamericanos, el 2009 finalizó con un año brillante de recuperación. Aun así, el índice Merval cotizó, el 1 de enero del 2010, en niveles de 605 dólares y se recuperó de sus peores momentos de octubre del 2008 y de marzo del 2009, en que alcanzó 243 dólares y 250 dólares respectivamente, un 148 %.

Aun así, el índice Merval en dólares en el Gobierno de la presidente Cristina Fernández de Kirchner, a comienzos del año 2010, se encontraba 13% en dólares debajo de los niveles que había recibido de su marido. Las crisis propias y ajenas heredadas han hecho que la Bolsa en dólares tenga rendimiento negativo en estos dos años de mandato. Aún le quedan dos años más de mandato a Cristina Fernández de Kirchner; sin embargo existe una divergencia entre el guarismo negativo de la Bolsa de un 13% de caída con el tamaño de popularidad que registra la presidente. Será una muy buena prueba para hacer de la importancia de los mercados en anticipar bonanzas o crisis. En efecto, si bien es obvio que, con el 13% de caída del índice Merval, su gobernante haya perdido popularidad, la caída de un 70 a un 20% suena demasiado.

Creo fervientemente que el mercado dará su veredicto. Si el 2010 y 2011 son años buenos de mercados, esa imagen presidencial despegará de su piso, aunque el mercado, para tener una buena imagen, requiere subas similares a las de su esposo, cercanas al 200%. Es decir que el Merval debería subir un 100% cada año para terminar su mandato con la popularidad de su esposo y con posibilidades de que su esposo vuelva a la presidencia. Por el contrario, si el mercado el 2010-2011 es más parecido al 2008 que al 2009, ésas serán malas noticias para la presidente porque

el humor social se alterará y los momentos difíciles del 2008 regresarán. Ello podría poner en riesgo después del 2011 los planes de continuidad de los Kirchner en el gobierno.
GRÁFICO NÚMERO 164. FUENTE: ECONOMATICA.

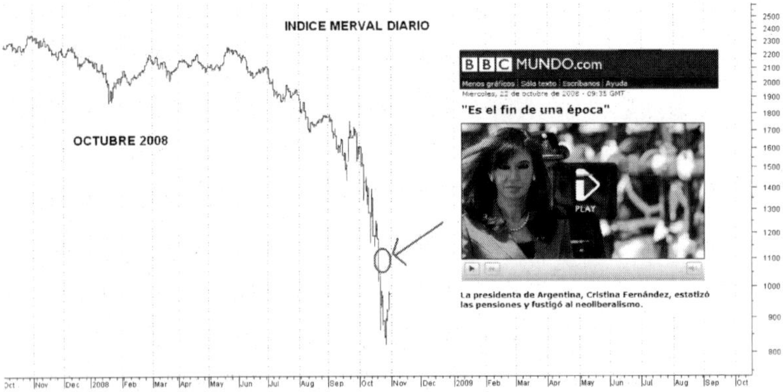

GRÁFICO NÚMERO 165. FUENTE: RUARTE'S REPORTS. MEDIO DE PRENSA: *BBC MUNDO*.

Argentina: el país más volátil en su Bolsa, el más ciclotímico

¿El país de los próximos 10 años? Argentina ha dado sobradas muestras, con el comportamiento de su índice bursátil en la historia que hemos repasado, de uno de los índices más volátiles de toda la región latinoamericana. Ha probado ser una verdadera montaña rusa.

El índice bursátil en dólares entre 1967 y 1976 (9 años) perdió 92% de su valor. Luego, en sólo 4 años, desde 1980 subió 3200% en dólares (con una tasa promedio anual del 800%). Desde 1980 hasta 1985, perdió, en 5 años, 95% de su valor en dólares. Desde 1985 hasta 1992, en sólo 7 años, subió 4700% en dólares (a una tasa anual promedio de crecimiento del 675%). Desde 1992 a 1995 perdió 72% de su valor en dólares; desde 1995 a 1997, subió 237% en dólares; desde

1997 al 2002, perdió 92% de su valor en dólares en 5 años. Desde 2002 al 2007, en 5 años, subió 900% en término de dólares. Desde 2007 al 2008, en su peor momento, perdió 70% de su valor en dólares. En 2009 subió 159% en dólares.

¿Hasta cuándo seguirá la montaña rusa de la Bolsa argentina? ¿Cuándo pasaremos a tener unos mercados no tan volátiles, mercados que no pasen de la euforia a la depresión dramáticamente, y de la depresión a la euforia tan rápido? Por eso nadie más capacitado para entender los ciclos y la ciclotimia que los argentinos con su locura y montaña rusa de los mercados, donde los héroes duran poco tiempo y rápidamente pasan a ser villanos.

Curiosidades y consecuencias de las caídas bursátiles

1) Fíjese en qué curioso el Merval en dólares: en el peor momento del 2008, en el Gobierno de Cristina Fernández de Kirchner en dólares volvió a los 235 dólares, a los niveles que había recibido Néstor Kirchner de Duhalde en el 2003, 5 años atrás.

2) Menem, en 1990, con el fracaso del B. B., llevó al índice a los niveles de 1989 que recibió de Alfonsín a los 80 dólares.

3) En el 2002 el Merval volvió a los niveles de 1989 y de 1990 de los peores momentos de Menem, con la caída más importante de la historia, con todas las consecuencias políticas, sociales, económicas (el 2002 fue una de las peores crisis de la historia).

4) La caída desde 1967 al 1976 fue del 92% y se llevó al Gobierno democrático de Isabel de Perón y allí terminó. La caída desde 1980 al 1982 fue del 85% en dólares y se llevó al Gobierno militar. La caída desde 1997 al 2002 fue del 92% y se llevó a 4 presidentes.

Argentina tuvo tres grandes crisis en la historia medida por su Bolsa de 1967-1976, que nos dieron 4 años de gloria de Bolsa y de recuperación, muy poco tiempo. Tuvo una gran crisis entre 1980 y 1983, que podemos extender hasta 1985 o 1989, según el índice que tomemos. La Bolsa nos dio una bonanza de 1985 a 1992, o de 1989 a 1997. Desde 1997 tuvo una gran crisis hasta el 2002: una de las más grandes en caída de mercados. Luego de semejante caída, la oportunidad de Argentina es histórica, porque claramente es la Bolsa que menos subió en dólares en los últimos 20 años y, como dicen los ciclos, todo llega. Luego de algo tan malo, como fue lo 1997 al 2002, la oportunidad histórica que tienen los gobernantes de hacer el ciclo más largo, de repetir los fenómenos de Brasil, México y Chile, está al alcance de la mano. El 2010 es un año importante por los Fibonacci; tendremos el veredicto de lo que sucederá con Argentina.

Pero, del mismo modo que creo que la ciclicidad y la ciclotimia en Argentina han sido muy volátiles, muy rápidos, es hora de que los últimos en los cuadros de rendimientos empiecen a ser los primeros. Por eso Argentina, con su Bolsa, debería ser el país de los próximos 10 años.

Sólo les doy un ejemplo: la Bolsa argentina hizo su techo histórico en 1992 en 900 dólares de Merval; su techo secundario, en septiembre del 1997 en 867 dólares. En el mejor momento de Néstor Kirchner, estaba en 750 dólares y, al 1 de enero del 2010, está al 67% de su valor. Esto es, 18 años después, está al 70% del valor en dólares de 13 años atrás.

Ahora comparemos todos los países latinoamericanos.

El Bovespa, a comienzos de enero, está en 40.000 dólares; en septiembre de 1997, estaba en 11.670 dólares y, en junio de 1992, en los 2500 dólares.

El IPC hoy está en 2500 dólares; en septiembre de 1997, estaba en 663 dólares y, en junio de 1992, estaba en 590 dólares.

El índice de la Bolsa de Lima hoy está en 4896 dólares; estaba en 762 dólares en septiembre de 1997 y en 105 en junio de 1992.

El índice de Colombia hoy está en 6 dólares y estaba en 1,38 dólares en septiembre de 1997.

Brasil creció desde los mejores momentos de septiembre de 1997 un 242%, y un 1500% con respecto a los mejores momentos de 1992.

La Bolsa de México creció 277% de los mejores valores de septiembre de 1997, y un 317% de los mejores momentos de 1992.

Perú creció 540% de los valores de su mejor momento en septiembre de 1997, y un 4500 % de sus valores de junio de 1992.

Colombia creció 327% desde su mejor momento de septiembre de 1997.

Argentina no creció ni desde el mejor momento de 1997, ni desde el mejor momento de 1992. Decreció 32% desde junio de 1992 y 30% desde septiembre de 1997.

Siendo conservador y si nos asignamos el crecimiento de 13 años más moderados de su mejor momento de 1997 de los otros países latinoamericanos, el Merval (índice de Argentina) debería estar en dólares 242% mejor que el techo de 867 puntos de septiembre de 1997, algo así como un Merval de 3000 dólares.

Esto sería un Merval con un dólar en 3,80 en niveles, un Merval de 11.400 puntos.

¿Es esto posible? Desde el punto de vista de ciclos y ciclotimia, sí. Si seguimos el patrón de los otros países latinoamericanos y si seguimos al viejo lobo de mercados que me dijo: "Roberto, siempre los últimos de la lista de la preferencia de los inversores pasan a ser los primeros", llegará el turno de Argentina, esperemos.

El Merval en dólares, cuando supere los 900 dólares, debe generar años de fuerte suba bursátil y de gran bonanza pero, hasta que ello no suceda, seguiremos en nuestra montaña rusa en la que, como vimos, hemos estado prácticamente solos en Latinoamérica, con países que han crecido y salido de sus crisis como Brasil, México, Perú y Colombia.

En cualquier caso, no deje de ponerle un ojo al mensaje que le entreguen los mercados. Para ello mire el índice Merval en dólares, que será el portador de buenas o malas noticias. Esperemos.

CAPÍTULO VIII. RENDIMIENTOS DE LAS BOLSAS LATINOAMERICANAS Y EE. UU. COMO INVERSIÓN

VIII.I. LA BOLSA COMO INVERSIÓN EN MOMENTOS DE CONFIANZA

Decíamos que, en los países latinoamericanos, los activos de confianza tradicionales son Acciones y Bonos, aunque sabemos que existen muchos inversionistas que vuelcan sus ahorros a las propiedades. Es decir, ¿qué hace la gente para invertir sus ahorros buscando mayor rentabilidad?, se vuelca a los activos de confianza. Cuando existe bonanza, cuando el humor social está positivo, la gente está ávida de encontrar oportunidades para hacer rendir más su dinero, más sus ahorros.

La inversión que suele hacer la mayoría de los agentes económicos con sus ahorros en exceso (cuando está en las etapas iniciales del ciclo) es hacer colocaciones a plazo en su Banco de confianza. En las partes iniciales del ciclo de confianza, seguramente podrá tomar algunas tasas atractivas. La inflación no es importante y, entonces, le da la idea de que está obteniendo un rendimiento real de su colocación de dinero.

Cuando la inflación sube, no por la parte negativa del ciclo, sino porque la economía está rozagante o se está calentando, también coincide con que los Bancos prestan masivamente dinero, y las tasas comienzan a bajar. Al haber mucha gente colocando su dinero en los Bancos, las tasas bajan (tanto las activas como las pasivas), y se produce un incremento muy grande de la masa sujeta a préstamo. Los Bancos están con confianza y empiezan a dar préstamos fáciles, o blandos, para el consumo, refacción de casas, compra de propiedades y de autos.

El inversor de pronto ve que cada vez es menor la tasa que recibe, y entonces decide ir a preguntar a un consultor de inversiones. O, si es autodidacta, compra diarios financieros y empieza a mirar cuáles son las inversiones que vienen siendo atractivas. Seguramente, en ese ciclo de confianza, los diarios financieros le hablarán de Acciones, de lo que rindió el índice de su país, el Merval, el Bovespa, el IPC, el IGBVL el IGBVC, el IPSA, el Dow Jones, el Nasdaq. Seguramente se dará cuenta de que las Bolsas de Valores han rendido mucho más que su colocación en plazo fijo. También ve cómo el círculo virtuoso hace crecer la demanda de las propiedades y éstas suben su valor. Son épocas en que la moneda local (la de su país) está fuerte, entonces, está fuerte contra el dólar, fuerte contra el euro, o al menos estable. Por lo tanto, los rendimientos que puede observar son atractivos en términos de monedas duras o fuertes.

En general, Latinoamérica, en los últimos 22 años, se ha destacado por grandes vaivenes financieros, como lo hemos reflejado en este libro. Por lo tanto, muchos agentes económicos ven su patrimonio, sus inversiones, en términos de una moneda dura o fuerte. Comúnmente están acostumbrados a verlo en términos de dólares. Si bien el dólar ha sido muy criticado como moneda de valor en los últimos años y ha sido reemplazado por el euro, la gran mayoría de los agentes económicos mira su patrimonio en términos de dólares.

Entonces, en los momentos de bonanza, los rendimientos de la Bolsa, de los Bonos y de las propiedades (al estar tranquilo el dólar o bajando y al estar tranquila, o subiendo, la moneda local), son ganancias en dólares, o en moneda fuerte.

En los momentos de crisis, lo que hacen muchos agentes económicos es sacar sus colocaciones a plazo del Banco. Venden sus tenencias en Bonos y Acciones, que vienen a la baja o cayéndose. Algunos hasta se desprenden de propiedades y corren a monetizar su ganancia (en algunos casos), o aquellos que percibieron pérdidas, a recortarlas y resguardarse en la moneda fuerte. Es decir, compran dólares o euros; algunos más sofisticados, oro.

Por lo tanto, en las épocas de crisis de los países latinoamericanos, este comportamiento le da un efecto combinado, en donde los activos de confianza, Acciones y Bonos, caen, o se estabilizan en la moneda local, pero se desploman en términos de dólares, porque el dólar sube fuertemente contra la moneda local, reflejando que muchos agentes locales se refugian en dólares o que mucha inversión que había llegado al país se retira por el mal clima de negocios. Para retirarse debe vender moneda local y comprar dólares para girar al exterior. Todo este movimiento acentúa y retroalimenta la suba del dólar.

Por ejemplo, en la crisis de los mercados del año 2008, el dólar se apreció muy fuertemente contra el peso mexicano. En sólo tres meses pasó de 9,90 pesos mexicanos por dólar a un techo de 15,25 pesos por dólar. A comienzos del 2010, con la recuperación de los mercados del 2009, cotiza en 12,70 pesos. El real de Brasil, que estaba en niveles de 1,65 en el primer trimestre del 2008, tuvo una minicorrida y subió a niveles de 2,40 reales por dólar para regresar nuevamente a 1,70-1,65 a comienzos del 2010. El peso colombiano, que cotizaba 1800 pesos un dólar antes de la crisis del 2008, tuvo su corrida hacia 2600 pesos en el 2008, para estar ahora en los 2000 pesos, a comienzos del 2010. En el caso de Argentina, con intervención del Banco Central, el movimiento no fue tan marcado, pero de todos modos pasó el peso de 3,00 antes de la crisis de EE. UU. a niveles de 3,80 a fines del 2009 y a comienzos del 2010. Es decir que, en momentos de bonanzas en los países latinoamericanos, los índices bursátiles suben, y el dólar está estable o baja, y la moneda local sube (el caso de Brasil, por ejemplo). Esto hace que los índices en dólares en los momentos de bonanza suban mucho más en términos de moneda fuerte y sean una gran inversión.

A la inversa, en los momentos de crisis, es el dólar el que tiene una suba fuerte contra las monedas locales, sean éstos pesos, reales, soles, y los índices bursátiles se caen. Entonces ese doble efecto hace que la caída de los índices en términos de dólares sea mayor.

En Argentina se puede entender claro este fenómeno. El piso del índice Merval fue en octubre del año 2001 pero, en ese momento, el dólar todavía estaba cotizando a la paridad con el peso: un dólar era un peso. Cuando Argentina devaluó en enero del 2002, el índice Merval no siguió cayendo, pero sí en dólares, porque, de pronto, el dólar era 3 pesos un dólar. El piso en dólares del Merval ocurrió en junio del 2002. Este piso ocurrió en un momento en que el dólar tocó su máximo en 4 pesos, y la gente hacía fila para poder comprar dólares de 4 pesos en el Banco Nación de Argentina. Allí el Merval hizo su mínimo de 74 dólares (sin embargo, en junio del 2002, el índice Merval sin ajuste valía más que en el piso de octubre del 2001).

VIII.2. RENDIMIENTO DE LAS BOLSAS COMO INVERSIÓN EN LOS ÚLTIMOS 22 AÑOS

Todos los análisis que brindamos aquí de todos los índices bursátiles latinoamericanos, son en término de dólares; las ganancias que reflejan las tablas mostradas en distintos países son en dólares. En EE. UU. no hace falta conversión pero, en México, el índice se dividió por la cotización de las diferentes monedas locales en el tiempo contra el dólar. Si tomara, por ejemplo, el peso mexicano a fines del 2009 en 13 pesos, si tomara el índice IPC que cotiza en 32.600 a fines del 2009 y lo dividiera por 13 pesos el dólar, le daría 2528 dólares el índice. En el caso de Argentina, un Merval que cotiza 2320 puntos a fines del 2009 y lo divide por el dólar que cotiza 3,80 pesos llegará a la conclusión de que el índice en dólares vale 610 dólares. El índice del Bovespa cotiza en 68.888 puntos a fines del 2009. Si lo divide en 1,70, tendrá que el índice en dólares cotiza 40,345 dólares, y así también lo hace para la Bolsa de Colombia, con un peso colombiano que cotiza arriba de 2000 pesos. Es por eso por lo que su índice en dólares sólo vale 6 dólares y, épocas atrás, menos de 1 dólar.

Por lo tanto, los cuadros que a continuación se exponen ofrecen una evolución de todas las Bolsas latinoamericanas y de EE. UU. en términos de dólares, desde tres momentos importantes. El primero, enero de 1988, cerca del peor momento del crash de 1987 que sufrió Wall Street y afectó a todos los países. El segundo, desde marzo de 1995, el peor momento de la crisis mexicana. El tercero, desde junio del 2002, el peor momento de la crisis argentina. No se realiza ningún ajuste para considerar la inflación americana, ni para reflejar la devaluación o revaluación del dólar contra la canasta de monedas fuertes.

VIII.2.A. COMPARATIVOS EE. UU., BRASIL, MÉXICO, PERÚ, ARGENTINA, DESDE 1988

ENERO 1988 (CRASH DE WALL STREET)

PAÍS	VALOR US$ 01/01/88	VALOR US$ 01/01/2010	RENDIMIENTOS	PROMEDIO ANUAL
EE. UU.	2012,94	10424	418%	19%
Brasil	484,86	39391,22	8010%	364,09%
México	46,44	2528,92	5345%	242,95%
Argentina	65	607,86	835%	37,95%
Perú	14,28	4923,45	34377%	1562%
Colombia	-	-	-	-

Las conclusiones del cuadro Enero 1988 a Enero de 2010 (22 años de mercados).

La Bolsa que más subió luego del crash de 1987 fue la Bolsa peruana. La explicación reside en que el terrorismo de los ochenta, con Sendero luminoso, hacía que el humor social fuera muy negativo y que la inseguridad de los negocios fuera tan grande que propiedades en barrios como Mirasoles de Lima que podían costar un millón de dólares en buena época sólo costaran 40.000 ó 50.000 dólares en medio de tanta inseguridad.

Es decir, la gran recuperación se explica por la gran depreciación previa de momentos tan turbulentos que vivió el país de Perú. Ningún mercado se había depreciado tanto como Perú en la década de los ochenta.

Después dos países emergen con guarismos muy parecidos. No es sorpresa que sean México y Brasil los países que, en los últimos 22 años, han podido edificar políticas continuas en el tiempo, independientemente del Gobierno de turno. México y Brasil está un escalón bastante más arriba. Argentina queda muy lejos: en 22 años subió menos del doble de lo que rindió el Dow Jones.

Pero el Dow Jones rindió, en 22 años, 418%, un promedio del 19% anual, con vaivenes financieros muchos menores que los observados en los últimos 22 años en Argentina.

VIII.2.B COMPARATIVOS EE. UU., BRASIL, MÉXICO, PERÚ, COLOMBIA, ARGENTINA DESDE 1995.

El segundo cuadro marca un punto muy significativo, como lo fue el peor momento de la crisis del Tequila, o la crisis mexicana, que se produjo en diciembre de 1994. Pero su peor momento en mercados fue la primera semana de marzo de 1995, en que todos los mercados latinoamericanos se vieron afectados.

MARZO 1995 (PEOR MOMENTO DE LA CRISIS MEXICANA)

PAÍS	VALOR US$ 10/03/95	VALOR US$ 01/01/2010	RENDIMIENTOS	PROMEDIO ANUAL
EE. UU.	4150	10424	151%	10,24%
Brasil	2376,12	39321,22	1554%	105,35%
México	201,50	2528,92	1154%	78,23%
Argentina	255	607,86	138%	9,35%
Perú	402,22	4923,45	1124%	76,20%
Colombia	1,12	5,676	406%	27,52%

Las conclusiones

Acá se puede apreciar que, si nos situamos en el peor momento del Tequila en marzo de 1995, la Bolsa que más ha recuperado es la Bolsa brasileña desde 1995 a esta parte. Luego sigue México, pero ambos han morigerado bastante sus crecimientos anuales en 14,75 años. La conclusión que aquí vemos es cómo México crece a una tasa del 78% y Brasil lo hace a una tasa del 105%. Esto refleja que el gran crecimiento de México, que en el anterior cuadro estaba junto con Brasil, fue en la época dorada de Salinas de Gortari de 1988 a 1994 y, en Brasil, de Itamar Franco entre 1992 y 1995.

También se puede apreciar que Perú desaparece del liderazgo y crece a tasas menores que México y Brasil. Así queda claro que el gran crecimiento de Perú ocurrió entre 1987 y 1995, esto es, en el final de mandato de Alan García y, fundamentalmente, en la época dorada de Fujimori. Fue su primer mandato de 1990 a 1995 el que nos dio el milagro peruano. Fíjese en cómo EE. UU. ha bajado su ritmo de crecimiento del 19% al 10,24% anual y Argentina, que no fue tan afectada en 1995, desde 1995 no ha crecido nada porque tuvo su gran crisis desde 1997 hasta el 2002.

VIII.2.C. COMPARATIVOS EE. UU. BRASIL, MÉXICO, PERÚ, COLOMBIA, ARGENTINA DESDE 2002

El tercer cuadro muestra un tercer punto significativo, el peor momento de la crisis argentina en términos de valuación, que fue junio del 2002. Estuvo muy cercano al peor momento de la crisis de Wall Street, que encontró su piso en octubre del 2002.

JUNIO 2002 (PEOR MOMENTO DE LA CRISIS ARGENTINA)

PAÍS	VALOR US$ ÍNDICE	VALOR US$ ÍNDICE (Actual)	RENDIMIENTOS	PROMEDIO ANUAL
EE. UU.	9925,25	10420	5%	0,67%
Brasil	4268	39321,22	821%	109,47%
México	686	2528,92	268%	35,73%
Argentina	74,71	607,86	713%	101,42%
Perú	340,85	4923,45	1344%	179,20%
Colombia	0,525	5,676	981%	130,80%

Las conclusiones

Acá vemos que EE.UU., en los últimos 7,5 años, independientemente del gran año que tuvo en el 2009, ha estado en tendencia bajista más que alcista, y acá claramente se ve que el país de mayor crecimiento bursátil en 7,5 años ha sido Perú. Esto demuestra que, desde el 2000 (que fue el peor momento de Fujimori con su renuncia) Toledo y lo que va de Alan García han sido muy buenos para el mercado.

Luego le sigue la estrella de Colombia que, por ser un país de menor tamaño que Brasil y por haber crecido sólo en los últimos 8 años, su presidente Álvaro Uribe goza de alta aceptación, pero no tiene el grado de repercusión internacional que tiene Lula.

En tercer lugar, aparece el gigante de Brasil que, en los tres cuadros, es el que más regularidad demuestra de crecimiento en los 22; 14,75; y 7,5 años. Es esta consistencia lo que lo ha hecho ser la gran potencia que hoy es reconocida. Es la consecuencia, no la causa, es decir, no debemos descuidar el concepto de que los mercados anticipan el humor social, y no al revés. No piense que Brasil seguirá brindando estas tasas anuales de crecimiento ahora que hasta el menos informado sabe del fenómeno Brasil con toda la prensa mundial que habla de esto y con Lula como el personaje del 2009 para medios de prensa franceses, españoles y argentinos.

Argentina acá asoma con un 101% por primera vez con una importante recuperación; sin embargo no aparece en los cuadros de los últimos 14,75 y 22 años.

VIII.3. LAS BOLSAS FUERON UNA GRAN INVERSIÓN EN DOLARES. CONCLUSIÓN

Para que usted, estimado lector, entienda, si usted hubiera dispuesto de 1000 dólares en enero de 1988 y hubiera invertido en alguno de los índices de los países analizados, El resultado sería, al 01 de enero del 2010, de 5180 dólares si lo hubiera invertido en el Dow Jones de EE. UU. Tendría 81.100 dólares si lo hubiera invertido en el Bovespa de San Pablo Brasil. Tendría 54.450 dólares si lo hubiera puesto en el IPC de México. Tendría 9350 si lo hubiera puesto en el índice Merval de Argentina. Tendría 344.770 dólares si lo hubiera puesto en el IGBVL de Lima Perú.

Si hubiera puesto 1000 dólares en marzo de 1995, hubiera tenido 2510 dólares si hubiera apostado por el Dow de EE. UU.; 16.540 dólares si hubiera apostado por el Bovespa de Brasil; 12.540 dólares si hubiera apostado por el IPC de México; 2380 si hubiera apostado por el Merval de Argentina; 12.240 dólares si hubiera apostado por la Bolsa de Lima, Perú y 5060 dólares si hubiera apostado por el índice de la Bolsa de Colombia.

Si hubiera puesto 1000 dólares en junio del 2002, hubiera tenido 1050 dólares si hubiera invertido en el Dow Jones de EE. UU.; 9210 dólares si los hubiera invertido en el Bovespa de Brasil; 3680 dólares si los hubiera invertido en el IPC de México; 8130 dólares si los hubiera invertido en el Merval de Argentina; 14.440 dólares si los hubiera invertido en la Bolsa peruana; y 10.810 dólares si los hubiera invertido en el índice de la Bolsa de Colombia.

No hay dudas de que, en general, las Bolsas han sido, en los últimos 22 años, una gran inversión en términos de moneda dura para usted inversor. Recuerde que ganancias pasadas no son garantías de ganancias futuras.

Está claro cuáles han sido los grandes ganadores con gran volatilidad: Perú en 22 años; con mayor estabilidad, se destacan Brasil y México que han sobrepasado, y en mucho, a EE.UU., la Bolsa más tradicional.

Colombia ha surgido fuerte en los últimos 7 años y Argentina, comparada con las otras Bolsas, lejos ha sido la más volátil (sólo comparada con Perú) y ha entregado comparados a los otros países magros rendimientos, salvo desde su última crisis del 2002.

Sin embargo nuevamente lo que pasó, pasó. Además ganancias históricas no son ninguna garantía de que se seguirán verificando hacia delante. Usted, estimado lector, inversor, estará interesado en el futuro de lo que puede pasar. Aquí me gustaría dejarle una reflexión. Alguna vez un gran analista me dijo a mí algo muy interesante que he podido comprobar en mis 25 años de mercado.

Este viejo analista lobo de mar me dijo algo muy cierto: "Roberto, hay que prepararse para cuando los últimos en preferencia pasen a ser los primeros". Una gran verdad que resume la ciclicidad y ciclotimia de los mercados, tal como la hemos abordado en este libro. El oro, el petróleo, los granos volvieron a ser negocio después de años de ostracismo.

El ciclo y la ciclotimia se encarga de darnos la oportunidad. Los americanos dijeron que nunca más iban a invertir en México cuando perdieron 75.000 millones de dólares. Menos de 10 años después, compraron el Banco más grande de México, Banamex, y volvieron a invertir en México. El dinero no reconoce memoria, patriotismo, sólo oportunidad donde la hay. Lo que hoy es malo en el futuro será bueno y viceversa.

Alguna vez Argentina pasará a ser primera en los próximos años, como ya ocuparon ese preferencia alguna vez México, alguna vez Brasil, otra vez Perú, otra vez Colombia. El tiempo lo dirá, pero los ciclos y la ciclotimia darían un sí de respuesta. El tema es: ¿cuándo? En términos de precios, está claro, como pasó en los otros países: cuando Argentina logre superar los 900 dólares, su índice Merval debe generar una escalada espectacular, como la que hizo en su tiempo Brasil, México, Perú y la misma Colombia.

Será eso que están viendo algunos políticos cuando dicen que Argentina está condenado al éxito. El hecho de ser la Bolsa con menor rendimiento de Latinoamérica de los últimos 22 años y la de mayor volatilidad debe revertirse en los próximos 10 años.

Alguna vez los últimos deben ser los primeros... ¿Lo veremos?

Reseñas sobre el presente libro

Después de 20 años de estar participando activamente en el mercado cambiario en México, al pasar de los años, ha sido muy notorio el interés de los *traders* por aprender y comprender el análisis técnico para la moneda mexicana, que específicamente Roberto inició después de la crisis de 1995 y ayudó a hacer del Mercado Cambiario en México uno mucho mas profesional y con una perspectiva diferente.

Alexandro Gonzalez Beer
ING Bank (Mexico) S.A. Inst de Banca Multiple
FX Head

No hay mas que recordar el cambio de cultura financiera que sufrió México a raíz de la devaluación de 1995, clave para lo que ha logrado para este país en los últimos 15 años, y fue en esas fechas cuando apareció Roberto Ruarte con una forma muy particular de ver; analizar e interpretar la moneda de nuestro pais; MXN.

Un cambio radical en la forma de operar; de tomar posiciones, de hacer *stop loses* o *take profits*, en mi experiencia podría decir que Ruarte fue propulsor del gran cambio positivo que se volcó en el sistema financiero.

Vicente Gonzalez Beer
FX Director
Financial Markets, Trading
⊠ e Royal Bank of Scotland Mexico SA
Institución de Banca Múltiple

Roberto Ruarte ha llegado a un momento de lucidez en su carrera, para explicar lo complejo, de una manera que todos, técnicos y no técnicos, podamos comprender y utilizar en nuestro provecho. Demuestra sin lugar a dudas que una serie de premisas, como la ciclicidad de los mercados, y la anticipación de los mercados financieros sobre la economía real, suceden siempre, en todos los mercados, en todos los países y en todos los tiempos. Entendí y disfruté este libro, pero lo más importante, aplicaré muchos de sus conceptos.

Lic. Gerardo Adame
CEO Terra Mexico

En 1985 tomé contacto por primera vez con el Análisis Técnico gracias las charlas realizadas por Roberto Ruarte en el Instituto Argentino de Mercado de Capitales. De a poco me fui interiorizando de la herramienta hasta hacerme un fiel seguidor. En 1992 tuve el privilegio de tenerlo a Roberto en el postgrado de Mercado de Capitales de la BCBA-UBA.

Roberto tiene la virtud de combinar el análisis técnico con la psicología de mercado, haciendo muchas veces de contrario a la tendencia de mercado. Considero a Roberto como el más reconocido exponente del Análisis Técnico en Argentina.

Pablo Tavelli
Director Casa de Bolsa - Santander Río - Argentina.